H. DESPORTES ET F. BOURNAND

Ernest Renan

SA VIE ET SON ŒUVRE

PRÉFACE PAR J. DE BIEZ

Troisième Mille

PARIS
TOLRA, LIBRAIRE-ÉDITEUR
112 BIS, RUE DE RENNES, 112 BIS

Tous droits réservés.

FEUILLETON DU Temps
DU 11 MARS 1926

LES LIVRES

ERNEST RENAN : *Lettres à son frère Alain*, avec deux portraits inédits d'Ernest et d'Alain Renan, et une préface de Georges Blaizot, 1 vol. in-8° Auguste Blaizot. — JACQUES BOULENGER : *Renan et ses critiques*, 1 vol. éditions du Siècle. — JEAN POMMIER : la *Pensée religieuse de Renan*, 1 vol. Rieder (collection Christianisme, dirigée par P.-L. Couchoud). — PAUL VULLIAUD : le *Cantique des cantiques d'après la tradition juive*, 1 vol. in-4° les Presses universitaires de France. — J.-C. MARDRUS : le *Cantique des cantiques*, bréviaire de l'amour, traduction nouvelle, 1 vol. in-32, Fasquelle. — LOUIS ROUGIER : *Celse, ou le conflit de la civilisation antique et du christianisme primitif*, 1 vol. Rieder (collection des maîtres de la pensée antichrétienne). — MIGUEL DE UNAMUNO : *l'Agonie du christianisme*, traduit du texte espagnol inédit par Jean Cassou, 1 vol. Rieder (collection Christianisme).

En attendant la correspondance générale de Renan, que sa fille Mme Noémi Renan s'occupe de réunir pour une publication aussi prochaine et aussi complète que possible, voici trente-trois lettres, jusqu'ici inédites, d'Ernest à son frère Alain, qui s'échelonnent de 1843 à 1856. Le préfacier ne les surfait pas. « Elles ne révèlent rien de sensationnel, mais elles nous donnent plus peut-être : elles nous livrent les intimes pensées d'un adolescent de génie. » En 1843, Renan avait vingt ans : il était sorti de l'adolescence. Et ses lettres seraient on ne peut plus sensationnelles, si vraiment elles nous livraient ses intimes pensées de cette époque. La vérité est qu'elles ne nous apprennent rien. Elles sont cependant précieuses, parce qu'elles confirment ce que nous savions.

Déjà les lettres à Henriette, publiées après la mort d'Ernest, confirmaient absolument le récit des *Souvenirs d'enfance et de jeunesse* et nous avaient permis de confondre M. Henri Massis, qui taxait ces *Souvenirs* de mensonge. Ernest s'explique moins encore avec Alain qu'avec Henriette, sa confidente, à qui il n'annonça le motif de son refus du sacerdoce — la perte de la foi — qu'après la décision prise, ce qui prouve bien qu'elle n'exerça aucune influence sur cette décision. A plus forte raison n'expose-t-il pas ses doutes à ce frère, qui fut un bon frère, un brave homme et nullement un sot, mais n'avait pas la haute culture d'Henriette Ernest se contente de lui annoncer ses actes et ses intentions. Or, en juin 1843, vers la fin de sa seconde année d'Issy, consacrée à la philosophie, nous voyons qu'Ernest écrit au bon Alain: « Comme je n'ai rien de caché pour toi, je dois te dire que plus que jamais mes désirs et mes pensées me portent vers le sacerdoce. » S'il n'a pas tout de suite accepté la tonsure — qui d'ailleurs ne constituait pas un engagement irrévocable — ce n'est qu'un délai, conforme à l'usage le plus ordinaire. Il lui faudra les deux ans de Saint-Sulpice, deux ans de philologie, d'hébreu, d'étude des textes, pour cesser de croire et se résoudre à rentrer dans la vie laïque. C'est donc bien pour des raisons philologiques, critiques, en un mot positives, et non point métaphysiques, qu'il a perdu la foi et rompu avec l'Église. Ses *Souvenirs* sont parfaitement véridiques, et M. Massis, qui l'a traité de menteur à ce propos, pourrait l'être lui-même de calomniateur à bien plus juste titre.

Il avait sans doute emprunté cette calomnie à Brunetière, mais est-ce une circonstance atténuante? Il aurait bien dû contrôler un peu. Comment se fier à Brunetière sur un tel sujet? Le fanatisme rend prompt à souscrire tout ce qui peut accabler un mécréant. C'est ainsi jadis qu'on menait les enquêtes avant de les brûler vifs. On se borne aujourd'hui à les diffamer faute de mieux, toujours par les mêmes procédés sommaires. M. Massis a pourtant une excuse, d'ordre seulement moral. En qualité de néothomiste, il tranche de tout par des principes théologiques et métaphysiques *a priori*. Comme on juge souvent des autres par soi-même, M. Massis se figure que tout le monde en fait autant et que le jeune Renan n'a pas échappé à la règle commune. Comme les faits et les textes n'intéressent aucunement M. Massis, il s'imagine que personne n'en a cure, et qu'on ne peut les invoquer que par feinte. Il est apparemment de bonne foi, encore qu'il ait dans l'affaire un intérêt évident, puisque c'est beaucoup plus facile de refuser la discussion sur ces matières que d'y triompher.

Mais ce n'est certes pas une excuse intellectuelle, s'il est vrai que cette discussion est évidemment indispensable et ne saurait être évitée que par une abdication de l'intelligence. Bon pour le charbonnier proverbial! M. Massis se flatte d'être intellectualiste et non fidéiste. Puisque la religion n'est pas une pure métaphysique, mais un phénomène historique, situé sur la terre, appuyé sur des écritures et des témoignages, sa vérité ou son erreur ne saurait donc être suffisamment prouvée par des arguments *in abstracto*, mais dépend pour le moins autant de la critique positive, histoire et philologie. Renan a posé exactement la question : même si ses deux années d'études philosophiques l'avaient fait douter déjà, il aurait dû néanmoins suspendre son jugement, et ne se prononcer qu'après l'examen direct et positif des faits. Qu'on ne dise pas que ce positivisme n'est encore qu'une philosophie! La plaisanterie serait un peu forte. Ce n'est ici qu'une méthode, la plus nécessaire et la seule valable, la seule adaptée et soumise à l'objet. Autant vaudrait dire que c'est par un *a priori* de philosophie positiviste que Lavoisier a établi la nature de la combustion et combattu la théorie du phlogistique! Quoi qu'on dise et quoi qu'on fasse, Renan s'est placé sur le vrai terrain : il faut l'y suivre, ou avouer la carence et se taire.

Revenons à l'excellent Alain. Rien de plus charmant que l'affection réciproque des deux frères, et la tendre union de toute cette famille. M. Georges Blaizot, dans sa préface assez malveillante, prétend qu'Ernest manque de charité, qu'il ne fut pas riche de cœur ni généreux. Où prend-il cela ? Il note pourtant lui-même ce cri « Qui m'aimera ? » Ce n'est pas la marque d'un être sec. Mais « il ne peut pas oublier son cerveau... ». Il est « prisonnier de son génie ». Heureusement pour nous ! D'ailleurs, si son cerveau et son génie sont ce qui importe avant tout et ce qui lui créait ses plus impérieux devoirs, il les a tous remplis et nous donne une fois de plus, dans ces lettres, le touchant spectacle d'un grand esprit associé à un cœur simple, sensible, et à toutes les vertus du foyer.

— M. Jacques Boulenger commence par protester vivement contre cette absurde imputation d' « égoïsme intellectuel », qui a été également lancée contre Goethe, contre Victor Hugo, etc. Faut-il pousser loin la haine de la pensée et de la littérature pour qualifier d'égoïstes ces grands hommes qui ont travaillé toute leur vie à enrichir le plus noble patrimoine de l'humanité ! Philistins, race de vipères !... M. Jacques Boulenger leur répond très bien. Mais pourquoi accorde-t-il que les grands intellectuels ne peuvent rien aimer beaucoup ? Ils aiment infiniment la vérité, la beauté, l'idéal, et cela ne les empêche pas d'être souvent des amoureux ou des amis très réels.

Le plan du volume de M. Jacques Boulenger, *Renan et ses critiques*, ne répond pas tout à fait aux promesses du titre. Vous n'y verrez rien sur les critiques parues du vivant de Renan, études d'ensemble ou articles sur chacun de ses nouveaux ouvrages, rien sur ceux de Sainte-Beuve ou de Schérer, ni sur les innombrables pamphlets ou mandements épiscopaux qui fulminèrent contre la *Vie de Jésus*, etc... En réalité, M. Jacques Boulenger ne parle que de quelques-uns des derniers critiques de Renan, et presque uniquement de MM. Pierre Lasserre, Henri Massis et Jacques Maritain. Il le fait toujours avec beaucoup de verve et d'agrément, le plus souvent de la façon la plus pertinente. J'ai eu le plaisir de trouver dans son livre une adhésion complète à ma réfutation de M. Henri Massis sur le point auquel je revenais il n'y a qu'un instant. J'en ai été d'autant plus heureux que l'opinion de M. Pierre Lasserre, dans le premier tome de sa *Jeunesse de Renan*, m'avait paru un peu flottante et ballottée. M. Jacques Boulenger n'a été évidemment touché du néo-thomisme à aucun degré, puisqu'il prend les documents en considération et ne maugrée pas contre l'évidence.

Il montre fort justement aussi qu'il est plaisant de condamner Renan pour n'avoir pas été métaphysicien, alors qu'il n'a jamais voulu l'être, pensant avoir mieux à faire et ne croyant pas à la métaphysique. Elle n'était pour lui que le domaine de l'hypothèse et du rêve, non le moyen sûr de rechercher la vérité. Au fond, tous les grands métaphysiciens, même ceux qui ont cru le plus ardemment à la métaphysique, ont construit leurs systèmes en généralisant d'après les résultats de la science à leur époque. Le pur *a priori*, si cher à MM. Massis et Maritain, ne se rencontre dans aucune métaphysique humaine, mais seulement dans la révélation, sur laquelle bâtissent les théologiens, même soi-disant disciples d'Aristote. C'est pourquoi l'on peut dire qu'il y a du mysticisme chez saint Thomas, mais non point chez Aristote ou chez Platon, dont le thomisme n'a pas hérité l'esprit vraiment et pleinement intellectualiste, mais adapté, ravaudé et transformé quelques théories à sa convenance. Je ne sais pourquoi M. Jacques Boulenger n'y veut pas consentir.

M. Pierre Lasserre y consent fort bien, somme toute, dans l'admirable second volume de sa *Jeunesse de Renan*, quoiqu'il ait appliqué incidemment à Platon et Aristote cette épithète de mystiques, mais dans un sens de la langue vulgaire et en indiquant simplement par là que ces deux grands philosophes ont cru à l'existence de Dieu. Mais ils y ont cru à la suite de raisonnements, par démonstration ou inférence rationnelle. Le vrai mystique, au sens philosophique du terme, est celui qui se flatte de la saisir, sans intermédiaire intellectuel, par une communication directe et une illumination d'en haut. Je regrette que M. Jacques Boulenger n'admette pas ces distinctions, et qu'il prête à l'équivoque en écrivant que saint Thomas est le dernier état de l'aristotélisme. Quel état! D'ailleurs, il y a eu plus tard Leibnitz, qui essaya de concilier Aristote avec Descartes, et Hegel qui se proclame disciple du Stagyrite. Enfin, après avoir finement raillé l'indifférence superbe de M. Massis pour les données expérimentales, M. Jacques Boulenger conclut : « On se demande si Aristote eût été de son avis. » A la bonne heure! Aristote serait de nos jours beaucoup plus près de Renan, et M. Massis est parfaitement thomiste, c'est-à-dire aujourd'hui fort peu aristotélicien. Cette excellente conclusion de M. Jacques Boulenger, ce joli mot de la fin rectifie bien utilement certains de ses développements antérieurs. Ce n'est pas moi qui m'en plaindrai.

Sur un autre point, M. Jacques Boulenger a pris M. Massis en défaut et même en flagrant délit d'altération des textes. Puisqu'ils ne comptent pas pour lui, il aurait tort de se gêner. Il accusait Renan d'avoir soutenu que la philologie « est destinée à remplacer les pures spéculations philosophiques ». Il s'en indignait à bon marché et n'avait pas de peine à objecter qu'il faut une philosophie pour relier et expliquer les faits historiques. Je n'avais même pas eu besoin de recourir au texte de Renan pour comprendre que les faits établis par la philologie n'étaient en effet d'après lui que des matériaux fournis à la raison et qu'il n'avait pas confondu le travail du carrier avec celui de l'architecte (encore que le même esprit puisse, dans ce domaine, les accomplir tous deux à lui seul, ainsi qu'il l'a prouvé par son exemple). Il suffit de connaître tant soit peu l'œuvre et la pensée de Renan pour qu'il soit impossible de s'y méprendre. M. Jacques Boulenger a cherché la source, bien que M. Massis se fût gardé de donner la référence, et le résultat est que M. Massis avait tranquillement supprimé de sa citation tout ce qui contredisait son réquisitoire. Renan avait écrit : « L'histoire, *non pas curieuse, mais théorique, de l'esprit humain*, telle est la philosophie du dix-neuvième siècle. *Or cette étude n'est possible que par l'étude immédiate des monuments, et ces monuments ne sont pas abordables sans les recherches spéciales du philologue.* » M. Massis avait supprimé les mots que je mets en italiques et n'avait pas cité non plus la phrase suivante: « C'est donc dans la philosophie qu'il faut chercher la véritable valeur de la philologie. » (*L'Avenir de la science.*) Bref, il avait par ses coupures changé du blanc au noir le sens de ce passage afin d'en faire un non-sens. Décidément, la métaphysique lui sied mieux et, en effet, la critique des textes n'est pas sa vocation (1).

---

(1) M. Pierre Lasserre lui-même a relevé quelques autres falsifications analogues de son « ami » Massis.

J'aurais encore quelques observations à présenter sur le chapitre de M. Jacques Boulenger concernant la politique de Renan, à qui il attribue un instant des théories qui ont été celles des pangermanistes, jamais les siennes (ni même au fond celles de Hegel, à les bien prendre). Et Renan n'a pas été si conservateur. Il s'est toujours placé uniquement au point de vue des intérêts et des progrès de l'esprit, dont les conservateurs proprement dits se moquent un peu. Lorsqu'il consentait d'accepter un bon tyran, il songeait au type du souverain de l'*aufklærung*. Il s'est bientôt aperçu qu'à notre époque la démocratie seule assurerait la liberté de penser. Voyez la préface de l'*Eau de Jouvence*. Je ne suis pas sûr non plus que M. Jacques Boulenger ait raison de contester à M. Pierre Lasserre le caractère breton de Chateaubriand, de Lamennais et de Renan (2). Il est vrai que *Tristan* et *Lancelot* sont des ouvrages français, mais sur « matière de Bretagne ». Pas plus bretons que le *Cid* n'est espagnol, a dit M. Clédat. Eh! c'est déjà beaucoup. Enfin où M. Jacques Boulenger a-t-il vu que Renan ne trouvait pas Victor Hugo intelligent? Certes, cela ne ressort ni de l'entretien avec Jules Lemaître, rapporté par Jules Tellier, ni de *1802*, ni de l'article des *Feuilles détachées*, ni du discours de réception à l'Académie, où, ayant demandé au grand poète d'être un de ses parrains, Renan lui disait : « Vous, cher et illustre maître, dont le génie, comme le timbre des cymbales de Bivar, a sonné chaque heure de notre siècle, donné un corps à chacun de nos rêves, *des ailes à chacune de nos pensées...* »

La *Pensée religieuse de Renan*, par M. Jean Pommier, n'est en somme qu'une collection de « fiches », une série de citations, où la personnalité du compilateur n'apparaît guère, mais qui constitue un répertoire des plus utiles. Il y a quelques présentations discutables, qui exagèrent les variations de Renan, mais comme

(2) M. Pierre Lasserre s'est assez bien défendu sur ce point dans un article de *Candide* du 14 janvier 1926.

M. Pommier donne les références, on peut vérifier, et il n'y a pas grand mal. Telle omission est plus fâcheuse. Par exemple, sur l'opposition entre le rationalisme hellénique et le mysticisme judéo-chrétien, M. Pommier prétend que Renan n'a fait aucun pronostic. Pardon! Il dit expressément dans le dernier chapitre du dernier volume de l'*Histoire du peuple d'Israël* que l'œuvre judéo-chrétienne prendra fin, mais que l'œuvre grecque est immortelle.

Bien amusantes, les violences et les fureurs de M. Paul Vulliaud contre Renan, à propos du *Cantique des cantiques*. M. Vulliaud tient pour l'interprétation mystique : le sens profane, indiqué par Renan dans l'exquise préface de sa traduction, s'impose si manifestement que Bossuet ne le repoussait pas et se contentait d'y ajouter l'autre par surcroît. Je vous signale la nouvelle traduction, brillante et colorée, de ce poème fameux par le docteur J.-C. Mardrus, dans une édition ravissante.

M. Louis Rougier, avec un long commentaire, en général judicieux, mais dont quelques parties appelleraient certaines réserves, donne une traduction des fragments de Celse, conservés par Origène. Il y a dans Celse — sur qui Renan a dit l'essentiel dans *Marc-Aurèle* — un mélange de vues pénétrantes, déjà toutes modernes, et qu'on retrouvera chez Voltaire et chez Renan, avec des restes de superstition qui auraient diminué l'efficacité de sa polémique, même si l'empereur Théodose II n'avait ordonné de détruire tous les ouvrages antichrétiens.

M. Miguel de Unamuno n'annonce pas l'*Agonie du christianisme* sur le ton de Montesquieu, qui dans les *Lettres persanes* déclare que cette religion n'en a plus que pour cinq cents ans. Qui vivra dans trois cents ans verra. M. de Unamuno est chrétien. Il se lamente sur les calamités qui menacent sa foi avec l'éloquence d'un nouveau Jérémie.

PAUL SOUDAY.

23 MARS 1946

Actualité de Renan

LE seul titre de cet article paraîtra paradoxal. Qu'y a-t-il de moins actuel que le scepticisme renanien, que le renanisme ? Qu'y a-t-il de moins répandu dans l'atmosphère intellectuelle du moment, de plus méprisé, de plus honni ? Haro sur les dilettantes et les sceptiques ! Notre siècle tumultueux et mystique les vomit.

Hélas, il suffit d'ajouter le suffixe *isme* au nom d'un homme pour dénaturer irrémédiablement sa pensée. Cela s'est vu si souvent qu'on ne s'en étonne plus. Pas plus que, de son propre aveu, Marx n'était marxiste, Renan n'était renanien. Bergson était-il bergsonien ? Ce serait à voir. Le propre des grands esprits est de déborder les systèmes où des zélateurs simplistes essaient de les enfermer.

Renan n'avait pas de système, direz-vous, c'est ce qui définit le renanisme et qu'on reproche à l'auteur de la *Vie de Jésus*. Qu'attendre d'un philosophe qui a négligé de mettre ses idées en ordre ou d'un réformateur qui ne croit pas à l'efficacité des changements qu'il préconise ? D'ailleurs, Renan n'était pas philosophe, ou il ne l'était qu'à la façon du dix-huitième siècle, en moraliste, en homme de lettres. Cela ne saurait nous contenter. Nous avons faim et soif de certitudes transcendantes. Le matérialisme lui-même ne peut se priver d'une justification qui le dépasse : la divinisation de l'humanité. Renan ne nous propose rien de semblable.

Est-ce bien sûr ? Renan croyait à l'existence future de Dieu. Cette mystique en vaut bien une autre.

M. Léon Dubreuil consacre à la vieillesse de Renan un livre qu'il faut ranger à la suite de la *Jeunesse d'Ernest Renan* de M. Jean Pommier. La « vieillesse bretonne », souligne-t-il, et son livre s'intitule *Rosmapamon*, du nom de la propriété où Renan passa les derniers étés de sa vie, près de Louannec, au pays des Cimmérens ses ancêtres. La thèse de l'auteur, si tant est que le mot ne soit pas trop fort pour désigner ce qui n'est en somme que la principale orientation de pensée du livre, est que tout Renan s'explique par la Bretagne et qu'il n'y a pas plus étranger au fameux scepticisme renanien que l'âme bretonne. Certes, la religiosité de Renan n'est niée de personne, ni sa tendance à la rêverie poétique, ni le romantisme intellectuel par lequel on a tenté de le définir, mais il y avait chez Renan des vertus et des dispositions non moins bretonnes que tout cela, et M. Dubreuil loue son optimisme, car il croyait au progrès de l'esprit humain, il loue son éclectisme, qui est encore un caractère de race, paraît-il : « Semblable à la mer qui détruit ici pour édifier ailleurs, l'esprit de Renan s'applique à construire une doctrine assez vague pour ne pas dérouter les amis de la liberté, assez large pour réunir tous les modes de sentir et de penser des hommes, même de l'avenir, assez coordonnée pour ne pas négliger les données de la science positive. » Renan a fourni à l'esprit religieux de nouveaux éléments de conservation, puisque c'est en partie grâce à lui que s'est créée une nouvelle école d'apologétique ; le renouveau de la foi lui doit au moins autant qu'à Bergson. Il avait le goût de la vie élevée et morale, il avait le sentiment de la famille, et c'est également bien breton. Il était vertueux, il était courageux, il était désintéressé. Et enfin, bien qu'opposé au socialisme doctrinaire, bien qu'antidémocrate, il avait l'amour du peuple. Après cette analyse, il ne reste pas grand'chose du renanisme de Renan.

Renan n'aimait pas la démocratie et détestait la Révolution française. Pourtant, la République radicale l'a statufié en 1903, et, vingt ans après, l'a célébré de nouveau, car, bonne fille, elle n'y regardait pas de si près quand elle avait adopté quelqu'un et il lui arriva même de mériter ainsi le qualificatif d'athénienne, ce que nous attendons encore de la IVe. Il est vrai que Renan s'excusait si gentiment de ne pas être républicain, portant cette répugnance de son esprit au compte d'une vertu bien bretonne que M. Dubreuil a omis de faire entrer en ligne dans sa psychologie: la fidélité ! « Je suis par essence légitimiste, disait-il en 1886 aux étudiants de Paris, j'étais né pour servir fidèlement et avec toute l'application dont je suis capable une dynastie ou une constitution tenues pour autorité incontestée. Les révolutions m'ont rendu la tâche difficile. Mon vieux principe de fidélité bretonne fait que je ne m'attache pas volontiers aux gouvernements nouveaux. Il me faut une dizaine d'années pour que je m'habitue à regarder un gouvernement comme légitime... le moment où je me réconcilie est justement celui où ils sont sur le point de tomber. Je passe ainsi mon temps à cumuler des amitiés fort diverses... Si la République venait jamais à tomber, ce qu'à Dieu ne plaise, voyez quel serait mon sort, moi qui ne suis pas un républicain *a priori*, qui suis un simple libéral, s'accommodant volontiers d'une bonne monarchie constitutionnelle, je serais plus fidèle à la République que les républicains de la veille. Je porterais le deuil du régime que je n'ai pas contribué à fonder. »

Renan n'était donc pas un réactionnaire, il était tout simplement un retardataire, et l'on voit bien de quel côté il pencherait à l'heure présente ; ce ne serait pas vers la République de M. Mollet, mais plutôt vers celle de M. Herriot. Nous ne saurons que dans quelques semaines si ce serait là retarder tellement.

André Billy,
de l'Académie Goncourt.

ERNEST RENAN

CHEZ TOUS LES LIBRAIRES

le 25 de chaque mois :

LA
TERRE DE FRANCE

REVUE FÉDÉRALISTE ANTI-JUIVE

Cette revue a pour but la défense du sol, de la race et des institutions. Elle éclaire les intelligences, et affermit les volontés.

Le directeur, M. Henri DESPORTES, représente les aspirations des provinces du Nord ; le rédacteur en chef, M. Lionel RADIGUET, représente le Celtisme, dont il est l'un des *leaders* les plus autorisés. D'autres collaborateurs distingués s'occupent avec compétence des autres grandes régions de l'Unité Française ; citons : MM. J. de Biez, F. Bournand, P. de Lamase, G. d'Arvaux, P. de Bovis, Jean Drault, Gaston Méry, P. Verdun, etc.

La *Terre de France* paraît chaque mois, par fascicules de 64 pages, grand in-8°. L'abonnement est de 10 francs par an ; on accepte des abonnements d'essai à raison de 3 francs pour six mois.

Administration : Amiens, 18, rue Saint-Fuscien.

Rédaction : Paris, 12, rue des Pyramides.

H. DESPORTES ET F. BOURNAND

Ernest Renan

SA VIE ET SON ŒUVRE

PRÉFACE PAR J. DE BIEZ

PARIS
LIBRAIRIE SAINT-JOSEPH
TOLRA, LIBRAIRE - EDITEUR
112 BIS, RUE DE RENNES, 112 BIS

1893

A S. S. LÉON XIII

GLORIEUSEMENT RÉGNANT

POUR CONSOLER SON CŒUR DE PASTEUR

DE LA DOULEUR A LUI CAUSÉE

PAR LES FUNÉRAILLES PUBLIQUES

FAITES A UN APOSTAT

PAR LE GOUVERNEMENT DE LA FRANCE CATHOLIQUE

PRÉFACE

... Un siècle n'est pas tenu d'établir ses célébrités au nom de l'Esprit de Vérité, plutôt qu'en vue de ses intérêts. Ses hommes préférés sont les avocats de sa cause, ses défenseurs.

Je ne crois pas qu'une époque ait mieux compris que la nôtre l'avantage immédiat de façonner ses grands hommes dans le sens de ses besoins. A l'aide de ses journaux multiples et sonores comme des trompettes de papier, de vrais mirlitons, notre dix-neuvième siècle s'est construit, en vue d'un avenir qu'il devine menaçant, une devanture de Renommées, toutes assises de préférence parmi ceux qui servent ses plans de destruction du passé. Jamais on n'a vu aussi clairement que dans le présent, que la gloire est toujours faite de compromis entre le talent et la conscience, ou tout au moins qu'elle s'appuie, pour se produire, sur les besoins mutuels de l'État et ceux de l'Individu. C'est la théorie du *Donnant Donnant* portée à son apogée.

A l'entrée de sa vie, un homme comme Renan regarde son temps, l'étudie, de même qu'un siècle comme le nôtre, qui a besoin de renégats, observe les débuts d'un esprit comme M. Renan, guette son premier geste, l'attend au pied du mur pour l'épreuve.

Au moindre clignement d'œil, des complices se comprennent ou des adversaires se devinent.

M. Renan ne se posa point en adversaire. Il a reproché plus tard à Mgr Dupanloup d'avoir trop peu aimé son siècle, et de lui avoir fait trop peu de concessions « pour qu'il pût lui être donné de former des hommes au droit fil de son temps. »

Etant donné le lieu d'où il venait et celui où il arriva, M. Renan sut, lui, comme personne, se former de lui-même « au droit fil de son temps. » Il s'y forma par des concessions incessantes à l'esprit du siècle, concessions productives, d'où il sort gloire, honneur, fortune, pour tout le laps que dure l'esprit public qui les engendra.

J'ai connu M. Renan au *Dîner Celtique*, où il venait rarement sans être accompagné de son fils, lettré aimable et peintre délicat. J'ai cessé de me rendre aux invitations de M. Quellien, un breton affectueux et de sens droit, — secrétaire, presque l'homme-orchestre de ce banquet dont je parlerai un de ces jours, — j'ai cessé, dis-je, le jour où M. Renan accorda son autorité de savant officiel à cette contre-vérité historique qu'il y avait eu des Juifs-Gaulois.

Ou bien M. Renan n'était pas le savant qu'on disait, ou bien il nous déclarait la guerre à nous antisémites, en donnant cette satisfaction aux Juifs de France. En même temps il adhérait formellement à l'idée dominante du siècle, qui a placé l'idée de nation aux lieu et place de l'idée de race.

En insistant sur cette formule : Juifs Gaulois, M. Renan transgressait pour plaire à son siècle les limites de la vérité pure. Celle-ci ne nie pas qu'il y ait eu des Juifs en Gaule. Elle conteste toutefois qu'on puisse être à la fois Juif et Gaulois; Gaulois étant un nom de race, comme Juif est le nom d'une autre race.

A quoi bon retourner aux banquets mensuels du bon Quellien où se chantent pourtant de jolies chansons locales? M. Renan avait effacé d'un mot quelques jolies pages de ses *Souvenirs* sur les Bretons, et les traits caractéristiques de cette race. En même temps il avait donné un fort coup de pied dans la table de ce *Dîner Celtique*, dont ce bon Quellien est si fier au nom de la race qui le fit barde.

J'avais lieu de savoir que cette résurrection de la Question Juive avait dérangé M. Renan. Un jour Quellien, toujours à ce fameux *Dîner Celtique*, m'avait présenté à M. Renan, comme un adepte fervent de l'idée nouvelle. M. Drumont venait de publier la *France-Juive*, et moi-même j'avais épousé publiquement cette déclaration de guerre. Mes amis n'avaient pas vu cela sans émotion. Et ils voulurent à tout prix me montrer à Renan, presque comme une curiosité !

J'entends encore les ah! ah! c'est bien, Monsieur,

en effet.... du vieux philosophe, qui relevait d'une attaque de goutte ce jour-là. Son visage était comme à l'ordinaire éclairé par ce sourire anonyme dont il se faisait un masque contre les gens plats et ceux qui les imitent. Toute sa personne était comme enfouie dans un geste de complaisance uniforme et universelle qui s'étudiait à n'avoir point de signification.

Quand il m'eut regardé assez longuement, de son œil ironique, qui semblait le clair voile d'une raillerie sans fond, il prit comme malgré lui, une mine contractée. J'ignore si mon visage l'inquiéta. Il ressaisit la parole. En s'exprimant, il regardait Quellien :— « Étrange, étrange, répétait-il, comme c'est inattendu, cette révolution ; je croyais qu'il n'y en avait plus de possible, je croyais les avoir toutes prévues — je n'avais pas prévu celle-ci. »

A table, mon voisin qui avait assisté à cette manière de confession, me dit : « Cela venait de loin, allez, ce qu'il vous a dit-là, M. Renan ; cet aveu émane d'une inquiétude réelle, qu'on devine au fond de lui. Cette guerre aux Juifs, à laquelle il ne s'attendait pas, le dérange dans beaucoup de ses plans sur l'avenir ; elle l'inquiète pour la destinée de ses livres. Il n'est pas sûr qu'ils résisteront à un retour au christianisme vrai. Et puis qui sait... cela dérange peut-être aussi l'assiette de ses revenus. Il voit clair, vous savez. Et il a bien aperçu du premier coup que c'était le renversement de tout le régime financier actuel dont l'esprit l'a servi, avec lequel il avait compté pour arriver sain et sauf dans sa gloire aux siècles futurs ».

J'ai oublié de dire que cet interlocuteur n'était pas un Celtisant du tout. Il était venu à ce banquet mensuel plus en curieux qu'en habitué.

A trois ans de là, au début de l'année 1890, M. Renan prenait le parti des Juifs dans la presse, et nous forçait ainsi à serrer de près, au nom de nos principes, l'examen de son œuvre.

M. Renan mort, cette œuvre reste en cause, et entre dans la postérité au moment où cette révolution que M. Renan n'avait pas prévue, commence à secouer fortement les dernières années du siècle. Il a accepté la guerre avec nous, en nous la déclarant. Et il nous la déclara le jour où il répudia toutes ses théories sur la Celtique et ses Bretons, pour nous imposer des Juifs-Gaulois, inventés par lui pour les besoins de sa cause et la plus grande gloire de son « cher Calmann » (1).

M. Cornély disait dernièrement de M. Renan qu'il a ouvert l'armoire aux poisons, sur son temps. Il est certain que M. Renan a tué autour de lui tout ce qui constitue la vie efficace des peuples chrétiens.

Il est entré dans la vie en renégat. Il a subi ce courant germanophile qui empoisonne l'esprit des enfants par l'éducation, désormais ordonnée en dehors de nos facultés héréditaires, facultés morales et intellectuelles.

Récemment on publiait de lui une lettre où il

---

(1) *Feuilles détachées.* — Préface.

attaquait Bossuet. Bossuet, c'était la voix de nos cathédrales, l'éloquence haute et large du Gaulois, *vir probus et dicendi peritus*. Il représentait la sonorité puissante de nos voûtes ogivales où la voix de l'homme monte au ciel, comme un parfum de l'âme en prière.

M. Alphonse Daudet semble avoir donné d'un mot la raison de cette haine de M. Renan pour Bossuet, en l'appelant une « cathédrale désaffectée ».

M. Renan avait beaucoup d'esprit, peu, très peu d'âme.

C'est parce qu'il manqua d'âme toute sa vie, qu'il sût toujours si bien rester extérieur à ce qu'il jugea. Il avait trop peur d'être dupe; l'âme donne confiance et enthousiasme. L'esprit rend adroit et prudent. Aussi M. Renan ne manqua jamais d'avoir deux opinions successives sur le même objet, opinions qui l'aidaient à en concevoir une troisième, celle de n'en plus avoir, au besoin de n'en avoir jamais eu.

M. Renan a tué le courage des idées. Il est demeuré toute sa vie, par peur de se compromettre, à l'embranchement de deux voies, qui menaient l'une au Mensonge, l'autre à la Vérité. Il a discouru sur chacune des deux voies à suivre, sans jamais entrer dans le rôle honorable de l'homme élu qui opte et se décide à faire le voyage de la vie. Ce philosophe aura été le cicérone qui n'accompagne pas le touriste. L'exégèse future le retrouvera au carrefour de ses deux routes, et verra dans cet homme informé l'aiguilleur qui n'aiguille jamais.

M. Renan est arrivé au seuil de la vie, en passant le seuil du séminaire. Il n'a jamais regardé devant lui, que pour ne rien prendre au sérieux.

Sous prétexte de tout connaître, il a tout méconnu, hormis la volupté autophagique du dilettantisme. Il avait saisi ce qu'il appelle « le droit fil du temps ».

Le siècle qui a une besogne négative à parfaire, et qui veut nous fermer le ciel afin d'ouvrir le monde aux gens qui n'ont pas d'âme, a su gré à cet homme d'esprit, ce cérébral raffiné, de s'en être tenu pour s'affirmer, à une philosophie conçue « dans le ton dégagé, goguenard et prud'homme, à la fois de Pibrac, de Marculfe ou de Chatonnet (1). »

Le " droit fil du temps" n'est pas celui des hommes qui affirment une foi, préconisent un devoir, professent une opinion, pratiquent un culte, aiment ce qui est aimable. M. Renan a peint son être dans le Cohélet de son *Ecclesiaste*, une manière de pessimiste de talent, qui aime la vie, mais évite avec soin les excès de toute sorte, les excès de sagesse comme les excès d'héroïsme, car « Dieu récompense si peu l'héroïsme que l'on se demande si ce n'est pas aller contre ses intentions que de prendre les choses par ce biais (2). »

(1) Études sur l'*Ecclésiaste*.
(2) Études sur l'*Ecclésiaste*.

Pour être plus sûr de ne pas aller contre les volontés de Dieu, M. Renan qui préfère l'hypothèse de l'enfer à celle du néant, décida de n'aller nulle part dans l'ordre des décisions morales. Il se livra à l'étude de la philosophie, mais comme Robert Houdin fit de la magie, une magie blanche, devant un auditoire « modéré et de *juste milieu* sans zèle et sans mysticisme (1). »

L'auditoire est sorti de ces leçons asphyxié par le dilettantisme du maître, impuissant à une décision, énervé, inerte, tout juste à point pour être expulsé dans un temps prochain par l'invasion croissante des fils de Jacob le Supplanteur.

Afin de soutenir ce rôle de magicien endormeur des vertus de l'âme, M. Renan dut pratiquer les irrespects et jongler avec les sacrilèges. Il s'y prit le plus naturellement du monde, en homme doué de souplesse et dont la langue est moelleuse. Il montra aux badauds ses sacrilèges gantés de gris perle, et leur enseigna à blasphémer, les mains jointes.

On a comparé son style glissant et sans chaleur au verbe limpide de Fénelon. M. Renan était tout au plus un Fénelon perverti, par le manque de décision et le mauvais exemple qu'il donna de cultiver la Vérité un peu comme on va voir à la foire le veau à deux têtes. Eût-il écrit *Télémaque*, qu'il eût conseillé un Mentor de la main gauche, non comme on choisit un maître, mais comme on prend

---

(1) Études sur l'*Ecclésiaste*, pages 19-20.

une maîtresse. « Chers enfants, c'est inutile de se donner tant de mal à la tête pour n'arriver qu'à changer d'erreur. Amusez-vous puisque vous avez vingt-ans. »

Ce pauvre M. Renan qui fit tant pour les Juifs dans ses dernières années fut mal récompensé. Au moment de sa mort, il reçut le coup de pied de l'âne. C'était un rabbin, un grand rabbin, qui venait le remercier à sa façon d'avoir mis au service de la conquête juive les treize cents ans d'économie, de pensées et de sensations trouvées dans l'héritage des bonnes gens venues du Cardigan. (1)

M. le Grand Rabbin Wogue cassa net la statue de savant orientaliste que le dix-neuvième siècle avait élevée à M. Renan. Comme hébraïsant, l'auteur de la *Mission de Phénicie* était presque nul, « fort inférieur à la plupart de nos rabbins », dit M. Wogue dans *Le Matin* du 4 octobre dernier.

D'ailleurs l'érudition de M. Renan, une misère, et M. Wogue nous raconte très tranquillement qu'afin d'avoir à ne pas enseigner ce qu'il ignorait par trop, M. Renan, lorsqu'il fut nommé sous l'Empire professeur au collège de France « ne fit sa fameuse leçon d'ouverture, dans laquelle il niait la divinité de Jésus, que, pour obtenir la fermeture de son cours. »

A peu de jours de là on obtenait une rétractation de ces propos hardis et ingrats à la fois. M. le

---

(1) Souvenirs de jeunesse, page 89-90.

Grand Rabbin Wogue qni n'a pas l'air d'être dans le mouvement, fut invité à reconnaître, toujours dans *Le Matin*, que M. Renan avait néanmoins servi la cause israélite par son attitude contre l'antisémitisme.

Les Juifs qui ont l'habitude de jeter une petite pierre sur la tombe de leurs parents et amis, jetèrent ce jour là un gros caillou, le pavé de l'ours, sur le cercueil de M. Renan, mort entre deux prières comme il avait vécu entre deux opinions, entre la prière de l'Acropole qui est d'un hircocerf des Propylées, et celle qui termine ses *Souvenirs*, la protestation de « Renan sain d'esprit et de cœur » qui est d'un apostat endurci et de sang froid.

JACQUES DE BIEZ.

CHAPITRE I

Enfance et Jeunesse

I

L'apostat Renan a vu le jour en Bretagne, sur cette terre granitique où le catholicisme s'est implanté comme sur des assises de pierre. Par une permission de la divine Providence les hommes qui se tournent avec aveuglement et méchanceté contre l'œuvre de Jésus-Christ sont toujours issus d'un peuple profondément pénétré de cette œuvre : Dieu veut par là montrer au monde que ces apostats haineux sacrifient leur foi à la noirceur de leur propre cœur et ne tombent pas sous les scandales de leur éducation première, puisque cette éducation est toujours essentiellement chrétienne.

C'est à Tréguier (1), une ville sainte, que naquit celui qui devait un jour baver la *Vie de Jésus*. Le milieu qui entoura son berceau était ce qu'il est encore

---

(1) Tréguier, en breton Landreguer (pays de Trécor), était autrefois la capitale des Trécorois; c'était comme une province particulière dans la Bretagne, ayant son idiome et ses mœurs. Cette ville dut son origine au monastère de Trécor, fondé au VIe siècle par saint Tugdual. Le tombeau du saint était devenu le lieu d'un pèlerinage populaire.

aujourd'hui : une population ouvrière à la foi robuste et naïve, des cœurs simples craignant le mal comme la peste, des âmes tout imprégnées de christianisme. Quelle délicatesse au fond de tous ces cœurs que nos rationalistes modernes dédaignent, parce qu'ils n'aperçoivent que l'enveloppe grossière cachant leurs beautés! L'amour sincère du prochain vivait dans tous ces gens du peuple et se manifestait par des rapports plus doux que n'en engendre la meilleure des civilisations.

On croyait encore au pouvoir des saints et de leurs représentants sur la terre : les pauvres gens se rendaient en foule en pèlerinage aux chapelles populaires de saints inconnus pour la plupart au martyrologe romain et dont les sanctuaires, petits et pauvres, émaillent les champs et les bois. Un vieux noble que sa pauvreté réduisait à être *broyeur de lin* et dont Renan lui-même nous a conservé la touchante physionomie, était regardé par le peuple comme un guérisseur.

Sur le berceau de Renan se penchèrent de maternelles sollicitudes. Il était né faible, à peine viable : les voisines, les amies de la famille s'inquiétaient. On fit des neuvaines à la Sainte Vierge, on l'implora nuit et jour et le pauvret vécut. Plus tard, Renan racontera dans ses *Souvenirs* qu'une vieille sorcière avait prédit qu'il vivrait : elle avait pris une des chemises de l'enfant, s'en était allée sur le bord d'un étang sacré, l'avait jetée sur l'eau et cette chemise s'était soulevée, signe de longue vie pour celui auquel elle appartenait. Au lieu de consacrer plusieurs pages à cet acte superstitieux, Renan aurait bien mieux fait de nous dire qu'il avait été guéri par la mère de Jésus, grâce aux larmes et aux prières de sa propre mère. Cela aurait été plus vrai et plus touchant.

Mais le rénégat ne tenait point à trop attirer l'attention sur le monde profondément chrétien qui avait entouré son berceau. Les traditions d'autrefois étaient parfaitement conservées sur cette terre où chacun vit du produit de son travail quotidien. Les grandes fortunes y étaient inconnues. Les spéculations d'argent auraient étonné et effrayé les bonnes gens de Goëlo, encore tout imprégnés de l'organisation sociale du Moyen-Age. Avec les cathédrales gothiques et les grandes cérémonies religieuses de cette époque profondément éprise de grand art, les habitants de ces pays avaient conservé les vieilles doctrines religieuses et sociales qui avaient fait la France chrétienne, et — c'est Renan qui nous le dit, — ce que l'homme ne gagne pas par le labeur de ses mains était un vol à leurs yeux. La vieille honnêteté française, avec les mœurs patriarcales d'autrefois, s'était réfugiée dans ce milieu paisible où Renan devait passer son enfance.

La famille du futur écrivain était humble et pauvre. Elle paraît s'être établie sur les côtes de Bretagne depuis une époque très reculée. Le membre de l'Institut, qui fait sonner si haut sa gloire et son talent d'écrivain, compte parmi ses ascendants une longue suite de générations de pêcheurs. Dans ses *Souvenirs*, Renan paraît éprouver quelque regret de point avoir retrouvé ses pères dans l'histoire des *Croisades*. Il se décerne lui-même les titres de poète, de mathématicien, il est l'homme de l'honneur et du désintéressement, et cela « au plus haut degré. » Mais il lui manque d'être d'illustre origine. Néanmoins sa naissance ne fut point vulgaire : les fées y parurent.

A défaut d'illustration, sa famille avait l'honnêteté ; les parents de Renan étaient de fort braves gens. Son père, François-Philibert Renan était un vieux loup de mer, ancien capitaine au long cours et maître au cabotage. Il avait épousé, à Lannion, le 31 décembre 1807, la fille d'un marin, nommée Madeleine-Josèphe Féger : simple, laborieuse, active, Mme Renan, possédait toutes les qualités d'une bonne ménagère ; sa piété était extrême, on dit même qu'elle allait jusqu'à l'exagération.

Ils eurent trois enfants : Alain-Clair, qui fut marin comme son père et avec lequel Renan n'eut guère de relations. (Ce brave homme de mer n'était sans doute pas un penseur). Henriette-Marie, née le 22 juillet 1811 dont la vie devait être intimement mêlée à celle du troisième enfant : Ernest-Joseph, qui ne vint au monde que le 27 février 1823, douze ans après la naissance de sa sœur, alors que le ménage ne devait plus attendre d'enfant. Le père avait quarante-neuf ans et la mère trente-neuf.

Ce fut l'enfant de la surprise, et cette surprise était assez désagréable. Le petit commerce d'épicerie tenu par Mme Renan, — pendant que le père naviguait en mer, sur les côtes bretonnes, — ne marchait déjà plus, la misère s'était montrée dans ce ménage et la ruine frappait au comptoir à chaque échéance. La sœur aînée adopta cet enfant à qui rien ne souriait à son entrée dans la vie ; elle lui servit de petite mère, et n'ayant pu se marier, faute de dot, elle concentra toute son affection sur l'être grêle et fragile, qui semblait respirer à peine et était venu dans un foyer morne et sombre.

Cinq ans après la naissance d'Ernest, le père, fatigué de lutter contre la mauvaise fortune, se jetait dans la mer du haut d'un navire, et les flots roulaient son corps inanimé sur les rivages du pays de Goëlo (l'ancienne Golovia). Ce suicide laissait Mme Renan avec un jeune enfant sur les bras, en proie aux créanciers et aux dettes anciennes. Dans ces circonstances pénibles, la sœur aînée fut admirable d'abnégation et de dévouement : elle se montra véritablement la femme forte digne de tous éloges.

Les créanciers avaient bien voulu laisser à Mme Renan la maison qu'elle occupait et lui avaient épargné les humiliations d'une vente judiciaire. Henriette, frêle enfant de dix-sept ans, promit de payer, et elle tint parole ; mais elle employa à cette besogne vingt ans de travail, de labeur ingrat et d'économies parcimonieuses.

Tout d'abord elle s'en fut à Lannion ouvrir une école de filles. Mais peu à peu les couvents de la localité se mirent à faire concurrence à cette modeste pension : il ne restait presque plus d'élèves, et celles qui venaient encore ne payaient plus. Melle Renan ferma sa classe, et accepta une place à Paris, où elle tint la pension de Mme Guizot. C'est là que son frère ira la rejoindre plus tard, et il la trouvera traînant encore le châle vert — un cache-misère — qu'elle avait à son départ de Tréguier.

Pendant que sa sœur travaillait, Ernest Renan étudiait. Après avoir reçu sa première éducation chez les Frères de la Doctrine chrétienne, il avait été admis comme externe au petit séminaire de sa ville natale. Mme Renan poussait son fils dans cette voie, parce qu'elle avait la pieuse ambition d'en faire un prêtre ; désir malheureux qui devait causer à l'Église de Dieu une des douleurs les plus intenses qu'elle ait ressenties en ce siècle !

Il est vrai de dire qu'alors, Renan légitimait les espérances qu'on avait conçues de lui. Il était charmant et joli au point que, lorsqu'il revenait de classe, ses livres sous le bras, marchant « comme une bonne petite sœur, » pour employer l'expression d'un de ses professeurs, — les grandes dames l'arrêtaient pour l'embrasser, en s'extasiant sur son joli visage et chacune le montrait en disant « Voyez donc notre petit évêque ! »

Dès lors il se faisait remarquer par une piété particulière, celle que nous retrouverons en lui à Saint-Sulpice et peut-être même jusqu'à ses derniers moments. Sa piété qui n'était point appuyée sur la foi, était plutôt une vague religiosité, faite de rêverie et de sentimentalisme. Silencieux et mystique, il fuyait les réunions ; quand il priait, c'était dans la solitude ; ses adorations étaient entièrement contemplatives. Ce qui lui plaisait pardessus tout c'était d'aller le soir, prier à l'église, à cette heure délicieuse où le silence succède aux bruits du jour, où le crépuscule, voilant doucement toutes choses, invite l'âme croyante à penser à Dieu, alors l'enfant se rendait furtivement au temple et s'agenouillait entre les sombres colonnes du vieux monument. C'était une piété de poète, plus que d'homme religieux.

Renan a dit lui-même de la cathédrale de Tréguier : « Cette cathédrale, chef-d'œuvre de légèreté, fol essai pour réaliser en granit un idéal impossible, me faussa tout d'abord.... Quand j'allais à Guincamp, ville plus laïque et où j'avais des parents dans la classe moyenne, j'éprouvais de l'ennui et de l'embarras.... J'aspirais à revenir à ma vieille ville sombre, écrasée par sa cathédrale, mais où l'on sentait vivre une forte protestation contre tout ce qui est plat et banal. Je me retrouvais moi-même, quand j'avais revu mon haut clocher, la nef aiguë, le cloître et les tombes du XV° siècle qui y sont couchées ; je n'étais à l'aise que dans la compagnie des morts, près de ces chevaliers, de ces nobles dames, dormant d'un sommeil calme, avec leur levrette à leurs pieds et un grand flambeau de pierre à la main (1). »

Ce sont là de beaux et poétiques sentiments, sans doute ; mais ce n'est point une piété solide et sincère, celle qui est nécessaire au chrétien et surtout au prêtre (2).

(1) *Souvenirs*, p. 8.
(2) Dans l'article si juste et si vrai où le P. Delaporte a réduit Renan à sa juste valeur, nous trouvons la preuve que la piété de Renan fut plus apparente que réelle. Voici ses notes de chapelle au petit séminaire de Tréguier :

1833-34. Tenue bonne, cependant arrive souvent en retard.
1834-35. Tenue souvent distraite ; ne paraît pas avoir grande piété.
1835-36. Tenue indifférente.

Dans les stalles du chœur, l'abbé Renan, pendant les va-

Extérieurement c'était parfait. Aussi le séminariste de Tréguier avait-il d'excellentes notes, et faisait-il naître de grandes espérances au cœur de ses maîtres qui pénètraient mal cette nature rêveuse et voilée. C'était lui, avec ses deux amis, Liard et Guyomard, qu'on offrait comme modèles à tout le séminaire. Ils avaient tous trois des surnoms dont on se souvient encore : Renan s'appelait S. Louis de Gonzague ; Liard était surnommé S. Yves, et Guyomar avait reçu le nom de S. Stanislas Kotska.

Renan alors paraissait digne du surnom qu'on lui avait donné. Son ardeur à l'étude, sa ferveur à l'église, les saintes dispositions qu'il avait montrées pendant ses communions, tout cela lui valut plusieurs distinctions. Après avoir été membre de la congrégation de la Sainte Vierge pendant deux ans, il en fut nommé assistant, grade qui précède immédiatement celui de président.

Il est curieux de lire son acte de consécration à Marie, qu'il écrivit de sa propre main sur les registres de la congrégation. Comme le *Sonnet à la Vierge* de Rochefort, cette consécration devrait être rappelée souvent : ces choses-là montrent ce que deviennent des cœurs purs, quand ils sont terrassés par les passions. Voici cet acte en entier :

---

cances, lisait des romans et d'autres livres aussi peu liturgiques. L'aumônier de l'hôpital, M. Hélary, s'aperçut de cette hypocrisie et prédit que le séminariste si recueilli en apparence, deviendrait un puits d'impiété. Cf. *Etudes religieuses,* novembre 1892.

« Moi, Ernest-Joseph Renan, je vous choisis aujourd'hui pour ma Reine, ma Patronne, ma Protectrice auprès de Dieu, ma glorieuse Mère, je prends la résolution fixe et le ferme propos de ne jamais abandonner votre culte, les intérêts de votre gloire pendant toute ma vie, spécialement de ne jamais rien dire, rien faire contre vous, ni permettre que ceux qui dépendent de moi donnent par leurs exemples ou par leurs discours la plus légère atteinte aux honneurs et aux hommages qui vous sont dûs à tant de titres.

Ernest Renan »

Le congréganiste fut encore l'objet d'une autre distinction. On le chargea des fonctions de cérémoniaire : il présida au service de l'autel et offrit l'encens à Celui qu'il devait tant outrager plus tard.

En même temps il remportait de nombreux succès dans ses classes : à l'âge de quatorze ans, il sortait de troisième en remportant le prix d'excellence. Tout lui souriait, on l'applaudissait, on l'exaltait ; et sa bonne mère, qui était fière de son enfant, se prenait à rêver pour lui les plus belles destinées.

Mais hélas ! l'heure va venir où ces joies et ces espérances vont se transformer en fruits de mort et de perdition. Ernest Renan va partir pour Paris ! Et sa mère aura raison de crier au prêtre qui emmènera l'enfant vers la capitale : « Mais, mon Dieu ! monsieur l'abbé, si pourtant mon fils allait se perdre ! »

II

Les succès du jeune élève des bons prêtres de Tréguier avait vite retenti au dehors du collége. Dans les petites villes de province, où l'on se touche les coudes de si près, les moindres évènements prennent de suite des proportions considérables. Le talent d'un écolier y est souvent plus admiré que le génie des orateurs et des hommes d'Etat, et c'est avec orgueil que les mères se racontent mutuellement, sur le pas de leurs portes, les succès de leurs enfants. Ernest Renan s'était placé au premier plan des admirations.

Sa renommée parvint aux oreilles d'un vénérable chanoine, M. Fresvaux du Traval. On était en 1838. M. Dupanloup, qui dirigeait alors le petit séminaire de Saint-Nicolas du Chardonnet, à Paris, recherchait aux quatre coins de la France, les jeunes gens d'avenir qui pouvaient faire des prêtres ou des chrétiens éminents. Il recrutait ainsi dans tous les diocèses des disciples dont, grâce à son talent d'éducateur, il devait bientôt faire des maîtres. Le bon chanoine s'empressa de lui signaler son protégé et le jeune Breton obtenait une bourse au petit séminaire de Saint-Nicolas.

Il dut quitter rochers de Tréguier, où le vent de la mer soufflait la vie large et immatérielle, pour le pavé de Paris, ce pavé sale et glissant qui a englouti tant de générations de croyants. Ce fut un triste exode pour cette âme destinée à de si grandes choses et qui est tombée dans un si profond égarement.

Il produisit d'abord mauvaise impression sur ses condisciples, si nous en croyons le portrait que l'un d'eux nous a laissé du jeune humaniste :

« Le jeune Breton, écrit M. l'abbé Cognat (1), « lourdement

(1) *M. Renan hier et aujourd'hui*, 2ᵉ éd., p. 51.

engagé dans sa gaîne », n'avait rien des grâces d'un éphèbe grec, et je doute que Platon lui eût donné place en son banquet. Pâle et malingre, son corps chétif portait une grosse tête, dont les yeux presque toujours baissés semblaient, comme il le dit de sa critique, lire sous terre et ne se relevaient que pour regarder de côté. Timide jusqu'à la gaucherie, pensif jusqu'au mutisme, ne se mêlant jamais aux jeux, il était fort embarrassé de lui-même pendant les récréations, causait peu et avec un très petit nombre d'amis. Si l'on ajoute à la situation que lui créait cette manière d'être, le souvenir de son pays, la séparation de sa mère et surtout la mortification bien naturelle de n'être plus, à Paris, comme à Tréguier, le premier de sa classe, l'on comprendra qu'il fut saisi d'un accès de nostalgie qui faillit être mortelle. M. Dupanloup le sauva, en faisant un éloge public d'une lettre qu'il avait écrite à sa mère ».

Voici comment il raconte le fait lui-même :

« Je dois deux choses à M. Dupanloup, de m'avoir fait venir à Paris et de m'avoir empêché de mourir en y arrivant... Le jour où ma lettre lui fut remise était un vendredi. C'était le jour solennel. Le soir, on lisait en sa présence les places et les notes de la semaine. Je n'avais pas, cette fois-là (1), réussi ma composition, j'étais le cinquième ou le sixième. « Ah ! dit-il, si le sujet était celui d'une lettre que j'ai lue ce matin, Ernest Renan eût été le premier. » Dès lors il me remarqua. J'existai pour lui. Il fut pour moi ce qu'il était pour tous, un principe de vie, une sorte de dieu. Un culte remplaça un culte, et le sentiment de mes premiers maîtres s'en trouva fort affaibli (2) ».

(1) Cela lui arrivait souvent. A Paris, Renan fut rarement premier. Il fut même obligé de faire deux années de seconde, pour se maintenir à un rang honorable.

(2) *Souvenirs d'enfance et de jeunesse*, p. 177.—Ce culte pour

Ses condisciples ne lui firent qu'un accueil assez médiocre. Il ne payait pas de mine, et aux yeux des enfants c'est un grave défaut. Mais cela ne dura pas.

le célèbre éducateur n'a pas duré longtemps chez M. Renan et il l'a prestement roulé dans « le linceul de pourpre où dorment les dieux morts. »

Dans ses *Souvenirs d'enfance et de jeunesse* il fait d'abord un portrait assez flatté de son premier maître, tout en ne manquant pas de mêler le blâme à la louange, la critique basse et outrageante à un lyrisme quelquefois débordant. Mais sa photographie s'achève par un véritable trait de Parthe, un de ces coups lâches et haineux qui sont si familiers à M. Renan. L'éducation de M. Dupanloup était extraordinaire, mais il y manquait une toute petite chose, à savoir « la science positive, l'idée d'une recherche critique de la vérité. » Rien que cela. C'est-à-dire que cette éducation si vantée n'était en somme qu'un trompe-l'œil, un « humanisme superficiel » qui faisait chômer le raisonnement en même temps qu'il détruisait la naïveté première de la foi. Ce trait, qui vient ainsi le dernier, obsède l'esprit et y demeure fixé. Tout le reste disparaît : on ne se souvient plus que de la dernière flèche, et M. Renan atteint son but, qui est de dénigrer et de déprécier tout en paraissant louer et traiter avec justice.

C'est d'ailleurs la méthode constante de ce fourbe qui s'est cruellement moqué de ses vieux maîtres, tout en les couvrant de fleurs.

Il cherche aussi à noircir l'abbé Dupanloup, en dénaturant son rôle lors de la conversion de Talleyrand. Il ne manque pas non plus de jeter le ridicule sur cette conversion qui fut presque un miracle. Et le prêtre qui donna l'absolution à l'évêque-renégat ne fut qu'un prêtre superficiel, au dire de M. Renan.

Il se montra en cela comme en son séminaire, un peu fou. Car le compère Renan, l'être froid par excellence, trouve moyen de nous dire que l'éducation de M. Dupanloup, malgré ses mérites si grands, troublait, échauffait étrangement,

Le jeune Breton ne tarda pas à se dégager de sa gaine ; M. Dupanloup d'ailleurs était là pour le stimuler et fouetter son zèle. Renan reconnaît que le supérieur de St-Nicolas était un éveilleur incomparable et qu'il excellait à tirer de chacun de ses élèves la somme de puissance qu'il pouvait donner.

Dès les premiers temps de son séjour à Paris, Renan se distingua par sa piété. « A la chapelle il se rangea du premier coup parmi les plus recueillis et les plus pieux. Il se fit même par sa piété une place à part dans l'opinion de ses condisciples et de ses maîtres (1) ».

On le comblait d'encouragement et de distinctions. Il était élevé parmi les dignitaires de la congrégation de la Sainte Vierge, tandis que ses condisciples entrés en même temps que lui, ne se trouvaient encore qu'au dernier degré, au rang d'aspirant ou d'approbaniste. Au chœur, il était souvent chargé des fonctions du

rendait fou. Et il croit en donner comme exemples un malheureux prêtre qui a perdu la foi et est passé en Amérique et Verger qui devait plus tard assassiner Mgr Sibour. C'est peu. Quel est l'éducateur qui n'ait pas eu un de ses enfants ingrat et traître ; il y avait bien un lâche dans le collège des Apôtres et ils n'étaient que douze. Quant à Verger il ne fit que passer à St-Nicolas ; il fut congédié avant la fin de la première année et fut ordonné en province. En vérité, suffit-il de l'exemple d'un seul prêtre apostat, pour *insinuer* que l'éducation de Mgr Dupanloup était insuffisante ?

(1) M. Cognat *Op. cit.* p. 56. — L'hypocrisie était pl cile à la chapelle qu'en classe ; et Renan, ayant un besu. périeux d'être le premier en quelque chose, se distingu t par sa dévotion. O calculateur !

culte, fonctions très enviées par tous les élèves du petit séminaire. En récréation, partout, il exhalait sa piété et se faisait le champion des petites pratiques de dévotion qui trouvent toujours dans les séminaires et les colléges un certain nombre d'adhérents plus ou moins ridiculisés par leurs condisciples, mais bien vus généralement des maîtres, quoique ce soient, la plupart du temps, des sociétés d'hypocrites qui ne valent absolument rien. La vraie piété vit au fond du cœur et ne s'étale pas en pratiques vaines, étranges, ou simiesques : elle se contente de se montrer quand les hasards de la vie l'exigent.

Tout cela le consolait de ses déboires littéraires. Sans doute il n'était point, dans sa classe, à un rang inférieur, mais pour une âme dévorée d'orgueil, pour un homme qui se considérait, comme étant d'une autre race que ses condisciples (2), il était humiliant de ne point briller au premier rang. Aussi dans ses *Souvenirs d'enfance et de jeunesse*, Renan cherche-t-il à expliquer et à pallier cette infériorité. Avec un dédain superbe, il déclare qu'il était « trop sérieux pour les enfantillages » des études classiques. Cela ne l'empêchait pas de travailler à ces « enfantillages » avec la plus grande ardeur et à St-Nicolas Renan était rangé parmi les *bûcheurs*. Il voulut exploiter une veine nouvelle, en faisant du romantisme à outrance ; mais une dure leçon du professeur de rhétorique découragea cette tentative. Et pour être quelque chose dans sa classe il abandonna l'étude sérieuse des lettres et

(2) *Souvenirs,* p. 187.

tourna tout l'effort de son travail vers l'histoire, où se trouvant en présence d'émules moins préparés, il obtint facilement le premier rang.

Cette évolution semble faire partie intégrante du caractère de Renan. Jamais il n'attaque de face ; il tourne les difficultés et ne les surmonte point. Quand la voie est barrée d'un côté il se rejette sur un autre. Déjà cela lui était arrivé à Tréguier, où il se plaisait dans la compagnie des jeunes filles de son âge (sept à huit ans) : gauche et timide, il ne pouvait briller parmi les garçons (1), mais parmi les petites filles, le doucereux Ernest reprenait ses avantages, jouait le rôle d'arbitre et de protecteur et son amour-propre aussi bien que sa tranquillité y trouvait satisfaction. Qui sait si, plus tard, à Saint-Sulpice, il n'en a point été de même, si Renan n'a point tout simplement changé de voie par calcul, parce qu'il désespérait d'acquérir la sainteté et la science qui l'auraient mené aux premiers postes de l'Eglise ? Qui sait si la vision d'un avenir mondain, facile et luxueux, n'a point détourné son âme de la contemplation et de l'amour des choses chrétiennes ? La voie dans laquelle il était engagé était toute de dévouement et de sacrifice ; Renan, au contraire, était essentiellement jouisseur et égoïste, il n'était point fait pour le sacerdoce.

Ce qu'il y a de certain c'est que la vie parisienne, même à l'intérieur d'un séminaire « bien fermé pourtant aux bruit du dehors », lui fit voir le monde sous

(1) « Ils m'appelaient *mademoiselle*, dit-il lui-même, et il n'y avait taquinerie qu'ils ne me fissent. »

un tout autre aspect que celui qui lui avait été montré par ses vieux professeurs de Bretagne.

Il a dit lui-même (1) :

« Le monde s'ouvrit pour moi. Malgré sa prétention d'être un asile fermé aux bruits du dehors Saint-Nicolas était à cette époque la maison la plus brillante et la plus mondaine. Paris y entrait à pleins bords par les portes et les fenêtres, Paris tout entier, moins la corruption, je me hâte de le dire, Paris avec ses petitesses et ses grandeurs, ses hardiesses et ses chiffons, sa force révolutionnaire et ses mollesses flasques.

.... Ici, l'atmosphère du siècle circulait librement. Dans nos promenades à Gentilly, aux récréations du soir, nos discussions étaient sans fin. Les nuits, après cela, je ne dormais pas. Hugo et Lamartine me remplissaient la tête. Je compris la gloire que j'avais cherchée si vaguement à la voûte de la chapelle de Tréguier. Au bout de quelque temps une chose tout à fait inconnue m'était révélée. Les mots talents, éclat, réputation eurent un sens pour moi. J'étais perdu pour l'idéal modeste que mes anciens maîtres m'avaient inculqué ; j'étais engagé sur une mer où toutes les tempêtes, tous les courants du siècle avaient leur contre-coup. »

Dès ce moment Renan a renoncé à l'obscur labeur du sacerdoce catholique. Une révolte encore inconsciente blesse son âme à mort et en l'émancipant des vieilles règles littéraires, le jeune humaniste allait plus loin et jetait par avance aux orties le froc qu'il allait revêtir. Sous les dehors d'un séminariste soumis se cachaient les aspirations d'un hérésiarque. Tout le monde ne s'y trompa pas cependant, et quand Renan

---

(1) *Souvenirs d'enfance et de jeunesse,* p. 184.

suivit ses condisciples à Issy, M. Dupanloup dit à ses nouveaux maîtres : « Le jeune Renan n'a pas la vocation, mais il veut étudier la théologie; admettez-le. »

Cruelle vipère que Saint-Sulpice réchauffait alors dans son sein, sans s'en douter.

III

Ce fut le 19 octobre 1841 que Renan entra à Issy. C'est, on le sait, la maison de campagne du séminaire Saint-Sulpice, et dans cette maison sont installés les élèves de philosophie qui passent deux ans à l'étude de cette science. On y joint l'étude de la physique, de la chimie et des sciences naturelles. On y commence à peine l'étude de l'Ecriture Sainte ; de théologie, il n'est point question : cela est du domaine de S. Sulpice et lui est réservé.

On a souvent fait l'histoire et la description de cette célèbre maison d'Issy, où des peintures murales mal effacées attestent qu'elle fut un lieu de plaisirs avant d'être un lieu d'étude et de prière. Ce fut en effet la résidence suburbaine de Marguerite de Valois, la première femme de Henri IV. Le parc est fort beau et le calme invite à la méditation et à la rêverie. Ce parc avec son silence et son recueillement, paraît avoir exercé une grande influence sur Renan, comme sur beaucoup d'autres séminaristes d'ailleurs. Que d'âmes troublées, inquiètes, en peine de l'avenir, incertaines du devoir, sont venues chercher la paix sous ces allées rigides et ont imploré la lumière dans la petite chapelle de Lorette, perdue au milieu de ce parc grandiose !

Renan, lui, n'y prit que le goût de la philosophie creuse et l'amour de la vaine science. Il allait souvent lire dans les allées ombreuses. Un de ses maîtres, M. Pinault, le professeur de sciences l'y surprit un jour, comme il était plongé dans le *Traité de l'existence de Dieu* de Clarke. Le jeune séminariste était enveloppé d'une épaisse houppelande. « Oh ! le cher petit trésor, dit le maître s'approchant. Mon Dieu ! qu'il est donc joli là, si bien empaqueté ! Oh ! ne le dérangez pas. Voilà comme il sera toujours... Il étudiera, étudiera sans cesse ; mais, quand le soin des pauvres âmes le réclamera, il étudiera encore. Bien fourré dans sa houppelande, il dira à ceux qui viendront le trouver : « Oh ! laissez-moi ! laissez-moi » !

Le vieillard jugeait bien l'élève. Renan sera toute sa vie un égoïste et un sensuel ; il se complaira en lui-même, et éprouvera toujours une grande jouissance à se trouver en tête-à-tête avec ses propres pensées. L'épicurien du séminaire qui fut plus tard l'épicurien du collège de France eut pour idéal la tranquillité en songeant à de belles choses — ce qui n'excluait pas, d'ailleurs, les échappées vers la boue. Aussi se préoccupa-t-il surtout de voir la vie du bon côté, en s'inquiétant le moins possible et en s'amusant au contraire le plus qu'il put.

Tel il était déjà à Issy. Il ne jouait jamais, bien que

le jeu (1) fût en honneur dans la maison. Il passait les heures de récréation assis, et se défendant contre le froid par de triples vêtements. Là il rêvassait tout à son gré et se livrait à ce qu'il appelait complaisamment « l'ardeur de penser. » La pensée d'un jeune homme de vingt ans qui ne sait rien de la vie et n'a encore rien étudié ! Cela devait être peu profond, mais joliment trouble.

Trouble ! la pensée du malheureux l'était en effet. Déjà il ne savait plus où il allait, mais il brisait avec l'enseignement chrétien. Sur un ton jovial que ne comportait point un pareil sujet, Renan a raconté depuis, qu'il se plaisait à Issy à chercher la vérité dans les objections et l'erreur dans la thèse. « La liberté de penser, écrit-il, arriva jusqu'à moi par les *solvuntur objecta* des théologies (2). La grande bonne foi de l'ancien enseignement ecclésiastique consistait à ne rien dissimuler de la force des objections; comme les réponses étaient très faibles, un *bon esprit* (!) pouvait faire son profit de la vérité où il la trouvait. »

Renan abuse étrangement du sens des mots en disant que les réponses aux objections sont faibles; en philosophie, c'est possible; mais en théologie et surtout dans les thèses importantes, cela n'arrive jamais. Pour porter semblable appréciation, il faut être de ces esprits que le mystère irrite, que l'incompré-

(1) A Issy, où nombre de séminaristes sont en vêtements laïques, on joue beaucoup à la balle. Les jours de congé on peut jouer au billard, aux dames, aux échecs.
(2) Il aurait mieux fait de dire : philosophies, car il n'avait point encore abordé l'étude de la théologie.

hensible révolte et qui disent à la vérité : « Tout ou rien ! Je te verrai de mes yeux, je te toucherai de mes mains, ou je ne croirai pas. »

L'orgueil de Renan lui faisait tenir ce langage. Il ne pouvait croire aux vérités enseignées par d'autres. Ah ! s'il les avaient découvertes lui-même sans le secours de personne, le résultat aurait été tout autre. Mais plutôt que de soumettre son entendement, plutôt que de courber la tête, il travaillait sans cesse à éteindre en lui les belles croyances qui lui avaient donné dans le passé de si douces émotions et qui auraient pu consoler si noblement sa vieillesse. Mais il a voulu une autre destinée...

C'est ainsi que dès lors tombait pièce à pièce l'échafaudage déjà vermoulu de sa foi encore jeune cependant. Mais cela se fit sans secousse, sans bruit, sans éclat. Si ce fut un drame, comme quelques-uns l'ont dit, ce fut un de ces drames lents et obscurs qui ne se résolvent pas en quelque scène tragique. Renan n'eût point comme le noble et plaintif Jouffroy, sa douloureuse nuit de décembre dont le simple récit suggère encore de poignantes émotions. Cela tient peut-être à ce qu'il ne se posa pas d'un bloc, comme beaucoup ont fait et feront, le problème de la vérité de la religion. Peut-être aussi Renan se laissa-t-il aller sans courage et sans force aux impulsions secrètes de sa nature que la première éducation avait maîtrisées, mais qui désormais le domineront sans relâche. Peut-être enfin n'y avait-il dans cette conduite incompréhensible qu'un habile calcul, quelque chose de voulu et d'habilement combiné. Il est fort difficile de voir clair dans la conscience de Renan et de lire dans cette âme où les convictions se succèdent avec une rapidité étonnante.

Toujours est-il que son état intérieur ne paraissait guère au dehors. Ce disciple en contradiction permanente avec l'enseignement reçu, qui cherchait la vérité dans l'objection, l'erreur dans la thèse, qui en toute question prenait parti pour le scepticisme contre le dogmatisme, ce disciple révolté était aux yeux de ses condisciples et de ses maîtres un séminariste pieux, absorbé dans la prière, communiant avec ferveur. Il demeurait chrétien par le cœur alors qu'il ne l'était plus par l'intelligence.

Un des professeurs de philosophie cependant, M. Gottofrey perça les voiles dont s'enveloppait le futur rénégat et il le lui dit presque brutalement. Renan a fait lui-même le récit de cette scène.

« M. Gottofrey, dit-il, me parlait très rarement mais il m'observait attentivement avec une très grande curiosité. Mes argumentations latines, faites d'un ton ferme et accentué, l'étonnaient, l'inquiétaient. Un jour que mes objections avaient été poussées avec vigueur, et que, devant la faiblesse des réponses, quelques sourires s'étaient produits dans la conférence il interrompit l'argumentation. Le soir, il me prit à part. Il me parla avec éloquence de ce qu'a d'antichrétien la confiance en la raison, de l'injure que le rationalisme fait à la foi. Il s'anima singulièrement, me reprocha mon goût pour l'étude (!?) La recherche ?... à quoi bon ? Tout ce qu'il y a d'essentiel est trouvé. Ce n'est point la science qui sauve les âmes. Et, s'exaltant peu à peu, il me dit avec un accent passionné : « Vous n'êtes pas chrétien ! »

« Je n'ai jamais ressenti d'effroi comme celui que j'éprouvai à ce mot prononcé d'une voix vibrante. En sortant de chez M. Gottofrey, je chancelais; ces mots : « Vous n'êtes pas chrétien ! » retentirent toute la nuit à mon oreille comme un coup de tonnerre... M. Gottofrey vit clair. Il avait raison, pleinement raison : je le reconnais maintenant. »

Cette peur dont Renan, quarante ans passés, ressent encore les effets. n'est-elle pas l'indice d'une mauvaise conscience? N'est-ce point l'hypocrite qui tremble de se voir pénétré?. N'est-ce point le calculateur qui redoute de voir détruire ses projets les mieux étudiés?

Renan, à moins d'être complètement inconscient, à moins d'ignorer absolument ce qui se passait dans son âme, ne pouvait s'illusionner sur son état réel. Lui qui s'est souvent vanté de voir des choses que les autres n'aperçoivent pas, ne pouvait être aussi étranger aux choses intimes de son être.

Il n'était plus spiritualiste, mais simplement idéaliste; les preuves cartésiennes de l'existence de Dieu lui semblaient très faibles ; il n'admettait guère l'existence d'une âme distincte du corps. « Un éternel *fieri* une métamorphose sans fin lui semblait la fin du monde. La nature lui apparaissait comme un ensemble où la création particulière n'a point de place, et où par conséquent tout se transforme. » Quand on en est arrivé là, on n'a plus le droit de se dire chrétien. Et c'était le cas de Renan, en 1843, dans la deuxième année qu'il passait à Issy.

Il prétend avoir redit à M. Gosselin, supérieur du séminaire de philosophie, la scène que nous venons de raconter et avoir été rassuré par lui. Le rénégat, dans ses *Souvenirs*, en a presque fait un reproche au prêtre. Nous ne savons ce qui se passa alors ; mais nous connaissons Renan et son habileté à déguiser sa pensée, *à ne pas dire tout*. Et nous sommes persuadés que M. Gosselin n'aurait point rassuré son disciple et ne l'aurait point poussé à recevoir la tonsure, si Renan s'était ouvert à lui complètement.

Quant à lui, en courbant la tête sous les ciseaux du pontife consécrateur, il savait fort bien qu'il n'agissait point en chrétien. Ce qui se passa alors prouve en effet d'une manière péremptoire qu'il connaissait l'état de son âme et qu'en se couvrant de l'extérieur du christianisme il faisait acte de malhonnêteté. Mais la chose est si grave que nous aimons mieux laisser parler un de ses anciens condisciples, M. l'abbé Cognat (1) :

« Il était travaillé par des doutes terribles, et la parole de M. Gottofrey : *Vous n'êtes pas chrétien*, retentissait avec une nouvelle force au fond de sa conscience. Sa perplexité fut cruelle. Que faire? Reculer, c'était s'exposer à des conséquences auxquelles il n'était pas préparé (2). Avancer, c'était s'engager dans une voie qui n'était pas la sienne. Mais on le poussait ; il entendait dire qu'il était toujours bon d'obéir. Il obéit donc contrairement à ses principes sur l'obéissance. Il marcha à l'autel. Mais avant de prononcer les paroles de son

(1) *M. Renan hier et aujourd'hui*, p. 111.
(2) C'est-à-dire quitter Saint-Sulpice où il avait la vie assurée et affronter le monde : il n'avait pas encore assez étudié les sciences qui pouvaient lui ouvrir une voie. M. Cognat a vu juste.

engagement en livrant sa chevelure aux ciseaux du pontife : *Dominus pars hæreditatis meæ et calicis mei*, il prit ses mesures pour mettre d'accord sa promesse et ses doutes. Par une restriction mentale qui manque aux *Provinciales* de Pascal, il donna intérieurement à ces douces et suaves paroles : *Dominus pars*, un sens auquel pas un casuiste, fût-il Escobar, n'avait jamais pensé. Il prit pour son partage non le Dieu des chrétiens, le Dieu du Sinaï et du Calvaire, mais la vérité qui est le Dieu caché ; il s'engagea à rechercher cette vérité, renonçant pour elle à tout ce qui n'est que profane, à tout ce qui peut éloigner l'homme de la sainte poursuite du beau et du vrai. M. Renan s'assurait ainsi la liberté de ses opinions pour l'avenir et se ménageait le droit de pouvoir dire un jour : « La foi qu'on a eue ne doit jamais être une chaîne. « On est quitte envers elle quand on l'a soigneusement roulée « dans le linceul de pourpre où dorment les dieux morts. »

« Je n'apprécierai pas cette restriction mentale au point de vue de la morale, je craindrais, en n'étant que juste, d'être forcé à un jugement trop sévère. Je n'y veux voir qu'une preuve historique, mais cette fois irréfutable qu'en recevant la tonsure, M. Renan n'avait plus la foi, et ne se sentait plus chrétien. »

L'abbé Cognat était alors, au séminaire, l'ami le plus intime et le confident de Renan. Sa parole fait autorité. Elle est d'ailleurs confirmée par une lettre même de l'apostat, en date du 5 Septembre 1846. Il n'y a malheureusement nul moyen de douter des dispositions de Renan quand il reçut la tonsure.

Et pourtant c'est alors qu'il écrivit à l'abbé Le Gall, son ancien condisciple au petit séminaire de Tréguier, cette belle lettre (1) que l'*Indépendance bretonne* de

(1) Elle est datée de Paris, 2 janvier 1844.

Saint Brieuc a publiée, et dans laquelle nous lisons :

« ..... Je n'ai pas voulu laisser passer la circonstance présente sans t'annoncer par moi-même la grâce qu'il a plu à Dieu de me faire en me permettant de me consacrer à lui par la tonsure cléricale. Je le fais avec d'autant plus de joie que je parle à un ami capable de comprendre toute la douceur que l'on éprouve en se consacrant à Dieu et en le prenant pour son partage. J'espère qu'un jour tu éprouveras par toi-même ce bonheur, qui, je te l'assure, m'a rempli le cœur d'une paix et d'une joie inexprimable. Tu peux déjà l'entrevoir, quoique, pour le comprendre parfaitement, il faille l'avoir ressenti. »

Il parle ensuite de la congrégation du petit séminaire dont l'abbé Le Gall avait été le préfet et il avoue que cette congrégation avait été pour lui la source de beaucoup de grâces.

L'hypocrite ! il se moquait bien des grâces de Dieu à cette époque-là.

Cette lettre, qui exprime de si beaux sentiments, ne cadre point avec les préoccupations de Renan. Elle a été écrite pour donner le change et peut-être aussi pour apprendre au public que le séminariste de Tréguier était enfin tonsuré. Renan n'avait point d'autre raison d'écrire une telle lettre à l'abbé Le Gall, avec lequel il n'entretenait point de correspondance et à qui il n'avait point adressé un mot depuis deux ans.

Nous ignorons pour quelle cause Renan ne fut point tonsuré à la fin de sa seconde année de séminaire, car ce ne fut qu'à l'ordination de Noël, en 1843, qu'il reçut la tonsure (1). Ses supérieurs ne l'avaient-ils

(1) Renan était déjà à Saint-Sulpice quand il fut tonsuré;

point appelé, ou lui-même avait-il voulu attendre ? Nous n'en savons rien ? Mais deux fois le séminariste était venu en vacances sans porter sur la tête le signe de la consécration cléricale et les gens de Tréguier devaient s'en étonner. La lettre à l'abbé Le Gall a sans doute été écrite pour les rassurer et dans ce cas il fallait qu'elle fut onctueuse et débordante de piété.

Et puis cette lettre pouvait d'une manière ou de l'autre tomber sous les yeux des directeurs de Saint-Sulpice. C'était une bonne note pour le malheureux dont les croyances étaient mortes déjà, mais qui avait besoin de la vie sulpicienne afin de fourbir les armes nécessaires pour vaincre dans la vie du monde.

nous l'avons raconté cependant dans ce chapitre parce que c'est en quelque sorte le couronnement de sa vie d'Issy. A Paris, son scepticisme changea d'allure et de maintien.

CHAPITRE II.

La Crise.

I

Quand Renan entra à Saint-Sulpice, le 12 octobre 1843, il portait encore des vêtements laïques. Cela n'arrive que rarement aux élèves qui viennent d'Issy. Là, on n'aime pas que les séminaristes prennent, dès leur arrivée, l'habit ecclésiastique; on les pousse au contraire à attendre d'avoir fait l'expérience de leur vie nouvelle avant de se couvrir d'un vêtement qui est déjà un lien. Mais à la fin de la seconde année, ceux qui ne portent pas encore la soutane, sont presque considérés comme ne devant la porter jamais.

Renan passa donc les deux années d'Issy sous la livrée laïque; il n'était point pressé de revêtir celle du sacerdoce; il ne l'a revêtue que lorsqu'il y a été forcé et ce nous est encore une preuve de son éloignement réel pour la carrière ecclésiastique.

Et cependant il passe sans hésitation du séminaire de philosophie à celui de théologie. Qu'y vient-il faire puisqu'il n'est plus chrétien? La réponse à cette question plusieurs fois posée déjà, sortira, croyons-nous, de l'exposé des faits mêmes.

Contentons-nous pour le moment d'esquisser rapidement la vie que Renan menait à Saint-Sulpice.

Bien qu'il ne fût plus chrétien, bien qu'il ne fût plus à peine théiste, il continuait à se conduire comme le plus fervent et le plus croyant des séminaristes. Aux yeux de ses maîtres et de ses condisciples il était doux, modeste, studieux et silencieux. Il suivait avec ponctualité le règlement du séminaire, faisait oraison, communiait, participait à tous les exercices de piété, de sorte que l'œil le plus clairvoyant ne pouvait soupçonner que « chaque jour une maille du tissu de sa foi se rompait ».

Et pourtant il était surveillé de près. Les séminaristes qui passent d'Issy à Saint-Sulpice y sont précédés d'un dossier. Celui de Renan contenait des réserves, dues sans doute à ses démêlés avec M. Gottofrey, aux intuitions de M. Pinault et à certaines petites aventures (1) que le jeune Breton avait eues avec ses condis-

---

(1) A Issy, Renan posait déjà au grand homme et sa morgue ennuyait passablement ses confrères qui s'amusèrent beaucoup de quelques petits accidents à lui arrivés et même lui jouèrent quelques vilains tours. Une nuit, une voix suppliante tire Renan de son sommeil : Mon fils ! lui dit-elle ! — Maman ! répond le jeune homme. Alors il sent dans le dos l'attouchement d'une main froide ; épeuré, il s'élance dans le corridor en poussant des cris, enjambe la fenêtre qui était ouverte et va tomber sur un monceau de fumier qui amortit sa chute et lui épargne une mort horrible. Les auteurs de la mésaventure, qui ne riaient plus, se hâtèrent de lui porter secours. Ils le trouvèrent la bouche pleine d'ordures et le corps souillé de saleté. Il en fut quitte pour une matinée de sommeil et un bain. Mais cette petite méchanceté a sa signification.

ciples. M. Gosselin prémunissait ses confrères de Paris contre certaines tendances d'esprit qu'il n'avait pu suffisamment définir, mais qu'il jugeait dangereuses. La surveillance ne révéla contre le jeune Breton aucune charge grave. Il était très régulier et répondait en classe sans se permettre la moindre hérésie. Extérieurement, on n'avait que des éloges à lui adresser, car il cachait avec soin les plaies horribles dont son âme était dévorée. Esprit sans élévation, cœur sans élan, homme sans passion réelle, Renan se maîtrisait parfaitement et ne laissait paraître au dehors que ce qu'il voulait; c'est avec grande raison que M. Icard a dit de lui que la dissimulation était sa note caractéristique.

D'un autre côté, ses maîtres, attentifs à ne pas éteindre la mèche qui fume encore, crurent qu'ils pourraient peut-être, par une grande bonté, soumettre cet orgueilleux. M. Carbon alla même jusqu'à lui suggérer d'entrer dans la Société de Saint-Sulpice. On le choyait, dans l'espoir peut-être de faire un peu de bien et d'empêcher beaucoup de mal.

Mais l'âme de Renan resta obstinément close aux bontés, comme aux observations, aux faveurs comme aux conseils. Il resta ce qu'il était à Issy, ou plutôt il accentua encore son incroyance. Et cela, de parti-pris en quelque sorte. Car il était là à la source de toutes les vérités; s'il avait été de bonne foi, la théologie pou-

---

Si Renan eût été le séminariste parfait qu'on prétend, il ne se serait point attiré de ces farces qui au fond sont de jolies corrections.

vait diss... ...r ses doutes et ses incertitudes et ramener le calme e... ...a lumière en son esprit. Il n'en fut rien.

« Quoique sa... ...éputation d'élève studieux, doux et modeste, écrit l'abbé Cog... (1) l'eût fait nommer maître de conférences, M. Renan s'occ... pa fort peu de théologie proprement dite et n'y consacra guère pendant deux ans, qu'une ou deux heures par jour. Les ... ères, les Conciles, les grands théologiens demeurèrent pou... lui livres fermés, de sorte qu'il ne vit, comme il dit, que c... côté et comme du coin de l'œil ce monde inconnu dont il ... isse, aux yeux des hommes qui n'ont jamais appris le c... échisme ou qui l'ont oublié, pour un explorateur si bien inf... rmé et si compétent ».

On conçoit ce qu'il a pu apprendre de théologie, en deux ans, en consacrant si peu de temps à l'étude de cette science sérieuse et ardue. Et toujours il est demeuré l'ignorant qu'il était alors.

Il avait d'ailleurs des occupations plus pressantes et plus importantes que l'étude de la théologie.

Il avait jugé que la connaissance de l'hébreu et de l'allemand pourrait lui être très utile et c'est à ces deux langues qu'il consacrait le meilleur de ses loisirs.

Il y avait alors, à St-Sulpice, deux cours d'hébreu : le cours de grammaire professé par M. Le Hir, et le cours supérieur professé par M. Garnier.

Tous deux étaient facultatifs, Renan s'inscrivit au cours de grammaire et se montra si assidu, si travailleur, qu'il conquit l'amitié et la bienveillance de son professeur : M. Le Hir lui ouvrit sa bibliothèque et en

(1) *M. Renan, hier et aujourd'hui* p. 149.

fit son disciple préféré. Les jours de congé, il l'emmenait dans la partie du parc qu'on appelle *la solitude* et lui apprenait le syriaque.

L'année suivante, quand M. Le Hir fut chargé du cours supérieur, on confia le cours de grammaire à Renan, qui devenait ainsi le maître de ses condisciples, le professeur de jeunes gens ayant le même âge que lui. Il dut travailler beaucoup pour être à la hauteur de sa tâche et donner l'enseignement dont on l'avait prématurément chargé. Deux fois par semaine il allait suivre, au Collége de France, le cours de M. Etienne Quatremère. Et cela le nourrissait dans ses projets d'avenir, cela accentuait les pensées qui lui avaient déjà été suggérées par son séjour au petit séminaire de St-Nicolas : « Le monde scientifique, dit-il, s'ouvrait devant moi ; je voyais que ce qui en apparence ne devait intéresser que les prêtres pouvait aussi intéresser les laïques. L'idée me vint dès lors plus d'une fois qu'un jour j'enseignerais à cette même table, dans cette petite « salle des langues », où j'ai en effet réussi à m'asseoir en y mettant une dose assez forte d'obstination (1) ».

Voilà quels étaient ses rêves de chaque jour ; voilà à quoi il se préparait. Mais pour y parvenir il fallait sortir honorablement du séminaire, il fallait une raison de briser avec l'Église et de jeter aux orties un froc incommode.

Dans ce but il apprenait l'allemand, avec un condisciple alsacien qui a dû plus d'une fois regretter la mauvaise besogne à laquelle il se prêta alors.

(1) *Souvenirs d'enfance et de jeunesse*, p. 290.

Et constamment, pendant ce temps, il se dressait en lui-même contre l'enseignement du séminaire. Sa science et sa raison lui suffisaient pour négliger toute la tradition chrétienne. A lui seul, il en savait plus que tous ses maîtres ensemble. Et pourtant, il les qualifie lui-même d'hommes très remarquables ; leur parole faisait autorité, leurs conseils étaient suivis dans toute la France chrétienne et leur science était respectée même dans le monde profane. Mais rien ne trouve grâce devant l'excès de son orgueil, et il se préfère à tous, lui chétif étudiant de vingt ans. Aussi n'ouvre-t-il son âme à personne ; il ne découvre même pas à son directeur la dévastation qui s'est faite dans le champ de ses croyances (1). Il est le sépulcre blanchi dont parle Jésus-Christ.

(1) Une fois cependant on put entrevoir quelle était cette ruine. Renan était chargé d'un catéchisme de persévérance dans la paroisse St Sulpice. Quand M. Icard, alors directeur des catéchismes parcourut les cahiers des petites catéchumènes, il fut frappé des questions transcendantales que Renan avait proposées à la résolution de son minuscule auditoire. M. Icard lui fit remarquer que lui-même aurait été incapable d'en résoudre toutes les difficultés et lui retira ce catéchisme. Renan se garda bien de se plaindre. Sa plainte aurait pu donner prise à des soupçons qu'il voulait éviter à tout prix.

« Renan, raconte M. Icard, qui ne proféra pas un mot d'excuse à mon observation, avait répondu tacitement dans son âme sournoise ; et je compris que son silence condamnait St Sulpice et sa méthode. Il n'y eut pas plus pour nous que pour les autres, de surprise lorsque, après les trois ans de séminaire, ce clerc révolté, dans son orgueil de savant, contre notre modestie de croyants orthodoxes, nous dit adieu.
— « Trois ans trop tard ! ajouta l'abbé Dupanloup, qui avait

Aussi, lorsque vint l'époque de l'ordination aux ordres mineurs, ce directeur qui ne savait rien de l'état d'esprit d'Ernest Renan, ne comprit rien aux répugnances de son pénitent et le poussa en avant. Et celui-ci, qui avait perdu la foi et le savait, ne résista pas à cette injonction ; celui-ci qui déclarait que toute obéissance est une dégradation, ne fit pas difficulté de contracter un nouvel engagement qui, sans emporter l'obligation du célibat, resserrait néanmoins les liens qui l'unissaient à l'Église. La conscience d'un homme honnête, placée dans un pareil cas, lui aurait fait un devoir de la désobéissance. Renan se garde bien de montrer de l'honnêteté, car il lui aurait fallu se découvrir, et le moment propice ne lui semblait pas venu.

L'année suivante, il était mieux préparé à briser ; il savait mieux l'allemand, il avait déjà une petite réputation d'hébraïsant et il concevait la possibilité de faire son chemin dans le monde. Aussi quand il fut appelé au sous-diaconat, il refusa d'avancer et recula devant un acte qui l'aurait attaché à l'autel par un lien indissoluble.

« Nous eûmes, raconte l'abbé Cognat, la veille de l'ordination, une longue conversation où nous échangeâmes nos pensées et nos sentiments sur la décision grave que nous

deviné avant nous la finale de cette conversion entreprise par un breton, têtu de race, auquel l'éducation ajouta, pour sa perte, un irrémédiable orgueil. » (Boyer d'Agen, *Figaro* du 5 octobre 1892).

M. Icard a été bien bon de traiter Renan avec cette modération.

avions prise l'un et l'autre, lui de reculer, moi de faire le pas irrévocable en recevant le sous-diaconat. Je lui témoignai le regret d'être séparé de lui dans une circonstance aussi solennelle. Je lui rappelai les paroles du prophète : *in domo Dei ambulavimus cum consensu.* Pourquoi ne marchions-nous pas ainsi jusqu'au bout? Sans chercher à me détourner directement de ma résolution, il me laissa entrevoir qu'il la jugeait imprudente. Je m'engageais à professer des vérités qui me paraissaient aujourd'hui évidentes, absolues. En serait-il toujours ainsi ? Qui peut affirmer avec certitude que ce qui lui semble la vérité d'aujourd'hui ne sera pas l'erreur de demain ? N'est-il pas meilleur, plus moral de tenir son esprit exempt d'arguments et libre de suivre la vérité partout où elle se montre ? Ces objections supposaient évidemment que le christianisme n'était pas la vérité absolue, et que par conséquent celui qui me les faisait n'avait ni la foi ni même la certitude qu'il y eût pour l'homme des vérités absolues. Je ne vis pas alors cette conséquence, à laquelle rien, dans mes rapports habituels avec M. Renan, ne m'avait préparé. Il ne m'avait, en effet, jamais fait la confidence de ses doutes sur le fond même de la religion chrétienne. Ce ne fut que pendant les vacances de 1845 qu'il me révéla son âme toute entière dans des lettres qui me causèrent un étonnement douloureux.... (1) »

Au commencement de septembre 1845, Renan écrivit à son directeur une longue lettre pour lui expliquer enfin son état d'âme. On lui offrait une place de précepteur en Allemagne, ou les moyens d'étudier à Paris en toute liberté pendant une année ; il avait l'espoir de ne pas rester sur le pavé, le moment lui

(1) *M. Renan hier et aujourd'hui,* p. 166,

semblait venu de briser avec le séminaire. Rien n'est pauvre et triste comme cette lettre alambiquée où le malheureux cherche à déguiser sa pensée bien plus qu'à la faire connaître. Il parle de tout et se lance dans les considérations les plus extravagantes. Il ne cherche qu'une chose : convaincre les autres que l'état dans lequel il se trouve est fatal et qu'il n'a pas pu y échapper. A l'en croire, une force invincible le précipite dans le scepticisme et cette force, c'est sa raison, éclairée par la critique. Cette lettre est l'œuvre d'un fou ou d'un misérable, mais elle est tellement habile qu'on se laissa prendre facilement à ses accents de tristesse feinte et d'honnêteté simulée. Et ceux qui l'aimaient, ont, comme il le voulait, consenti à le plaindre et à lui garder leur amitié ; ils ont cru aussi, sur sa parole, que ce n'est pas l'intérêt qui l'a éloigné du christianisme. Dans une conjoncture aussi grave et aussi solennelle il pense à ces petites choses il prévoit tout, il calcule tout. Ne semble-t-il pas, au contraire, que s'il avait été sincère, il aurait dû être écrasé de douleur, et ne point s'inquiéter des jugements d'autrui en prenant une résolution qui lui était dictée par sa conscience ?

Quelques jours auparavant, le 24 août, il avait écrit à peu près dans le même sens à l'abbé Cognat. Cette lettre-là cependant est encore plus dévergondée. Il y proclame l'égalité des contradictoires et se prend à souhaiter que le christianisme de l'Allemagne moderne fasse son avénement en France.

Il faudrait, pour l'apporter parmi nous, un homme, un prêtre disposé à ce grand œuvre et il lui semble que Mgr Affre, l'archevêque de Paris est tout désigné pour cela.

Cette lettre n'est qu'un long délire.

« Je crois encore, s'écrie-t-il ; je dis le *Pater* avec délices. J'aime beaucoup à être dans les églises ; la piété pure, simple et naïve me touche beaucoup dans mes moments lucides, quand je sens l'odeur de Dieu. J'ai même des accès de dévotion ; j'en aurai toujours, je crois ; car la piété a une valeur, ne fût-elle que psychologique. Elle nous moralise délicieusement et nous élève au-dessus des misérables soucis de l'utile ; or là où finit l'utile, commence le beau, Dieu, l'infini ; et l'air pur qui vient de là est la vie. »

A ce moment-là il avait toujours intérêt à paraître chrétien, car il rentrait encore à S. Sulpice en même temps que ses confrères à la fin des vacances. Et il n'avait point l'intention de le quitter si tôt (1). Mais une circonstance extérieure vint hâter malgré lui, ses pas un peu lents.

« A mon arrivée à S. Sulpice, raconte-t-il lui-même (2), on m'apprend que je ne fais plus partie du séminaire, mais bien de la maison des Carmes que l'archevêque vient enfin de fonder définitivement, et l'on m'intime l'ordre d'aller dans la journée lui porter moi-même ma réponse. Jugez de mon embarras. Il redouble encore, quand quelques heures après, on m'apprend que l'archevêque est venu lui-même au séminaire et demande à nous parler. Accepter était immoral (3), donner

(1) Le préceptorat qu'on lui avait offert en Allemagne ne devait être libre qu'au printemps !!!
(2) Lettre à l'abbé Cognat, le 12 novembre 1845.
(3) Voilà un scrupule qui vient bien tard. Depuis plus de

la vraie raison du refus était impossible, en donner une fausse me répugnait. J'eus recours au bon M. Carbon qui se chargea de tout et m'épargna cette fatale entrevue. Je crus devoir poursuivre dès lors ce que les circonstances avaient si bien commencé pour moi ; je fis en un jour ce que je comptais faire en quelques semaines et le soir même de mon arrivée, je ne faisais partie ni du séminaire, ni de la maison des Carmes ».

Cette lettre est bien différente de celle qu'il écrivait deux mois auparavant. On voit bien qu'il a quitté Saint-Sulpice ; il n'a plus rien à cacher.

Au 24 août, il croyait encore (1), sinon au catholicisme et à la divinité de Jésus-Christ, au moins à l'esprit et à la morale du christianisme. Il disait croire à un Dieu personnel, à notre Père qui est dans les cieux, à sa Providence et aux soins qu'il prend de ses créatures. Dans ses *moments lucides* il le priait et en *sentait l'odeur*. Le 12 novembre, l'avancement de sa pensée a chassé de son cœur ces croyances qui l'ont si doucement bercé. Il a dit adieu à ces « joies pures et douces où il se croyait près de Dieu », où comme les âmes simples il adorait Dieu et l'appelait son père. Tous ces *rêves* de son cœur lui ont été ravis par sa raison, laquelle n'admet plus d'autre Dieu que ce cen-

trois ans en effet, Renan mangeait le pain de S. Sulpice sans avoir l'intention de monter au sacerdoce. Et il ne paraît point avoir trouvé cela immoral.

(1) Nous résumons évidemment ce qui était dit dans sa lettre. Mais nous sommes persuadés qu'au 24 août comme au 12 novembre, toute croyance était bien éteinte dans ce cœur desséché. La gradation n'a existé que pour le public.

tre qui est philosophie, théologie, science, littérature... Deux mois auraient donc suffi, d'après ses dires, pour le mener de la négation du catholicisme à la négation du christianisme dogmatique, pour ébranler dans son esprit le dogme de l'existence d'un Dieu personnel (1), le dogme de la Providence et pour tarir dans son cœur les sources mêmes de la prière et de la reconnaissance. Franchement c'est aller trop vite en besogne pour un homme qui a attendu plus de trois ans pour faire l'aveu public de ses doutes. Quand on connaît l'homme on se prend à sourire des douleurs (2) dont il parle dans cette lettre du 12 novembre et de l'accent navré avec lequel il dit un éternel adieu à « tant d'affections pures et simples » qui ont caressé et charmé sa jeunesse. C'est le mot de la fin d'une sacrilège comédie !

---

(1) Nous avons vu qu'étant encore à Issy, il ne croyait déjà plus à cette existence.

(2) Il s'écrie : « O maman, ma petite chambre, mes livres, mes études calmes et douces, mes promenades à côté de ma mère, adieu pour toujours ! Adieu à ces joies pures et douces où je me croyais près de Dieu ; adieu à mon aimable passé, adieu à ces croyances qui m'ont si doucement bercé. Plus pour moi de bonheur pur. Plus de passé, pas encore d'avenir. Et ce monde nouveau voudra-t-il de moi ? J'en quitte un autre qui m'aimait et me caressait. » — Ces plaintes nous laissent bien froids, parce qu'on sent qu'elles ne sont pas sincères, parce que celui qui les faisait prenait de gaieté de cœur sa situation nouvelle : il lui aurait été bien facile de continuer le passé qu'il dit regretter. Il n'avait qu'à vouloir.

II

C'était fini. La pauvre âme désemparée de l'ancien enfant de chœur de Tréguier avait abandonné le port de refuge où elle aurait pu trouver le salut et elle voguait désormais sur les eaux noires du scepticisme antireligieux, régions terribles où naissent facilement des tempêtes de blasphèmes, où s'aiguisent les luttes des Titans révoltés contre Dieu.

Mais qui l'avait conduite dans ces parages désolés? Nous l'avons suivie pas à pas dans la triste évolution qui l'a menée loin des paisibles vallées où l'on entend la voix de Dieu et nous pouvons répondre : C'est Renan lui-même, et lui seul, qui a voulu ce sinistre reniement et qui l'a préparé avec un art infernal. Lui seul est coupable de sa déchéance, et c'est à tort qu'on a voulu en faire supporter le poids à une sœur qu'il a illustrée par son affection et à des orientalistes qu'il n'avait pas lus, quand sa foi s'étiola, dépérit et mourut, étouffée par une dévorante végétation de plantes parasites qui absorbaient toute la sève de son être.

A Issy même, le mal avait poussé de profondes racines. Et pour entrer dans la voie sombre où il périt, il n'eut point besoin de lire les orientalistes et les exégètes allemands. L'orgueil de sa propre pensée suffit à cette besogne délétère et il s'avança si loin dans la contemplation de son génie et de ses qualités qu'il ne crut plus à autrui, en quoi que ce fût. Pendant les deux années qu'il vécut à Issy, il fut, comme nous l'avons montré, en proie aux ravages du doute. Mais pendant ce temps il ne lut que des ouvrages philosophiques dont il ne s'est jamais réclamé et auxquels on ne peut raisonnablement faire remonter la cause de son apostasie.

« Mes lectures habituelles dit-il, étaient Pascal, Malebranche, Euler, Locke, Leibnitz, Descartes, Reid, Dugald-Stewart. Comme livres de piété, je lisais surtout les *Sermons* de Bossuet et les *Elévations sur les mystères* (1). Je connaissais aussi très-bien François de Sales, par la continuelle lecture qu'on faisait au séminaire de ses œuvres et surtout du charmant livre que Pierre Camus écrivit sur son compte (2). »

Nous sommes donc loin de l'Allemagne et de ses nébuleux écrivains. C'est en vain que Renan écrira plus tard :

« La liberté, où tant d'étourdis se trouvent portés du premier bond, fut pour moi une acquisition lente. Je n'arrivai au point d'émancipation que tant de gens atteignent sans aucun effort de réflexion qu'après avoir traversé toute l'exégèse allemande. Il me fallut *six* (3) années de méditation

(1) Il ne trouvait donc point alors que Bossuet fût un aussi petit esprit qu'il l'a dit dans une lettre méchante que nous publions plus loin.
(2) *Souvenir d'enfance et de jeunesse*, p. 249.
(3) Dans la *Revue des Deux-Mondes* où ses *Souvenirs* furent d'abord publiés, Renan écrivait *dix* années; la phrase précédente était ainsi conçue : « Je n'arrivai au point d'émancipation que ce gamin de Paris atteint sans aucun effort de réflexion, qu'après avoir traversé Gesenius et toute l'exégèse

et de travail forcené pour voir que mes maîtres n'étaient pas infaillibles (1). »

C'est en vain qu'il répète les mêmes affirmations quelques pages plus loin :

« De ce qu'un gamin de Paris, écrit-il, écarte par une plaisanterie des croyances dont la raison d'un Pascal ne réussit pas à se dégager, il ne faut cependant pas conclure que Gavroche est supérieur à Pascal. Je l'avoue, je me sens parfois humilié qu'il m'ait fallu cinq ou six ans de recherches ardentes, l'hébreu, les langues sémitiques (2) Gesenius, Ewald, pour arriver juste au résultat que ce petit drôle atteint tout d'abord (3). »

Nous l'avons vu, la foi de Renan n'eut point besoin d'une lutte de cinq ou six années pour être vaincue et mourir. C'est seulement au séminaire de Saint-Sulpice, pas même à Issy, qu'il commença à étudier l'hébreu, le syriaque et l'allemand. Il avait en outre un catéchisme à préparer et à faire à l'église paroissiale ; la seconde année, il eut de plus un cours d'hébreu à cause duquel il était obligé de suivre lui-même des

allemande. » — En modifiant ce texte primitif, Renan semble avoir compris que le public ne croirait ni à ses *dix* ans de travail forcené, ni à son étude de Gesenius dans un séminaire.
(1) *Souvenirs*, p. 15.
(2) L'hébreu, selon Renan, ne fait sans doute point partie de ces langues, puisqu'il est nommé à part. Mais cela grossit la phrase et semble augmenter le nombre des raisons que Renan eut de ne plus croire. Procédé de rhétorique !
(3) *Op. cit.* p. 133.

cours à l'extérieur du séminaire. Tout cela devait lui prendre pas mal d'heures; et si peu qu'il travaillât à la théologie, si peu qu'il fût occupé par les mille détails dont on charge souvent les séminaristes, le temps lui faisait matériellement défaut pour se plonger dans l'étude des exégètes allemands. D'ailleurs il ne savait point suffisamment leur langue pour les comprendre; ce n'était point en un an, au moyen d'études faites à bâtons rompus, faites sous la direction d'un confrère plus ou moins expert dans l'art d'enseigner, que Renan pouvait devenir maître de la langue allemande, — cette langue difficile et obscure, — au point de lire couramment les exégètes qui écrivaient en cette langue et qui, traitant de choses controversées, obscures, difficiles, présentaient au linguiste novice des problèmes absolument au-dessus de sa portée. En mettant les choses au mieux, en accordant au travail de Renan, une rapidité, une opiniâtreté, une persévérance supérieures à ce que permettent les forces humaines, ce n'est que dans sa dernière année de séminaire qu'il aurait pu avoir quelque connaissance sérieuse et personnelle des allemands.

Il est donc bien constaté que, lorsqu'il sortit du christianisme, lorsqu'il rejeta dédaigneusement les croyances de sa jeunesse, il n'avait nullement traversé l'exégèse allemande. Il est même fort probable qu'il n'y avait point pénétré par lui-même et que s'il en savait quelque chose il le savait par son professeur, M. Le Hir. Ce n'est point la critique historique qui a causé sa déchéance morale et religieuse, mais les défauts de sa nature et sans doute quelque préoccupation secrète et étrange qu'on n'a point encore révélée. Avant de perdre la foi, Renan avait abjuré les premiers principes de la raison.

III

Si les exégètes allemands n'ont eu aucune influence sur la chute de Renan, peut-être leurs frères et amis, les philosophes ont-ils joué un rôle dans la longue évolution dont le séminariste breton fut victime. On a dit à ce sujet que sa sœur Henriette, sa seconde mère, lui avait suggéré bien des idées néfastes. On l'a accusée d'avoir, par ses lettres, déterminé dans l'âme de son frère, l'insoupçonné courant de scepticisme qui avait entraîné à la dérive les croyances du malheureux. Dans une interview retentissante, M. Icard a dit :

« Une affection plus forte que la nôtre prit le dessus et dirigea Renan hors de la voie que notre expérience lui traçait. Il tourna toute son âme vers l'Allemagne d'où sa sœur Henriette, alors là-bas, lui adressait de longues lettres. Il n'écouta plus qu'elle. Le seul professeur que Renan trouva à Saint-Sulpice fut celui qu'assurément il n'était point venu y chercher : cette demi-savante de Leipzig, qui mettait plus de goût à lire les scolies, dont Strauss annotait l'Evangile que le texte même des Saints Livres, lequel eût appris à Renan à moins en étudier la lettre et à mieux en comprendre le sens. A cette école de froids annotateurs, la sœur mit à peine trois ans pour perdre irrémédiablement son frère (1) ».

(1) *Figaro* du 5 octobre 1892.

Ce nous est sans doute une audace bien grande de contredire à des affirmations tombées de lèvres vénérées ; néanmoins nous ne pouvons nous empêcher de le faire parce que nous croyons qu'elles ne sont point l'expression de l'exacte vérité. La sœur de Renan n'a, pas plus que les orientalistes allemands, causé la chute de son frère.

Un rapprochement de dates suffira à faire la preuve de cette assertion. C'est à la fin de l'année 1840 qu'Henriette Renan quitte la petite pension de Paris où elle était l'une des maîtresses les plus remarquables, pour aller faire une éducation particulière en Allemagne (1).

(1) Elle était en Pologne dans la famille du Comte André Zamoyski, dont le nom est inscrit en traits glorieux dans l'histoire de la Pologne. — Renan apprécie ainsi le séjour de sa sœur dans cette famille : « L'amour avec lequel elle embrassa ses fonctions, l'affection qu'elle conçut pour ses trois élèves, le bonheur de voir ses efforts fructifier, en particulier dans celle qui par son âge, fut appelée à recevoir plus longtemps ses leçons, Mme la princesse Cécile L..., la rare estime qu'elle obtint de toute cette noble famille qui, après son retour en France, ne cessa point de recourir à ses lumières et à ses conseils, l'affinité qu'il y avait par le sérieux et la droiture, entre son caractère et celui de la maison où elle vivait, lui firent oublier les tristesses inséparables de ces sortes de positions et les rigueurs d'un climat très contraire à son tempérament. Elle s'attacha à la Pologne et conçut en particulier beaucoup d'estime pour le paysan (a) polonais, en qui elle voyait une créature bonne, *pleine de hauts instincts religieux*, rappelant le paysan breton, mais avec moins d'énergie ».

(a) Elle ne traitait donc point les paysans avec le même dédain que son frère, ce fils de paysan. Dans un dîner chez Brébant où l'un des convives avait parlé des paysans alle-

Cette courageuse fille, après avoir payé les dettes laissées par son père, voulait assurer le pain des vieux jours de sa mère et peut-être aussi prévoyait-elle déjà que son frère ne serait pas prêtre et qu'il aurait bientôt besoin de son assistance. Sa vie passée n'avait été qu'un incessant dévouement; elle continuait de se sacrifier au bonheur des siens.

Quand elle quitta Paris, Henriette Renan avait encore au cœur la vieille foi des Bretons et il n'est point possible que le séjour en Allemagne ait été assez délétère à son âme pour lui faire perdre les croyances de son enfance et la rendre en même temps la maîtresse d'incrédulité de son frère. Ce n'est point en une année, chargée comme elle l'était de l'éducation de trois enfants d'âge divers, qu'elle aurait eu le temps d'approfondir les philosophes allemands et de servir leurs doctrines à son frère par des lettres fréquentes. Ces lettres d'institutrice auraient dû avoir une bien grande force de persuasion pour retourner si vite l'âme d'Ernest et arracher de son cœur les croyances que dix-huit ans de christianisme y avaient enracinées. Conçoit-on qu'un séminariste, élevé au milieu des affirmations de la foi la plus absolue, soit tombé du jour au lendemain dans le scepticisme le plus complet, à la

---

mands qu'on envoie ramasser le gibier, « avec des coups de pieds dans le cul », Renan s'écria : « J'aime mieux les paysans à qui l'on donne des coups de pieds dans le cul, que les paysans, comme les nôtres, dont le suffrage universel a fait nos maîtres, des paysans, quoi, *l'élément inférieur de la civilisation...* » Il est vrai que cela se passait peu de temps après l'échec de la candidature de Renan.

voix d'une femme qui ne pouvait connaître les théories qu'on l'a accusée d'avoir enseignées à son frère?

La vérité, selon nous, est tout autre. C'est Renan seul qui a commencé son émancipation intellectuelle; nous dirons tout-à-l'heure les raisons qui ont dû l'y pousser. La sœur aura été la confidente des premiers doutes du frère et des nouvelles idées qui surgissaient en son esprit. Vivant en Allemagne, dans une atmosphère cultivée et intellectuelle, Henriette entendait nécessairement parler du mouvement philosophique qui entraînait alors bon nombre d'esprits. Et c'est ainsi qu'elle en a parlé à son frère. On se souvient de leur enfance à tous deux : elle avait été quelque chose comme la seconde mère de ce frère; c'est elle qui l'avait élevé, et elle l'aimait passionnément.

Ce frère bien-aimé, que la philosophie scolastique ne satisfaisait pas, jetait alors vers elle des cris de désespoir, des clameurs de souffrance; n'était-il pas naturel qu'elle s'émût de ces confidences douloureuses et qu'elle cherchât à étancher la soif de vérité dont celui qu'elle aimait par dessus tout se disait dévoré? Peut-être la philosophie allemande dont on faisait tant de bruit à cette époque apporterait-elle à ce chercheur inquiet, la plénitude de vérité et de certitude dont il se montrait désireux. Et c'est ainsi, selon nous, qu'elle lui indiqua, plutôt qu'elle ne lui révéla l'Allemagne contemporaine. Et Renan, qui avait besoin d'un idéal pour remplacer celui qu'il voulait détruire à toute force, Renan se précipita sur l'Allemagne avec une avidité de goujon et sans la bien connaître — ses lettres d'alors en donnent la preuve — la mit au pinacle de ses admirations.

Mais la cause de cette volte-face échevelée ne fut point celle qui admirait les paysans polonais » à cause de leurs hauts instincts religieux » ; ce ne fut point celle que nous verrons à Byblos reprocher à l'auteur de la *Vie de Jésus* de troubler les âmes simples ; ce ne fut point celle qui fit de la vertu chrétienne par excellence, le sacrifice, le grand mobile de sa vie.

Il est malheureusement vrai qu'elle ne conserva point intacte la croyance naïve et profonde de ses premières années, mais ce fut le reniement même de son frère qui l'arracha aux hautes cîmes où l'on trouve la foi sans nuages et la fit errer dans les plaines infertiles de l'indifférence. C'est par compassion pour une âme dévoyée qu'elle descendit au philosophisme, séduite par les plaintes et les doctrines d'un frère qu'elle aimait. Si le doute de Renan fit des victimes dans son entourage, ce n'est pas une raison de dire que ce doute est venu de cet entourage. Renan procède de lui-même et n'est le disciple de personne.

Renan a dit de sa sœur : « Elle étudia les travaux de l'école historique moderne, et il *me suffit plus tard de quelques mots pour lui donner le sens de la plus fine critique*. Elle vit, par l'histoire, l'insuffisance de tout dogme particulier ; mais le fond religieux qui était en elle, par le don de la nature et par le fait de l'éducation première, *était trop solide pour être ébranlé* (1) ».

(1) *Henriette Renan ; souvenir pour ceux qui l'ont connue ;*

IV

Il nous reste à jeter un dernier coup d'œil sur l'ensemble de la conduite tenue par Renan depuis son entrée à S. Nicolas du Chardonneret jusqu'à sa sor-sortie définitive du séminaire, du sacerdoce et du christianisme. Nous l'avons vu manifester tour à tour les sentiments les plus divers, se présenter à ses maîtres et à ses condisciples sous les aspects les plus changeants. Dans ses *Souvenirs d'enfance et de jeunesse*, il a entassé Ossa sur Pélion, mensonges sur faussetés pour se disculper aux yeux de la postérité et éloigner de lui la peine de son hypocrite abandon. Mais il n'a réussi à donner le change qu'à ceux de ses admirateurs qui se mettent volontiers à plat ventre devant les dires du « grand homme ». Mais il ne trompe point ceux qui ne sont point éblouis par les fusées magiques de son style onctueux et chatoyant. A ceux-là Renan apparaît ce qu'il est réellement : un hypocrite gonflé de vanité et d'orgueil, affamé de gloire, de fortune et de réclame, chagrin d'être né si tard parce que depuis six mille ans meurent des hommes devant lesquels il n'a point pu briller et se faire admirer.

Affligé de vices et de défauts autant et peut-être plus qu'un autre homme, il s'est ingénié constamment

---

brochure tirée seulement à 100 exemplaires. Elle fut écrite en 1862.

à les cacher et a eu même l'habileté de les faire passer pour vertus aux yeux du vulgaire.

Cette habileté à se montrer grand et vertueux quand même, nous explique le long séjour de Renan à Saint-Sulpice, nous explique ses études et le triste dénouement d'une crise qui ne l'inquiéta guère. Pour nous, Renan a été, dans toute cette affaire, de la plus insigne mauvaise foi.

Dès son plus jeune âge, il fut poussé au sacerdoce par le caprice des femmes qui l'élevèrent et ce fut regrettable car il entra ainsi dans une voie pour laquelle il n'était point fait. Ses premiers succès le grisèrent, les passions de la jeunesse ne lui avaient point encore fait sentir leur aiguillon, il était choyé de tous; à ce moment là il ne songeait point à autre chose qu'à la vie dévouée du prêtre et il entrait avec joie au petit séminaire de Paris.

C'est là que pour le jeune breton transporté hors de sa lande la scène du monde s'illumine tout-à-coup. Les fumées de la gloire humaine obscurcissent sa vision de l'avenir et quand il va frapper à la porte du séminaire de philosophie, il y va sans vocation, entraîné par le courant et prêt déjà à la rupture qu'il consommera plus tard.

Quand il entre à Issy, d'ailleurs, il s'ignore encore lui-même et il passe les premiers mois sans avoir pleine conscience de son état. Mais de jour en jour l'égoïsme du lévite mal choisi répugne de plus en plus à se plier aux exigences de l'état sacerdotal ; l'esprit indiscipliné ne veut point se courber devant les règles de la foi. Cette âme de vingt ans méprise les vieillards qui l'entourent. Bientôt Renan voudrait sortir d'un monde pour lequel il ne se sent point fait.

Mais les antécédents sont là. Il est venu à S. Nicolas avec une bourse ; au grand séminaire, il vit encore aux frais du diocèse de Paris ; autour de lui il a des amis, des protecteurs, une mère qui vivent de la pensée qu'il sera prêtre un jour. Dans nos campagnes, on note d'infamie, de déloyauté et de lâcheté celui qui ayant mis la main à la charrue regarde en arrière ; volontiers, on fouille la vie du jeune homme qui abandonne le séminaire et on voudrait lui jeter au visage quelque défaillance morale, trouver une raison de son abandon.

Si Renan avait quitté le séminaire sans éclat et avait entrepris une autre carrière quelconque, il s'exposait aux quolibets des gens de Tréguier, aux plaintes de ses amis, aux larmes de sa mère. Son orgueil l'empêcha de se soumettre à une pareille épreuve ; et au lieu de briser avec le sacerdoce, il se résolut à briser avec le christianisme lui-même. Le jour où il renonçait à la prêtrise parce que ses croyances lui faisaient un devoir d'agir ainsi, le beau rôle était pour lui et les jacasseries de la vile multitude ne pouvaient plus l'atteindre (1).

Dès son séjour à Issy, Renan se préoccupe surtout de contredire l'enseignement de ses maîtres. Silencieusement il amasse les objections et cherche à en forger

---

(1) Cette explication pourra paraître fantaisiste à quelques-uns ; mais elle semblera très plausible à ceux qui savent de quelles divagations l'orgueil est capable.

les foudres qui briseront les liens malencontreux par lesquels il est retenu. Mais la philosophie n'était pas assez propice à ces débauches de révolte et le premier venu parmi ses condisciples et les paysans de Goëlo, avec le simple bon sens, pouvait rétorquer des arguments qui n'étaient guère logiques.

Au contraire, les objections tirées de l'Écriture, de l'histoire du christianisme, devaient éblouir plus facilement, surtout quand celui qui les apportait s'appuyait sur une science réelle de l'hébreu, du syriaque et de l'allemand, langues que peu de personnes connaissaient.

« Mes raisons, dit-il quelque part (1), furent toutes de l'ordre philosophique et critique ; elles ne furent nullement de l'ordre métaphysique, de l'ordre politique, de l'ordre moral. Ces derniers ordres d'idées me paraissaient *peu tangibles* et pliables à tout sens. Mais la question de savoir s'il y a des contradictions entre le quatrième Evangile et les synoptiques est une question tout à fait saisissable. Je vois ces contradictions avec une évidence si absolue que je jouerais là-dessus ma vie, et par conséquent mon salut éternel sans hésiter un moment » (2).

---

(1) *Souvenirs* p. 208.
(2) « Ces assertions tranchantes sont de nature à troubler et troublent en effet bien des âmes. Pour les esprits réfléchis qui connaissent M. Renan et qui savent le cas que peut faire de son *salut éternel* un homme qui ne croit ni à Dieu, ni à l'autre vie, le péril n'est pas grand. Mais ceux-là sont rares et le nombre des autres est infini. » ABBÉ COGNAT. — C'est par ces affirmations étranges, par ces tours de passe-passe que Renan impose au public.

Ce fut quand il put formuler ces affirmations avec quelque apparence de conviction que Renan se décida à avouer les ténèbres et les troubles de son âme et qu'il brisa avec son passé. Et pour en arriver là, il s'était aidé de tout ce qu'il avait rencontré à sa portée : tout lui avait servi pour édifier son œuvre de haine et de reniement. L'affection de ses maîtres, l'amour de sa sœur, le respect des chrétiens, il s'était fait de tout cela un marche-pied pour se hausser au niveau d'un incrédule et d'un hérésiarque.

Et quand il sait balbutier quelques mots d'exégèse, quand d'ailleurs il n'espère plus rien apprendre à Saint-Sulpice, quand les circonstances le forcent à choisir entre Dieu et le diable, il déclare avec orgueil qu'il ne peut incliner sa raison devant des mythes et qu'il a le devoir de sauvegarder envers et contre tous l'intégrité et l'infaillibilité de cette raison.

Arrivé au degré qu'il avait visé, il se retire en versant quelques sanglots simulés et en calculant ingénieusement les bénéfices de son apostasie. De même que pendant les années d'étude il n'a rien fait pour dissiper ses doutes, de même à l'heure de l'adieu suprême, il ne fait rien pour s'éclairer sur ses véritables sentiments et sur son devoir. M. Dupanloup lui propose de faire une retraite; Renan l'accepte parce que c'est un moyen « de finir dignement avec le catholicisme » mais s'il l'avait faite elle n'aurait rien produit : *il ne le voulait pas*. Il avait bien travaillé pour se préparer une sortie honorable; le jour était venu, il en profitait. Voilà tout.

V.

Mgr d'Hulst, dans l'article remarquable par sa modération, qu'il a consacré à Renan, regrette que l'apologétique fût trop faible au moment où le séminariste incroyant jeta le froc aux orties. Mgr d'Hulst est bien bon de faire une semblable concession, et si Renan a conservé par-delà la tombe son rire sardonique, il a dû passer un joyeux moment et s'égayer aux dépens du charmant recteur de l'Institut catholique de Paris.

Renan, en effet, ne se soucia guère d'apologétique; s'il s'ingénia à trouver quelques objections contre les bases historiques du christianisme, ce fut simplement pour se donner devant le public une raison de sortir d'un état qui lui déplaisait. Nous l'avons montré s'occupant fort peu de théologie, ne soumettant jamais ses doutes à ses professeurs, opposant à leur science les élucubrations de son imagination, et nous avons établi qu'il lui fut impossible de lire les auteurs allemands pendant son séjour au séminaire.

Qu'on ne nous parle donc point, pour expliquer l'apostasie de cet homme, de faiblesse de l'apologétique! Nous n'estimons point outre mesure l'enseignement de Saint-Sulpice, qui a eu de singulières lacunes et d'extrêmes faiblesses. Mais on ne peut point arguer de cela pour expliquer l'apostasie de Renan. Il avait autour de lui des maîtres que toute l'Europe respectait comme sages et comme savants, des hommes expérimentés que les plus hauts personnages de la terre venaient consulter. Il avait surtout auprès de lui M. Le Hir, savant de premier ordre, le plus fort hébraïsant de France, qui suivait pas à pas les exégètes allemands, ne craignant pas de s'approprier leur méthode et les réfutait victorieusement; M. Le Hir qui a renouvelé l'exégèse et l'apologétique en France; M. Le Hir qui a formé des disciples dont les travaux sur les textes révélés feront la gloire de St-Sulpice, quand on méprisera tous les autres enseignements de cette maison.

Le Hir aurait dû suffire, à lui seul, pour empêcher de dire que l'apologétique était insuffisante alors. Parce que Renan, dans sa science de vingt ans (1), s'est estimé supérieur à des vétérans de l'étude et du raisonnement, parce qu'il n'a point voulu s'abaisser jusqu'à les consulter, parce qu'il s'est refusé à puiser auprès d'eux l'eau vive qui guérit et qui fortifie, parce qu'il s'est écrié, comme la Médée antique: « Moi seul, et c'est assez », il n'y a point de raison de prétendre que la science de ses maîtres était insuffisante à éclairer ses doutes (2).

(1) « Je ne puis m'empêcher, dit l'abbé Cognat, de faire ici une réflexion de bon sens sur ce qu'a de véritablement monstrueux dans un jeune homme de vingt ans, qui se dit modeste, la prétention avouée de se poser seul, avec sa seule raison, en adversaire de l'enseignement catholique, et de mieux connaître la Bible que Jésus-Christ, que les apôtres, que tous les interprètes catholiques depuis Origène et St-Jérôme jusqu'à nos jours, que tous les pères, tous les conciles et l'Eglise toute entière ». *M. Renan hier et aujourd'hui*, p. 157.

(2) Renan même a-t-il eu des doutes, des doutes sincères qui étreignent le cœur et l'âme d'une poignante tristesse! Il

Le libéralisme et le modérantisme entraînent quelquefois à de singuliers excès, ou empêchent de voir des choses qui sautent aux yeux. Mgr d'Hulst s'est étonné aussi que Renan ait été le seul, parmi les libres penseurs de notre siècle, à attaquer les bases historiques de la foi chrétienne. Et il l'a comparé en particulier à J. Simon qui, respectueux de nos dogmes, aurait bien pu cependant les soumettre à l'épreuve d'une critique indépendante. C'est à ce propos qu'il a dit:

« Tout autre était la situation de M. Renan. Transfuge de l'Eglise, même, si l'on veut, transfuge sincère, était-il obligé de se faire du jour au lendemain, le juge de la doctrine qu'il avait désertée ? Qui donc lui eût reproché de garder pour lui ses négations ou ses doutes, et de consacrer à quelque grande et utile besogne scientifique les rares facultés dont la nature l'avait doué, sans choisir précisément le domaine où il devait se rencontrer, chaque jour, face à face avec ses souvenirs, ses frères de la veille ? Mieux qu'un autre, il savait quelle blessure il allait causer à cette Église que, naguère encore, il appelait sa mère. Le champ de la recherche érudite est-il donc si étroit qu'il fût contraint de porter la pioche sous

est permis d'en douter et nous ne sommes point les seuls, car un contemporain a écrit :
« On a dit de lui qu'il fut un rénégat, reproche bien injuste contre un homme qui certainement n'a jamais eu la foi. La foi est une adhésion intellectuelle, une soumission raisonnée de l'esprit. Ce genre de foi, Renan ne l'a jamais connue, ne l'a jamais soupçonnée, pas plus à St-Sulpice que dans sa chaire du collège de France. Sa foi était une foi de cœur, de sensibilité, d'imagination, une foi d'artiste. — Ant. Albalat, *Nouvelle Revue*, 15 octobre 1892.

les fondements mêmes de l'édifice sacré qui avait abrité sa pieuse jeunesse (1) ? ».

Mgr d'Hulst attribue cela au manque de cœur. C'est vrai, mais il y a de cette conduite une raison encore plus basse.

Le 11 septembre 1846, Renan écrivait cette phrase qui sera la règle de toute sa vie : Je suis fort égoïste ; retranché en moi-même je me moque de tout (2). J'espère me faire de quoi vivre ». Renan a voulu faire son chemin coûte que coûte, il a tout calculé avec habileté, il a tout pesé avec recueillement et il a vu qu'il fallait se ranger sous le pennon triomphant des ennemis du Christ pour avoir fortune et gloire. Et voilà pourquoi « il a porté la pioche sous les fondements mêmes de l'édifice sacré qui avait abrité sa pieuse jeunesse ».

Loin de repousser comme Gilbert la bourse que lui offraient les impies, il s'est traîné à leurs genoux, il leur a tendu les mains, il a ouvert la bouche toute grande, et il leur a dit : « Couvrez-moi d'or et d'honneurs, gavez-moi de jouissances et de gloire, et je minerai savamment l'édifice que vous voulez détruire ; dans cinquante ans, ce ne sera plus que poussière » !

Comme Judas a vendu le Christ, Renan, l'ami, le défenseur du traître, lui qui a voulu le réhabiliter, Renan a vendu le christianisme ; mais pas pour trente deniers : il s'est contenté de le vendre plus cher !

---

(1) *Correspondant*, 25 oct. 1892, p. 222.
(2) Quelqu'un a appelé Renan le plus grand *je m'en fichiste* du siècle. Celui-là a eu raison ; et toutes les protestations ne changeront rien à ce jugement, il restera.

CHAPITRE III

A la conquête de la renommée

I

Depuis qu'il était au monde, Renan avait vécu des bienfaits de la charité catholique. Quand vinrent les jours prospères, quand les succès de librairie lui mirent aux mains un argent gagné par la lutte contre le catholicisme, il put se souvenir des temps sombres où sa mère lui faisait un berceau d'une boîte à savon et où le clergé de Tréguier venait apporter son aumône discrète au foyer désolé. Ce contraste aurait suffi pour faire naître dans une âme bien née au moins le respect de ce qui avait pourvu à l'indigence de sa famille.

Mais Renan ne se souvint des Frères de la doctrine chrétienne, du petit séminaire de Tréguier, de Mgr Dupanloup, des Sulpiciens, de tous ses maîtres, en un mot, que pour les railler finement, sans se soucier aucunement de leur exprimer un peu de reconnaissance de ce qu'ils l'avaient nourri pendant vingt-trois ans. Il y a des catégories de personnes chez lesquelles il est impossible d'évoquer le moindre sentiment élevé ou délicat…. *margaritas ante porcos*, dit l'Écriture avec brièveté et vigueur.

La charité catholique est inlassable; elle n'avait pu faire un prêtre du jeune Breton, mais elle ne l'abandonnait pas et continuait à lui tendre une main secourable. Les Supérieurs ne mirent pas d'obstacles à ce qu'il sortît du séminaire, mais ils furent les premiers à lui frayer la voie dans le monde. Ils auraient pu lui souhaiter bon voyage et l'abandonner seul sur le chemin qu'il voulait parcourir. Loin d'eux cette pensée. Ils ne se donnèrent point de repos avant de l'avoir fait admettre en qualité de répétiteur au collège St-Stanislas, dirigé alors par l'abbé Gratry. Renan, incertain encore du lendemain, se laissait faire; il s'ingéniait même à les apitoyer sur son sort, allant répandre de côté et d'autre, des confidences éplorées et quêter des conseils qu'il était bien résolu à ne pas suivre.

En allant à St-Stanislas, il restait sous la livrée ecclésiastique. Mais cet habit lui pesait et il avait hâte de s'en débarrasser. Trois semaines après y être entré, il quittait cette maison hospitalière et entrait comme répétiteur *au pair* dans une petite institution de la rue de l'Abbé de l'Épée (1), auprès du Luxembourg: il avait là table et logement, mais ne recevait pas de traitement. C'était une position de pauvre maître d'étude, et cela devait être assez dur et assez pénible pour un jeune homme qui « savait mieux que personne en France, après M. Le Hir, la théorie comparée des langues sémitiques (2) »; du moins c'est lui qui le prétend. Mais cet état pénible ne durera pas

---

(1) Elle s'appelait alors la rue des Deux-Eglises.
(2) Souvenirs, p. 333.

longtemps: le séminariste avait bien calculé la force d'élan qui lui était nécessaire, et il montera vite hors de l'obscurité.

En attendant il demeure humble et rampant. Ses anciens maitres lui avaient donné les habits laïques dont il avait besoin et pouvaient lui être utiles encore: aussi s'empressait-il autour d'eux, et se montrait-il encore croyant dans la mesure du possible. Il se confessait toujours et annonçait l'intention de persévérer dans cette pratique. Mais moins d'un an après il brisait toute relation avec ses anciens confrères, après avoir insulté à leurs croyances (1) et il ne saluait même plus ses vieux maîtres lorsqu'il les rencontrait dans la rue.

Il n'avait plus besoin d'eux. Sa sœur lui avait envoyé d'Allemagne une somme de douze cents francs, qui le mettait à l'abri du besoin. « Ces douze cents francs, s'écrie Renan, ont été la pierre angulaire de ma vie; je ne les ai jamais épuisés ; mais ils me donnèrent la tranquillité d'esprit nécessaire pour penser à mon aise et me dispensèrent de me surcharger d'une besogne qui m'eût étouffé ».

Comme nous l'avons dit, Henriette Renan ne poussait pas son frère dans sa nouvelle voie, mais elle l'approuvait et l'encourageait. Elle voulait le voir heureux: or, il lui répétait chaque jour que le sacerdoce lui était insupportable. Le séjour d'Allemagne avait, sans l'éteindre complètement, affadi la foi de la jeune fille et elle n'éprouvait aucun déplaisir de voir son

---

(1) Cf. *M. Renan hier et aujourd'hui*, p. 217.

frère sortir du séminaire. Elle l'aimait ardemment et elle se plut à l'aider dans la poursuite du but qu'il rêvait.

Renan a dit qu'il fut soutenu alors par l'approbation de sa sœur et par l'amitié de Berthelot. Celui-ci, fils d'un médecin de Paris, avait été rencontré par Renan dans l'institution de la rue de l'Abbé-de-l'Épée, où il était élève. C'était déjà un parfait incrédule. Il fortifia l'impiété de l'ex-séminariste et toujours depuis il a veillé avec zèle pour empêcher celui-ci de regarder en arrière et de regretter le passé.

Les deux amis travaillaient ensemble et complétaient mutuellement leurs connaissances. Après avoir bien pesé le pour et le contre (1). Renan s'était décidé pour la carrière universitaire. Nous le verrons toute sa vie rechercher les postes rétribués par le gouvernement ; l'effort renouvelé chaque jour l'exaspérait, et il tenait à vivre sans souci du lendemain. Une place à traitement fixe pouvait seule lui procurer cet avantage. Mais le baccalauréat était alors comme aujourd'hui la

(1) Cf. Lettre à l'abbé Cognat, du 12 novembre 1845. — Renan pose volontiers pour un habitant des royaumes de l'air qui ne sait pas prendre pied sur terre, pour un malhabile aussi incapable de veiller à son pot-au-feu qu'à chauffer sa candidature de député ou de sénateur.

En réalité, Renan fut tout différent et nul ne se préoccupa plus que lui de faire fortune. A peine est-il sorti de St-Sulpice, qu'une de ses lettres nous le montre pesant avec le plus grand calme les avantages et les inconvénients de la carrière qu'il veut embrasser, faisant mille démarches pour se concilier de puissantes amitiés, prenant mille précautions pour ne rien compromettre et tout préparer en vue de son avenir.

porte d'entrée de l'*Alma-Mater*. Renan ne possédait point ce grade. Il dirigea donc tous ses efforts vers ce but, et grâce aux bonnes études qu'il avait faites à St-Nicolas et à St-Sulpice, il s'avança à grands pas dans la carrière des grades universitaires : dès 1848, trois ans après sa sortie du séminaire, il était reçu le premier à l'agrégation de philosophie et faisait sur la Providence une leçon qui eut du retentissement.

Il commençait à brûler publiquement ce qu'il avait adoré et n'avait plus cure des lamentations dont il étourdissait les oreilles de ses maîtres, en sortant du séminaire. Il y avait longtemps que tout cela était fini. Moins d'un an après avoir déposé la soutane, le renégat en avait pris son parti avec une froide tranquillité, « voisine du cynisme », dit le *Figaro* ; et c'est avec le plus grand calme qu'il avait écrit (1) :

Quant à la position extérieure que tout cela me fait, n'importe. Je ne me classerai nulle part. Si j'en trouve qui voient comme moi, nous sympathiserons ; sinon, je serai seul. Je suis fort égoïste : retranché en moi-même, je me moque de tout. J'espère me faire de quoi vivre.

... Il faut autant que possible se maintenir dans une position où l'on soit prêt à virer de bord, alors que change le vent de la croyance. Et combien de fois doit-il changer dans la vie ? Cela dépend de sa longueur.

On voit ainsi que Renan resta toujours le même au fond : les principes qu'il professait dans sa vieillesse avaient guidé ses premiers pas dans sa vie.

(1) Lettre à l'abbé Cognat, le 11 septembre 1846.

II

Admis à l'agrégation, Renan pouvait suivre sans bruit la voie universitaire et se faire une place au soleil. Mais il voulait davantage et n'éprouvait nullement le désir de s'enterrer dans une chaire du lycée de troisième ou de quatrième ordre. Aussi refusa-t-il la place qu'on lui offrait en province, à Vendôme. Plus tard, dans un discours à des provinciaux, il a vanté la province et célébré les ressources qu'elle présente pour le travail. Mais il se garda bien d'en tâter lui-même, et grâce à l'intervention de M. Cousin, il put rester à Paris.

Il commença dès lors à se faire connaître dans le monde de la presse. En 1848, il collabore à la *Liberté de penser*, une revue que Jules Simon venait de fonder : c'est là qu'il publie ses études sur les *Historiens critiques de Jésus*, et exhale son admiration pour les auteurs allemands qu'il prétendit plus tard avoir lus à Saint-Sulpice. S'il les avait lus dès 1845, comment attend-il la fin de l'année 1848 pour publier quelque chose sur ces auteurs favoris ? Ce retard est assez singulier, et d'un autre côté les articles parus dans la *Liberté de penser* sont assez faibles pour qu'on doute des connaissances de l'auteur, en la matière. Il a en effet négligé presque tout le dernier mouvement scientifique qui s'était fait en Allemagne sur ce sujet (1).

(1) Cf. Saint-René Taillandier, *Revue des Deux Mondes*,

La publicité de la *Liberté de penser* ne suffisait pas à l'ardeur entreprenante du nouvel écrivain. Il présenta successivement plusieurs mémoires à l'Institut qui n'eut que des sourires pour le jeune protégé des philosophes du jour. En 1848, on lui décerna le prix Volney pour ses *Eclaircissements tirés des langues sémitiques sur quelques points de la prononciation grecque*. Deux ans plus tard, Renan était encore couronné à l'Institut pour un mémoire historique sur l'*Etude de la langue grecque au Moyen-Age*.

En même temps divers recueils s'ouvraient devant lui. Il devint un collaborateur assidu du *Journal de l'Instruction publique*, de la *Revue asiatique*, de la *Revue des Deux-Mondes* où il publia sur la *Poésie des races celtiques* un article qui fut remarqué. En 1853, il entra au *Journal des Débats*; il a raconté lui-même en quelles circonstances :

« Je fus mis en relation, dit-il, avec la rédaction du *Journal des Débats* en avril ou mai 1853. Voici en quelle occasion. La nouvelle édition du commentaire arabe du grand orientaliste Sylvestre de Sacy sur les *Séances* de Hariri venait de paraître par les soins de MM. Reinaud et Derenbourg. M. Ustazade Sylvestre de Sacy, fils de l'illustre savant, dirigeait le journal depuis des années, il demanda à M. Reinaud de lui désigner quelqu'un de ses élèves qui pût rendre compte dans le journal de l'œuvre magistrale de son père. M. Reinaud voulut bien songer à moi. J'allai présenter mon article à M. de

sept. 1857. Les articles de Renan étaient alors fort violents ; il ne s'ingéniait point à les revêtir d'une forme doucereuse, comme il fit plus tard.

Sacy, qui en fut content. Il y remarqua un certain soin de la langue, et il eut la bonté de m'engager à traiter dans le journal les sujets qui rentraient dans mes études ou qui me suggéraient quelque pensée (1). »

Dans ses *Souvenirs d'enfance et de jeunesse* Renan a posé en principe qu'un littérateur qui se respecte n'a qu'un seul éditeur et n'écrit que dans une seule revue, dans un seul journal. A ce compte-là, il n'était pas « alors un littérateur qui se respecte » car nous le voyons frapper à toutes les portes et il court de rédaction en rédaction offrir des manuscrits aux pages soigneusement numérotées et couvertes d'une écriture régulière, facile à lire, séductrice. Il produit avec une activité sans égale et coup sur coup il livre de nombreux volumes à la curiosité inquiète des liseurs (2).

En 1849, il fut chargé par l'académie des inscriptions et belles-lettres d'une mission en Italie. Il y passa plusieurs mois, fouillant les bibliothèques et en rapporta les éléments de sa thèse de doctorat, *Averrhoès et l'averrhoïsme* (3). Le grade de docteur lui permettait de s'asseoir dans les chaires d'enseignement supérieur. Mais il se contenta de nouer avec les membres de l'Université des relations utiles et s'en servit pour acquérir des situations rapportant profit ou hon-

(1) *Le livre du centenaire du Journal des Débats*, p. 234.
(2) Si plus tard, C. Lévy devint le dispensateur attitré de la manne renanesque, au début Renan publia chez les éditeurs qu'il put trouver. Son premier volume fut édité chez Durand ; un autre parut chez Hachette.
(3) Publié en 1852, in-8.

neur. En 1851, il fut attaché au département des manuscrits de la bibliothèque nationale, et en 1856 il remplaçait Augustin Thierry à l'Académie des inscriptions et belles-lettres.

Il avait trente-trois ans, et était déjà parvenu à la gloire et à la célébrité à l'âge où d'autres, ayant travaillé plus que lui, ayant des mérites plus sérieux, sont encore dans l'obscurité et le découragement des premiers essais, des difficultés du début. Un insolent bonheur entourait le rénégat et la vie s'offrait à lui souriante et couronnée de roses. Membre de l'Université, il ne connut pas les obscurs labeurs du professorat. Il n'occupa une chaire de philosophie que pendant deux mois, en 1849, au Lycée de Versailles, où il suppléa son ami M. Bersot. Celui-ci en était à la partie du cours qui concerne la *Théodicée*. Renan ne voulut point ou n'osa point alors aborder un enseignement de ce genre : pour étaler ses paradoxes et ses impiétés, il lui fallait un autre milieu. Il fit un cours d'esthétique et réserva ses affirmations hétérodoxes pour le Collège de France où dès lors il songeait à s'asseoir.

Dans le but d'acquérir la réputation de savant nécessaire pour satisfaire cette ambition, il publia successivement : *Histoire générale et systèmes comparés des langues sémitiques*, en 1855 ; les *Études d'Histoire religieuse*, en 1857 ; *De l'origine du langage*, en 1858 ; *Essais de morale et de critique*, une traduction en prose rythmée du livre de Job, le *Cantique des Cantiques*, traduit de l'hébreu avec une étude, et *Nouvelles considérations sur le caractère général des peuples sémiti-*

ques, *et en particulier sur leurs tendances au monothéisme*, en 1859 (1). Plusieurs de ces volumes étaient composés d'articles séparés qui avaient paru dans diverses revues. Renan les rattachait les uns aux autres comme il pouvait et en brassait des volumes.

De tous côtés il trouvait des sourires et des encouragements. M. Egger le guidait dans sa reprise des études classiques ; M. Burnouf « l'adoptait comme son élève » ; M. Augustin Thierry (4) était pour lui « un vrai père spirituel ». Tout le monde de la libre-pensée sentait bien quelle bonne recrue venait d'arriver à la rescousse, et chacun s'ingéniait à aplanir les voies devant les pas du néophyte de l'irréligion.

III

En dehors des amitiés que ses tristes idées lui amenaient, l'ancien séminariste vivait avec sa sœur

---

(1) On lit dans le Larousse, à l'article Renan :
Ces travaux fort remarquables, surtout par la beauté et le charme du style valurent à M. Renan une grande notoriété dans le monde des lettres, et si ses idées philosophiques prêtaient un large flanc à la critique, si *la profondeur de son savoir comme philologue était contestée*, on ne pouvait du moins lui refuser de joindre à la finesse un peu flottante des aperçus, une forme d'une rare élégance.

(4) Mgr Perraud, dans sa brochure *A propos de la mort et des funérailles de M. Ernest Renan* met éloquemment en parallèle les sentiments de Renan et ceux du grand historien, dont le magnifique exemple de probité littéraire aurait bien dû inspirer un peu mieux le jeune disciple.

un roman vraiment touchant. Et l'on se prendrait à les admirer tous deux, dans l'épanchement de leur âme si l'on ne songeait à l'œuvre néfaste qu'ils édifièrent dans une collaboration quotidienne de dix années.

Depuis 1840, Henriette Renan était, comme nous l'avons dit, institutrice en Pologne. Elle avait aidé son frère de ses secours matériels, elle avait payé les dettes de son père et avait en outre quelques jolies économies. Renan était sorti des aridités de la première heure et marchait rapidement au succès. Le frère et la sœur eurent la pensée de se réunir. « En septembre 1850, dit Renan, j'allai la rejoindre à Berlin. Ces dix années d'exil l'avaient toute transformée. Les rides de la vieillesse s'étaient prématurément imprimées sur son front ».

Ils vinrent ensemble à Paris et louèrent un appartement au fond d'un jardin, près du Val de grâce. Mlle Renan prit naturellement la direction du ménage et sut faire à son frère une maison où rien ne manqua jamais. Elle y apportait d'ailleurs sa contribution matérielle, car, sous le pseudonyme de Mlle de Gaindy, elle collaborait à divers recueils d'éducation.

Elle devint aussi la collaboratrice assidue de son frère.

Son respect pour mon travail, a écrit celui-ci, était extrême. Je l'ai vue, le soir, durant des heures à côté de moi, respirant à peine pour ne pas m'interrompre ; elle voulait cependant me voir, et toujours la porte qui séparait nos deux chambres était ouverte. Son amour était arrivé à quelque chose de si discret et de si sûr, que la communion secrète de nos pensées lui suffisait. Elle, si exigeante de cœur, si jalouse, se contentait de quelques minutes par jour, pourvu qu'elle fût assurée d'être seule aimée.

Mais elle ne se contenta pas d'admirer ; elle pénétra plus intimement l'œuvre de l'écrivain et à cette époque elle exerça sur lui une véritable influence. Dans l'opuscule qu'il a consacré à la mémoire de cette sœur, Renan fait le tableau de leurs travaux en commun :

Elle était pour moi un secrétaire incomparable ; elle copiait tous mes travaux et les pénétrait si profondément que je pouvais me reposer sur elle comme sur un index vivant de ma propre pensée. Je lui dois infiniment pour le style.
Elle lisait en épreuves tout ce que j'écrivais, et sa précieuse censure allait chercher avec une délicatesse infinie des négligences dont je ne m'étais pas aperçu jusque-là. Elle s'était fait une excellente manière d'écrire, toute prise aux sources anciennes, et si pure, si rigoureuse, que je ne crois pas que depuis Port-Royal on se soit proposé un idéal de diction d'une plus parfaite justesse. Cela la rendait fort sévère ; elle admettait très peu des écrivains de nos jours, et quand elle vit les essais que j'avais composés avant notre réunion et qui n'avaient pu arriver jusqu'à elle en Pologne, ils ne lui plurent qu'à demi. Elle en partageait la tendance, et en tous cas elle pensait que dans cet ordre de pensées intimes, exprimées avec mesure, chacun doit donner ce qui est en lui avec une entière liberté. Mais la forme lui paraissait abrupte et négligée ; elle y trouvait des traits excessifs, des tons durs, une manière trop peu respectueuse de traiter la langue.
Elle me convainquit qu'on peut tout dire dans le style sim-

ple et correct des bons auteurs, et que les expressions nouvelles, les images violentes viennent toujours ou d'une prétention déplacée, ou de l'ignorance de nos richesses réelles ; aussi, de ma réunion avec elle, date un changement profond dans ma manière d'écrire. Je m'habituai à composer en comptant d'avance sur ses remarques, hasardant bien des traits pour voir quel effet ils produiraient sur elle, et décidé à les sacrifier si elle me le demandait.

Mais l'affection d'une sœur, quoique profonde, ne pouvait suffire à celui qui dès le plus jeune âge avait eu le penchant le plus vif pour le beau sexe. Nous avons déjà parlé de ses petites amies de Tréguier. On pourrait trouver çà et là dans les ouvrages du philosophe épicurien le nom des femmes à qui il a offert des hommages ; la liste en serait longue.

« Je fis de très bonne heure la sélection des jolies personnes, a-t-il dit lui-même. Le lendemain de notre installation à Lannion (j'avais alors sept ans), on m'envoya faire une commission chez une tante qui était pour nous d'une grande bonté ; nous avions là deux cousines, qui se lièrent bientôt avec ma sœur Henriette. Je fis ma commission tout de travers, j'avais tout oublié. « Voyons, qui as-tu vu ? Adèle ? Alexandrine ? » Je ne savais pas encore distinguer mes deux cousines par leur nom. Je répondis « la jolie (1) ».

Nous ne savons si Cornélie Scheffer, la mère du peintre renommé, était « jolie » et si elle dut à sa beauté le rare (?) privilège de fixer l'attention de l'ancien séminariste. Toujours est-il que Renan, qui avait

---

(1) *Feuilles détachées*, p. 84.

été introduit dans cette famille par Augustin Thierry, demanda et obtint la main de la jeune fille. Mais l'amitié de la sœur, exigeante, faillit tout rompre. Elle donna son consentement au mariage rêvé par son frère, mais elle signifia qu'elle quitterait la maison le jour où une autre femme y entrerait.

Renan, ne voulant point briser le cœur d'une sœur qui avait toujours été si bonne pour lui, renonça à la main de Melle Scheffer. Mais Henriette Renan comprit aussitôt qu'elle n'avait pas le droit d'exiger un pareil sacrifice et elle alla elle-même chercher la fiancée.

Elle fit plus: elle établit le jeune ménage avec ses vieilles économies et lui procura ainsi une vie aisée et joyeuse dont elle prit sa part.

Elle continuera de vivre dans l'admiration de son frère jusqu'à ce qu'elle meure pour lui, pour ainsi dire, sur la terre palestinienne ; jusqu'à son dernier soupir elle travaillera à la gloire et au bonheur de celui qu'elle a aimé. Mais combien il serait préférable, pour la mémoire de cette femme, qu'elle eût employé ses incontestables qualités d'esprit, de dévouement et de caractère, à relever la foi de son frère, à le diriger comme elle avait fait au début dans la carrière sacerdotale, et à faire de lui un prêtre de vertu et de génie, qui aurait bien servi Dieu, l'Eglise et sa Patrie, au lieu de l'écrivain délétère et funeste qu'il a été !

CHAPITRE IV

Les premières batailles.

I

Pour consacrer sa gloire naissante, Renan jugea bon de se faire déléguer pour une exploration scientifique. Grâce à Mme Cornu qui le présenta à l'empereur, et lui obtint les bonnes grâces de la famille souveraine, le jeune membre de l'Institut fut envoyé en Phénicie, aux environs de l'ancienne Byblos, sur les bords du fleuve Adonis, dans ce pays célèbre par le culte qu'on y rendait à celui qui avait été aimé de Vénus. Nous dirons plus loin pourquoi il choisit ce pays de préférence à un autre.

Il partait avec tous les avantages attachés à la personne d'un explorateur officiel : le gouvernement avait mis à son service tous les moyens matériels qui pouvaient l'aider dans son entreprise, y compris le concours de nos agents diplomatiques et consulaires, et celui des officiers de notre escadre du Levant; il semble qu'une diabolique malignité ait voulu faire concourir le gouvernement d'alors, le gouvernement hypocrite de Napoléon III, à l'œuvre de haine qui allait s'édifier là contre le christianisme.

Car Renan n'avait pas seulement pour but d'explorer la terre d'Adonis, il voulait parcourir la Palestine, étudier le cadre dans lequel s'était déroulée la vie du Christ, et vivre sous le ciel où le christianisme avait pris naissance. Ces diverses choses le passionnèrent plus que les découvertes à faire dans la terre d'Adonis ; ces découvertes en effet n'étaient pas fort difficiles, ayant été déjà faites quelques années auparavant.

Il parcourut donc toute la Palestine, et l'été venu, il s'installa à Ghazir, avec sa sœur qui l'avait accompagné dans sa mission scientifique. Mme Renan avait été aussi du voyage, mais au bout de six mois elle avait dû rentrer en France pour faire ses couches.

Le frère et la sœur travaillaient de concert, comme autrefois dans leur mansarde parisienne. Henriette Renan était toujours la sœur dévouée, tendrement aimante que nous avons connue. Les idées de son frère étaient sacrées pour elle, et elle s'inclinait avec une sorte de respect devant les décisions du jeune savant. Mais ce n'était pas toujours sans amertume cependant : il y eut entre eux de vives discussions et l'écho en est venu jusqu'à nous par les écrits mêmes de Renan, par cette dédicace de la *Vie de Jésus* qu'on a tant admirée ; qu'on la relise avec soin, et on verra que les « questions fines et délicates, » les « douces objections » de la sœur ont plus d'une fois embarrassé le frère.

Mlle Renan était, en vérité, fort inquiète de l'œuvre de son frère. Elle lui dit plus d'une fois que c'était fort mal de soulever des questions qui attaquaient la base de la société ; et qu'au lieu d'employer son talent à saper cette base, il ferait mieux de l'employer à la consolider, dans des temps surtout où le manque de solidité sociale ne provenait certainement que du manque de foi (1). »

Peut-être aussi cette sœur, qui avait tant de cœur et de bon sens, sentait-elle toute l'infamie qu'il y avait à écrire la *Vie de Jésus* sur cette terre où tout redisait la divinité du Christ. Là, Renan et sa sœur ne pouvaient pas faire un pas sans rencontrer le souvenir des miracles que l'Homme-Dieu avait semés à chaque détour du chemin, sans entendre la voix lointaine des prophètes qui à chaque page des livres sacrés — écrits sur ces rivages — annoncent la venue du divin Messie. La voix des ancêtres n'était pas moins éloquente : dans ces campagnes, sur ces collines, au milieu de ces vallons, étaient tombés les chevaliers des croisades, des Français qui n'avaient été emportés vers le Liban que pour faire un acte solennel de foi devant le monde et les siècles. Et le soir quand, fatigué des compositions du jour, l'écrivain conviait sa sœur, lasse aussi sans doute des transcriptions qu'elle avait faites, à converser doucement, sous le ciel brillant encore, même après le départ du soleil, et sous l'aimable courant de la brise embaumée, ils entendaient la cloche des monastères et des villages retentir non-seulement comme un soupir, comme un cri de la terre vers le Ciel, mais encore pour une profession de foi à la divinité du Christ.

Si Renan a jamais eu quelques convictions chré-

---

(1) *La Vie de Renan*, par M. Marrot, p. 72.

tiennes, de quels scrupules n'aurait-il pas dû être assiégé quand, au milieu d'un tel panorama, il s'efforçait de détruire la base même du christianisme ?

Cette vie dura plusieurs mois. Mais tout à coup elle cessa : les deux explorateurs étaient atteints en même temps de la fièvre pernicieuse et plongés ensemble dans le sommeil de l'agonie. Henriette Renan fut bientôt à la dernière extrémité. Plusieurs fois elle appela le **prêtre** ; un moine maronite accourut, mais la pauvre fille n'était déjà plus. On lui fit cependant des funérailles chrétiennes.

Quand Renan reprit ses sens, sa sœur était déjà dans le cercueil.

— Vous l'avez enterrée trop tôt, s'ecria-t-il. Elle dormait peut-être comme moi ; elle doit peut-être dormir encore.

II

La mort de sa sœur laissait Renan seul sur la terre d'Asie. Abandonné de son bon génie, il se hâta vers la France. D'ailleurs il avait achevé le chemin qu'il s'était tracé. Sa palette était garnie de riches couleurs qui lui permettraient de brosser les descriptions de la *Vie de Jésus*, et il avait suffisamment exploré la terre d'Adonis pour reconnaître qu'elle avait été bien étudiée et bien décrite par le savant P. Bourquenoud, dont les notes avaient inspiré et dirigé tout le voyage de Renan.

Car cette fois encore Renan avait voulu profiter des travaux d'autrui. Le P. Bourquenoud et le P. Dutau, orientalistes distingués, avaient, en effet, visité la terre d'Adonis en 1857 et y avaient fait des découvertes qui intéressèrent le monde de l'érudition. Le P. Bourquenoud préparait un mémoire qui devait être remis à l'Institut. Renan en avait entendu parler, avait été assez habile pour obtenir communication, par voie détournée, des notes du bon jésuite, et, lorsqu'il avait été bien préparé, il s'était fait déléguer par le gouvernement français pour aller faire des découvertes déjà faites par d'autres. Ce ne lui fut pas trop difficile, car il n'eut qu'à suivre la route tracée par son devancier. Les jalons étaient bien posés et, à moins d'être un aveugle ou un parfait imbécile, il fallait absolument mettre le nez sur les choses intéressantes trouvées et signalées par le P. Bourquenoud. Renan alla très vite à faire ces découvertes.

Il publia ses premières observations dans le *Moniteur*, à la fin de février 1861. Il faut même croire qu'il alla trop vite, ou qu'il avait mal pris ses notes avant de partir, car dans le compte-rendu de ces prétendues découvertes, il commit de grosses erreurs, des erreurs qui auraient dû à jamais obscurcir son titre de savant, si l'impiété n'avait point eu intérêt à le faire miroiter, malgré tout, aux yeux des badauds étonnés.

Entre autres erreurs, Renan se trompait grossièrement sur le site de plusieurs villes. Il prétendait retrouver Palœtyr sur les bords de la Qasmiyeh, à une lieue et demie au *nord* de Tyr, quand Strabon, qui devait le savoir un peu mieux que Renan, place cette ville au *sud*.

Il en était de même de Palœbyblos, la vieille citadelle

du culte d'Adonis : Renan la voyait au *nord* du fleuve Adonis, tandis qu'elle est placée au *sud* par les seuls auteurs de l'Antiquité qui en parlent, Strabon, Pline, et la *Table de Peutinger*. Renan a d'ailleurs le talent de faire voyager les villes : dans la *Vie de Jésus*, en parlant de ce *bon Zachée,* il a trouvé moyen de transporter Jéricho jusqu'au centre de la Galilée (1).

De pareilles erreurs, et bien d'autres qu'il serait trop long de signaler amusaient le P. Bourquenoud. Mais à côté des erreurs, il y avait des choses vraies, et le Révérend Père s'apercevait de jour en jour que les trouvailles de Renan ressemblaient singulièrement à ses propres découvertes.

Et pour s'en assurer la propriété, pour ne point laisser le geai se parer de ses plumes, le P. Bourquenoud s'en fut, avant le retour du finaud explorateur, présenter son manuscrit à l'Académie des Inscriptions et Belles-Lettres. Le 28 Septembre 1861, ce manuscrit fut *daté, signé* et *paraphé* au recto et au verso de chaque feuillet, et marqué du sceau de l'Institut; et M. Wallon remercia le P. Bourquenoud, au nom de l'Académie, lui garantissant ainsi la propriété légitime et la *priorité* de ses découvertes.

Cette précaution ayant été prise à l'insu de Renan, celui-ci continua de chanter dans le *Moniteur*, comme il l'avait fait déjà avant son retour en France.

Des gens malavisés, qui étaient au courant de tout, le prièrent de ne pas chanter si fort, sous prétexte que cela leur faisait mal à la tête, toutes les fois qu'ils en-

---

(1) Cette erreur fut corrigée dans les dernières éditions.

tendaient chanter faux. Et à l'Institut, les collègues du voyageur furent joliment embarrassés par la remise de son mémoire, qui ressemblait trop à celui du P. Bourquenoud, et qui lui donnait de suite la réputation de plagiaire.

La situation était tendue. Tout venait mal à propos au pauvre Renan. Après la suspension de son cours au collège de France, il avait, dans une solennelle séance de l'Institut que nous racontons plus loin, amassé autour de sa tête une tempête de rires, et les bévues de la *Vie de Jésus* menaçaient de compromettre sa réputation de savant. Pour l'achever on lui contestait ses découvertes en Orient!

Renan se défendit. Le *Figaro* (1) publia une lettre *anonyme* d'un soi-disant ami de Renan, que tout le monde prit pour lui-même. Dans cette lettre on soutenait que ces découvertes, n'ayant point été publiées, ne signifiaient rien.

« Priorité de publication, disait-on, priorité de découverte.

» C'est la loi et les prophètes, cette maxime ayant l'autorité souveraine de la chose définitivement jugée. On n'en a pas invoqué d'autres pour Leibnitz contre Newton, pour Champollion contre Joung, et il n'y en a pas d'autre en effet.

» Et sans cela, où en serions-nous, mon Dieu ?

» Faites la découverte la plus importante ou la plus insignifiante, et à l'instant vous aurez à vos trousses (cela ne manque jamais) une meute de cinq ou six savants jésuites qui aboyeront après vous et vous démontreront que vous n'êtes qu'un vil plagiaire.

(1) Année 1863, n° 880.

Cela est si universel qu'on n'y fait plus attention. La race des savants jésuites est indestructible; mais depuis le savant Scott, le savant Scaliger, le savant Saumaise, elle n'a plus de dents ».

Quand le *Figaro* quelques jours plus tard, révéla au public que le manuscrit du *savant jésuite* avait été déposé à l'Institut longtemps avant celui de Renan, les rieurs ne furent point du côté de ce dernier, et cette affaire ne rétablit point le prestige que d'autres algarades lui avaient enlevé.

D'autres que le P. Bourquenoud avaient contribué au succès de cette mission en Phénicie. M. G. d'Orcet, qui s'était établi en Orient depuis plusieurs années, aida Renan de ses conseils et de son savoir. Et celui-ci avait promis à son Mentor, comme marque de reconnaissance, de lui faire donner une mission en Phénicie, l'année suivante, pour découvrir de nouveaux trésors archéologiques. Au lieu de tenir cette promesse, Renan fit envoyer en Orient, MM. de Voguë, Waddington et Duthoit (1), en invitant M. d'Orcet à s'associer à eux. « J'avais pourtant fait part à M. Renan, a dit celui-ci, de la situation de fortune dans laquelle je me trouvais et des espérances que je fondais sur mes explorations scientifiques. Il était pauvre, il aurait dû comprendre que les gueux doivent s'aimer entre eux et ne point s'ôter le pain de la bouche ».

M. d'Orcet, en quittant l'Orient, alla voir M. Peretié et lui raconta ce qu'il avait fait pour Renan.

(1) J'avais assez vu M. Renan, écrit M. d'Orcet, pour savoir que comme archéologue, il ne pouvait m'éclipser.

« Avez-vous été jeune, répondit le doyen des archéologues Syriens. Moi, j'ai gardé pour moi ce que je savais.

Aussi M. Renan n'a rien trouvé, et il serait revenu parfaitement bredouille si Gaillardot (1) ne lui avait fait avoir les sarcophages de Saïda, qu'il a rapportés au Louvre. Encore est-ce parce qu'ils ne sont pas assez intéressants pour que je daigne me les réserver. Je n'ai pas besoin de l'intermédiaire de M. Renan pour enrichir le Louvre.

Des missions comme la sienne ne sont organisées que pour enlever le fruit de leurs travaux à de modestes savants comme vous et moi. Ce sont de véritables pirateries scientifiques (2).

Voilà comme les vrais savants traitaient cet explorateur qui n'avait pas plus de probité scientifique que d'honnêteté littéraire, et qui s'appropriait sans vergogne les fruits du labeur d'autrui.

III

Ce n'étaient ni ses tours de passe-passe en Orient, ni les humbles réclamations d'un jésuite qui pouvaient arrêter Renan dans son essor vers la gloire. Quand les partis ont intérêt à grandir ou à perdre un homme, le destin de celui-là est fatal et il ne peut échapper aux situations où le poussent ceux qui ont besoin de lui.

A son retour d'Orient, Renan fut bien reçu à la cour

---

(1) Vice-consul de Saïda.
(2) *Revue britannique*, 25 octobre, 92.

impériale, dominée alors par les ennemis du pape et du christianisme. L'explorateur, paré de la gloire d'autrui fut invité à Compiègne, et l'empereur daigna lui manifester lui-même l'intérêt qu'il prenait à ses travaux. Dès lors aussi Renan était un des familiers de la princesse Mathilde et du prince Napoléon: il se complaisait dans la société de ce dernier et les âmes de ces deux sceptiques étaient attirées par leur mutuelle laideur.

Au bout de peu de temps (1), il fut appelé à occuper la chaire d'hébreu au collége de France, laquelle était vacante depuis la mort de M. Quatremère, dont M. Renan avait suivi les leçons autrefois. Cette nomination fit grand bruit. Le nom du nouveau professeur commençait à être bien connu en France. Ses précédents travaux, son voyage en Orient, la *Vie de Jésus* qu'il préparait, tout cela attirait sur lui l'attention publique et excitait à son égard mille sentiments divers. On le discutait passionnément. Les uns ne tarissaient pas d'éloges sur son talent, d'autres niaient sa science ou la mettaient en suspicion. Les ennemis politiques de l'Empire n'étaient pas les moins acharnés contre lui. Il avait jusque-là donné des gages aux radicaux et aux socialistes; en acceptant de devenir fonctionnaire du gouvernement impérial, il semblait les trahir et reculer en arrière. Clémenceau et Rochefort étaient particulièrement irrités contre lui. D'un autre côté de vilains bruits circulaient sur ses intentions.

(1) Dès son retour, il avait été nommé chevalier de la Légion d'honneur.

On disait que ce cours de langues sémitiques serait moins un cours de linguistique et de philosophie qu'un cours d'exégèse et d'apologétique, selon la manière préconisée par le nouveau professeur. L'émotion était vive chez les catholiques.

En signant le décret de nomination de Renan, le ministre de l'Instruction publique avait bien stipulé que la chaire des langues hébraïque, chaldaïque et syriaque du collége de France, était une chaire scientifique et non une chaire théologique. Et plus tard, à cause de cet entretien où Renan était tombé d'accord avec le ministre, le *Constitutionnel* l'accusera d'avoir manqué à sa parole. Renan s'en défendra en prétextant « qu'un professeur a le droit de traiter librement, au point de vue de l'historien, du littérateur, du philologue, du savant, toutes les questions amenées par le sujet du cours (1) ». Le renard avait plus d'un tour dans son sac, on le savait, et on attendait avec anxiété la leçon d'ouverture, qui prenait ainsi les proportions d'un événement intéressant tout Paris et même toute la France.

Ce fut le 21 février 1862 qu'eut lieu cette fameuse leçon d'ouverture. Amis et ennemis s'y étaient rendus en grand nombre et la salle était bondée. Les ennemis de l'Empire étaient fort animés : ils ne pouvaient pardonner à Renan d'avoir été à Compiègne

— Il va nous dégueuler le déjeûner de Compiègne, s'écriaient-ils avec fureur.

— Enfin, disaient d'autres, pourquoi M. Renan, va-

(1) Lettre au *Constitutionnel*, 23 février 1862.

t-il à Compiègne lui, le chevalier du libre esprit? Il n'a donc pas senti l'affront du 2 décembre ; des ouvriers l'ont ressenti, des bourgeois l'ont ressenti et lui il a donc « le foie blanc, il a donc de l'eau au lieu de sang rouge et chaud dans le cœur, comme dit Shakspeare ? »

« L'heure arrive, raconte un ami de Renan, l'auditoire s'installe, un silence précurseur de la tempête règne dans cette salle peuplée de têtes disparates. Les yeux sont fixes, ardents. Une porte s'ouvre, M. Renan paraît. Silence de sépulcre, puis invisible mouvement comme si chaque combattant préparait son arme en secret....

» Son entrée ne lui gagna pas les cœurs, il n'en imposa ni par la bravade, ni par la fulgurante majesté d'une sculpturale attitude. Hélas ! M. Renan ne paie pas et dédaigne de payer de mine.

» Il entre, il s'assied, il s'apprête à parler. Aussitôt de gros sous lui sont jetés et pleuvent devant lui. C'est de l'auditoire que part ce projectile infamant dont le professeur est assailli.

» M. Renan, sur la sellette, criblé de gros sous, ne perdit en rien sa présence d'esprit (1)...

Au milieu des huées et des vociférations des uns, des vivats et des acclamations des autres, il fit son cours (2) ou plutôt il prit plaisir à braver toutes les colères en imposant ses théories sur le christianisme, sur Dieu, sur la providence.

(1) *Revue littéraire et artistique* 15 déc. 1881.
(2) Ce cours était imprimé avant d'être professé. La brochure porte ce titre : *De la part des peuples sémitiques dans l'histoire de la civilisation*.

« C'est le privilège et le danger des études sémitiques, dit-il, de toucher aux problèmes les plus importants de l'histoire et de l'humanité. Le libre esprit ne connaît pas de limites, mais il s'en faut que l'espèce humaine tout entière soit arrivée à ce degré de contemplation sereine, où l'on n'a pas besoin de voir Dieu dans tel ordre particulier de faits, justement parce qu'on le voit en toutes choses ».

Ce fut une nouvelle édition des idées émises dans les livres et les articles que Renan écrivait depuis quinze ans. Il tomba dans le défaut qui lui était habituel, celui de se copier lui même. Il y a eu dans son discours bon nombre de phrases que savaient par cœur ceux qui avaient lu ses écrits. Il n'y eut donc rien de bien nouveau dans cette fameuse leçon d'ouverture. Renan avait souvent dit ce qu'il répétait ce jour-là, mais en ce 21 février 1862, il était dans une chaire du Collège « impérial », comme on disait alors; il représentait l'enseignement officiel et l'on comprend que la France chrétienne se soit émue de l'entendre nier ouvertement, dans un cours public, la divinité de Celui qu'elle adore. Car la négation de la divinité du Christ, tel fut le fond même du discours de Renan, malgré les formes polies sous lesquelles il adoucit l'expression de sa pensée (1).

L'opinion publique ne s'y trompa point et les cla-

---

(1) Il dit exactement : « Un homme incomparable — si grand que, bien qu'ici tout doive être jugé au point de vue de la science positive, je ne voudrais pas contredire ceux qui, frappés du caractère exceptionnel de son œuvre l'appellent Dieu... »

meurs indignées furent telles que le gouvernement impérial se hâta de suspendre un cours aussi compromettant. Dès le 27 février, le *Moniteur* l'annonçait en ces termes :

« Le Ministre de l'Instruction publique et des Cultes a rendu l'arrêt suivant :

« Attendu que dans le discours prononcé au collège impérial de France, pour l'ouverture des cours de langues hébraïque, chaldaïque et syriaque, M. Renan a exposé des doctrines qui blessent les croyances chrétiennes et qui peuvent entraîner des agitations regrettables.

Arrête ce qui suit :

Art. 1er — Le cours de M. Renan, professeur de langues hébraïque, chaldaïque et syriaque au Collége Impérial de France est suspendu jusqu'à nouvel ordre. (1)

Art. 2. — L'administration du Collége Impérial de France est chargée de l'exécution du présent arrêté.

Fait à Paris, le 26 février 1862.

ROULAND.

(1) *Gustave Janicot*, directeur de la *Gazette de France*, faisait remarquer avec raison qu'il aurait mieux valu d'abord ne pas nommer M. Renan.

« M. Renan, dit-il (*Gazette de France* du 28 février, 1862) pourra trouver peut-être sévère cette suspension de son cours après une seule séance. Il ne comprendra pas, sans doute, comment après l'avoir choisi, lui, dont les doctrines anti-chrétiennes sont très bien connues, on peut lui adresser le reproche d'avoir fait un exposé de doctrines qui blessent les croyances chrétiennes. L'arbre a produit son fruit.

L'affiche suivante était aussitôt apposée à la porte du Collège de France :

« En vertu d'un arrêté de S. E. le ministre de l'Instruction publique en date du 16 février 1862, le cours de M. Renan est suspendu jusqu'à nouvel ordre.

L'administrateur du Collège de France,

Stanislas Julien.

La mobile jeunesse des écoles qui, huit jours plus tôt sifflait Renan avec un merveilleux entrain, se laissa complètement retourner ce jour-là. Bientôt un immense rassemblement se formait et on allait sous les fenêtres de Renan l'applaudir. La foule parisienne ne résiste jamais aux plaisirs d'une manifestation, surtout quand elle est dirigée contre le pouvoir. La portée des applaudissements dont Renan tira vanité ce jour-là, n'est pas bien grande. Ce qu'il est plus important de connaître c'est l'opinion des journaux.

Il est original de la connaître par Renan, dans une lettre encore inédite jusqu'à ce jour, qu'il écrivait à M. Athanase Coquerel fils, pasteur de l'Eglise réformée et rédacteur en chef du journal le *Lion*. La voici en entier :

Paris, 11 mars, 1862,

Cher monsieur et ami,

Certes aucun jugement ne m'eût été plus cher que le vôtre, car je ne vois personne avec qui je suis en plus parfaite communion que vous et ceux qui vous ressemblent.

Mais le motif que vous me donnez du silence du *Lion* m'afflige bien plus vivement. Quel temps et quel pays!

Je ne connais d'autre brochure, parue à propos de mon cours que celle d'un M. Hello, que je vois affichée sur les murs, mais que je n'ai pas lue.

Le meilleur article a été celui de Prévost-Paradol. La *Gironde* de Bordeaux a donné aussi une très bonne correspondance. Neffzer a eu quelques bonnes idées, entre autres, pour prouver que j'avais parlé du Christ comme les Juifs du Nouveau Testament eux-mêmes, il y a ajouté des réticences personnelles dont j'aurais droit d'être blessé, si j'avais l'amour-propre susceptible. Le *Constitutionnel* a été menteur et perfide, sous l'inspiration de M. Rouland (j'en ai presque la certitude) Le *Pays* a cherché à établir une double thèse : que le gouvernement a été *libéral* en me nommant, mais *conservateur* en me suspendant.

La *Patrie* a soutenu que ma suspension était un grand acte en *faveur* de la liberté de conscience, et que si M. de Montalembert se permettait, dans une chaire de l'Etat, d'attaquer le judaïsme, il faudrait aussi le suspendre.

Mais je m'arrête dans ce catalogue indéfini de sottises. L'Empereur m'écrit de m'entendre avec le ministre de l'instruction publique pour revenir prochainement.

Je ferai une ou deux leçons avant Pâques sauf nouvel incident.

Croyez, monsieur et ami, à ma profonde et toute spéciale amitié.

RENAN.

Comme on le voit, Renan n'était défendu que par ce qu'il y avait de mauvais dans la presse d'alors. Tout ce qui était simplement honnête comprenait que le maintien du cours de Renan aurait été une suprême injure aux croyances de millions de Français. La libre pensée semble l'avoir compris elle-même, car elle n'osa pas trop réclamer. Elle se contenta seulement de tenter une dérivation de l'orage : un moment l'on prêta au gouvernement l'intention de fermer quelques maisons de jésuites et de dominicains pour ne point paraître avoir cédé aux exigences cléricales en suspendant le cours de Renan. Il ne tomba point, heureusement à cette désolante faiblesse.

Peu à peu le bruit fait autour de cet évenement s'apaisa. La brochure de Renan intitulée : *La chaire d'hébreu au Collège de France. — Explications à mes collègues*, n'expliqua point des hardiesses qui étaient inexplicables et ne satisfit personne. Une des principales raisons de Renan pour légitimer ce qu'il avait fait consistait à dire qu'on n'aurait point blâmé Burnouf, le professeur de sanscrit, s'il n'avait point reconnu à Çakya-Mouni les « attributs transcendants que ses disciples lui prêtent. » Et il prétendait que le professeur d'hébreu devait être aussi libre avec la Bible que Burnouf l'était avec le code de Manou. Si les catholiques s'en blessaient, ils avaient tort, voilà tout.

La croyance de trente millions de Français est assimilée à la religion bouddhiste dans un pays où il n'y a pas deux cents sectateurs de Bouddha. N'est-ce pas le comble du sans-gêne et de l'illogisme ?

Un autre point fort curieux de la brochure est celui où Renan expose ses idées sur le surnaturel et le miracle. Admettre la divinité de Jésus-Christ, c'est reconnaître le surnaturel. Or, d'après Renan « le principe essentiel de la science, c'est de faire abstraction du surnaturel... Il n'y a pas un seul cas de miracle prouvé. De là cette règle inflexible, base de toute critique, qu'un événement donné pour miraculeux est nécessairement légendaire. »

Nous verrons Renan mettre constamment cette théorie en pratique dans l'*Histoire du peuple d'Israël* et dans l'étude sur les *Origines du Christianisme*. Notre cadre ne nous permet pas de réfuter longuement cette doctrine (1) que Renan a répétée dans la plupart de ses ouvrages : elle a eu tous les succès des doctrines absurdes et ridicules. L'exégète a fait bien rire en énumérant les conditions qu'il aurait exigées pour la simple constatation d'un fait miraculeux, et en prétendant que si l'on admet le miracle on détruit le calcul, la météorologie, la médecine, la physiologie et l'histoire !

La brochure où Renan défendait sa cause avec d'aussi piètres arguments ne changea rien à l'état de choses créé par le décret de M. Rouland. Le cours d'hébreu demeura suspendu, mais non supprimé. Renan ne dut pas trop s'en plaindre : il était professeur sans avoir de cours à faire, il touchait sans peine de bons émoluments et il pouvait consacrer tout son temps à la préparation de la *Vie de Jésus*, et à en « éteindre le style, » selon ce qu'il racontera plus tard dans ses *Souvenirs d'enfance et de jeunesse*.

---

(1) Renan a été souvent réfuté. Cf. Jean Loyseau, *Lettres sur la vie d'un nommé Jésus* ; l'abbé Cognat, *M. Renan, hier et aujourd'hui* ; les *Etudes religieuses*, année 1862.

IV

La *Vie de Jésus* fut mise en vente le 24 juin 1863. Dès l'apparition du livre, la franc-maçonnerie applaudit et mena campagne pour émouvoir l'opinion publique. Tous ses organes durent donner à la fois. La *Revue des Deux-Mondes*, et le *Journal des Débats*, qui s'honoraient de la collaboration de Renan, furent naturellement au premier rang dans la circonstance. Aux *Débats* ce fut S. de Sacy qui se chargea de louer le nouvel hérésiarque. Il fit ce qu'il put, mais son honnêteté naturelle le mit en rébellion contre ses désirs mêmes. Nous relevons dans son article les passages suivants :

« Un certain vague, qui n'est pas sans charme et sans grandeur, plane sur les idées et sur les phrases de M. Renan. C'est une sorte de culte littéraire qu'il substitue pour ainsi dire au culte positif des simples croyants. J'aime mieux pourtant, quant à moi, la simplicité des vieux évangélistes ; leur candeur parle plus à mon âme. Ils m'inspirent confiance, précisément parce qu'ils ne sont pas si savants et si habiles. Je crois, en un mot, aux Évangiles de St Matthieu, de St Marc, de St Luc et de St Jean ; je ne crois pas à celui de M. Renan.....

..... Vous niez, soyez modeste. Si quelqu'un devait avoir le privilége du fanatisme, ce ne serait pas, je pense, ceux qui n'ont pas la foi (1). »

(1) *Journal des Débats* du 24 juin 1863.

Cela ne faisait point l'affaire de ceux qui escomptaient le livre de Renan comme une formidable machine de guerre contre le catholicisme. Aussi, deux mois plus tard, les *Débats* reviennent-ils sur la question par la plume d'Ernest Bersot, et publient-ils la recommandation suivante :

« ..... Il n'y a pas à le dissimuler, l'apparition de ce livre est un grave évènement. Quelle que soit sa valeur (1), il représente la libre critique appliquée au christianisme par un homme qui a une situation considérable dans la science.....

« Un autre fait augmente la gravité de cette publication. L'auteur n'est pas seulement un libre historien de la vie de Jésus, il est un historien attendri. Par là il rompt avec la tradition du XVIIIe siècle et marque l'esprit du XIXe dans la critique religieuse (2). »

L'outrance de l'éloge dithyrambique fut accentué surtout à la *Revue des Deux-Mondes*.

« Il y a des livres, s'écrie-t-elle, qui répondent à un besoin si profond des esprits, qui donnent, en paraissant, une satisfaction si pleine à quiconque a soif de vérité et de lumière, qu'après en avoir joui d'abord et après les avoir savourés, on se demande, par un retour inévitable, comment cela n'était déjà pas fait et déjà fait par un maître..... Ni Cousin,..... ni Michelet, ni Quinet, ni Victor Hugo, ni Mérimée, ni George Sand, ni Sainte-Beuve, n'ont osé écrire la vie de Jésus.

---

(1) On n'ose pas encore le donner comme un chef-d'œuvre ; mais cela viendra bientôt.
(2) *Journal des Débats* du 23 août 1863.

Parmi tous ceux-là, on s'étonne surtout que Michelet ne se soit point laissé tenter..... Cette histoire paraît aujourd'hui je n'ai pas besoin de dire avec quel éclat et au milieu de quelle attente... Quelles qualités étaient nécessaires à celui qui prétendait l'écrire! Il fallait un penseur, un esprit d'une largeur et d'une élévation sans limites, absolument dégagé... de toute tradition. Il fallait un savant, un érudit qui pût tout dire et qui eût tout lu, et lu avec les ressources de la critique philosophique. Il fallait savoir l'hébreu,... l'hébreu est la langue du Talmud. Il fallait une imagination de poète, et pourquoi ne le dirais-je pas, un esprit qui ne fût pas parisien. Il fallait peut-être, c'est M. Renan qui le déclare, avoir vécu dans le temple sous la robe même de Jésus et s'y être pénétré de foi. Mais aussi il fallait en être sorti, c'est lui encore qui le dit. Eh bien ! M. Renan est tout cela.

« M. Renan sait tout ce qu'on peut savoir, et personne n'a rien à lui apprendre... On ne peut trop redire qu'il n'y a pas moyen de faire à Renan une objection qu'il n'ait prévenue(1). »

L'effet de ces dithyrambes incendiaires combla de joie les amis et les patrons de Renan. Une fièvre inquiète de curiosité s'alluma à travers toute la France et le livre se vendit merveilleusement. En mai 1867, quatre ans après l'apparition du livre, treize éditions (2) de dix mille exemplaires chacune, étaient épuisées. Le livre, édité ensuite dans un format plus restreint, débarrassé de l'introduction et des notes incohérentes,

---

(1) Quand on se trouve en présence d'adulations aussi basses, on rit de bien bon cœur et cela soulage.
(2) Il s'agit là de la grande édition à 7 fr. 50 le volume. Renan touchait au moins 20 0/0 de droits d'auteur sur le prix fort. Ce n'était pas, on le voit, une mauvaise opération.

inonda les campagnes (1). La franc-maçonnerie organisa le colportage et les âmes simples de nos paysans furent d'autant plus facilement infectées par le poison, que ce poison était habilement dosé et revêtu des plus chatoyantes couleurs. Beaucoup de pauvres d'esprit n'y virent pas malice, et burent à longs traits la liqueur empoisonnée.

On a dit que le succès (2) de la *Vie de Jésus* avait été fait par les catholiques, et par leurs réponses à

---

(1) On en a vendu plus d'un million.
(2) « Ce succès, dit le P. Félix, avait été préparé de longue main et avec une habileté rare. Depuis un an, au moins, des bruits mystérieux circulaient, chuchotant aux oreilles toujours ouvertes du public parisien que le grand œuvre d'Ernest Renan allait bientôt paraître : c'était son chef-d'œuvre ; c'était le plus grand coup de massue de notre hercule anti-chrétien. La *Vie de Jésus* n'était pas encore sous les presses de M. Lévy ; elle s'élaborait à peine dans la forte tête de Renan que déjà elle galvanisait l'opinion. Elle allait toujours paraître, et elle ne paraissait pas : on l'attendait, et elle tardait à venir. Le gouvernement l'arrêtait, le gouvernement laissait passer ; l'administration s'y opposait ; l'administration ne s'y opposait pas. Encore deux mois, — encore un mois, — encore quinze jours. — C'est la semaine prochaine, — c'est demain, — c'est aujourd'hui ! Bref le jour fameux n'était pas encore levé, que déjà un chiffre fabuleux d'exemplaires retenus montait les têtes et surexcitait les désirs. Les libres-penseurs acclamaient l'œuvre encore environnée du prestige de l'inconnu ; les ricaneurs anti-chrétiens jouissaient d'avance du triomphe attendu ; et les chrétiens n'étaient ni moins curieux, ni moins impatients que tous les autres ; ils voulaient savoir ce qu'allait être le livre annoncé comme un de ces météores dont les astronomes ont prédit l'effrayante apparition ! » — *Etudes Religieuses*, 1864, p. 714.

Renan. Il est certain, que les nombreuses publications qui pleuvaient alors contre le blasphémateur n'ont pas peu contribué à lui donner de l'importance. Mais elles ne l'ont point fait connaître. Le complot des ennemis du Christ était bien formé et sans les innombrables mandements d'évêques qui les dénonçaient, ils se seraient couverts du manteau de la religion pour répandre encore bien plus le livre infâme dans le peuple. Le titre était très alléchant pour nos campagnes, pour le peuple simple des villes, pour toutes les catégories d'hommes qui font de la religion la principale de leurs préoccupations. Et ceux-là sont nombreux puisque les livres qui se sont les plus vendus en ce siècle sont des livres traitant de religion. Avec les livres de Renan, ceux qui ont été le plus lus, ce sont ceux de Lasserre sur Notre-Dame de Lourdes. N'est-ce pas une preuve évidente de la préoccupation religieuse, enthousiaste ou adverse qui agite les esprits à notre époque ?

Cela étant, il était nécessaire de prévenir les ignorants et les faibles. Et les mandements épiscopaux avaient dans l'occurrence une très grande autorité.

Là où l'on a eu tort, selon nous, c'est quand on a pris au sérieux le fantoche littéraire qui nourrissait la curiosité crédule du public avec ses fantasmagories décevantes. Une seule chose pouvait confondre Renan et ses partisans, c'était de leur jeter à la face tous les mensonges, toutes les erreurs, toutes les palinodies du triste adversaire de la divinité du Christ. La meilleure réponse à la *Vie de Jésus* fut le savant persiflage de Jean Loyseau (1). Si les catholiques avaient eu des chefs, s'ils avaient su obéir à un mot d'ordre, ils auraient publié la même chose dans leurs journaux, leurs revues, leurs livres. Au lieu de s'embarrasser en des réfutations savantes qui ne portent pas à cause de la fuyante stratégie de Renan, il aurait suffi de cueillir les plus grosses bévues du cuistre, de les étaler sur toutes les murailles de France et de crier au peuple : « Voilà le menteur, l'homme sans probité, l'exploiteur de textes, qu'on veut nous faire honorer comme un grand écrivain. Sachez ce qu'il vaut. » Cela aurait fait plus d'effet que les trois cent vingt et une brochures qui furent élaborées en trois mois contre la *Vie de Jésus* et lui donnèrent un assez beau piédestal. Et encore ne comptons-nous point dans le chiffre cité les charges dessinées et les parodies écrites depuis la *Vie de l'abbé Jésus* et la *Vie de Renan, suite à la Vie de Jésus* jusqu'aux *Mémoires d'un charpentier prophète, pour faire suite aux Mémoires d'un emballeur et d'un paveur en chambre* et jusqu'aux complaintes mordantes colportées dans les marchés à la suite des ballots de la *Vie de Jésus*. Une de ces complaintes, l'*Evangéliste Renan* (2) par un séminariste non défroqué, imitait la chanson de Marlborough :

   Renan s'en va-t-en guerre
   Mironton, mironton, mirontaine

---

(1) *Lettre sur la vie d'un nommé Jésus*, par Jean Loyseau, cordonnier ; Paris, Blériot, 1864.
(2) Paris, Challamel, in-4°, 1863.

Renan s'en va-t-en guerre
Tout droit contr' le bon Dieu

. . . .

Ne voyant plus de paille
Mironton, mironton, mirontaine,
Ne voyant plus de paille,
Dans la crèche de Jésus ;

A Béthléem il défaille,
Mironton, mironton, mirontaine ;
A Béthléem il défaille,
Et ne s'y reconnaît plus.

En Bretagne, aux environs de Tréguier surtout, l'émotion fut profonde et dans bien des poitrines grondèrent les fureurs de l'indignation. Renan aimait, dans les derniers temps de sa vie à faire croire que les Bretons le tenaient en grand honneur (1). Il y a sur ce chapitre telle page de Maurice Barrès, si suggestive que nous sommes heureux de la mettre sous les yeux de nos lecteurs. Barrès raconte une promenade sur les bords de la mer.

L'illustre penseur, dit-il, considérable, et son chapeau à la main, traînait un peu à cause de ses rhumatismes. Nous

---

(1) Il ne faudrait pas juger des sentiments de la Bretagne par les actes de la municipalité de St-Brieuc ; on se souvient qu'elle a donné le nom de Renan à une des rues de cette ville. Cela a fort déplu à la population. Le maire a été chansonné et sifflé, tandis qu'on a applaudi l'éloquente protestation de Mgr Fallières, dont la lettre, publiée, a été un soulagement pour toutes les consciences bretonnes, et chrétiennes.

étions fort salués et il paraissait jouir de cette bienveilance de l'automne et des gens. Après qu'il eut un peu soufflé, il me parla de cette douceur qu'il goûtait à être aimé dans son pays natal, où jadis on l'eût écharpé.

C'est une idée excessive de leurs devoirs, disait Renan, qui poussait mes compatriotes à violenter leur âme. Ils m'ont toujours aimé sans qu'ils le sussent.

Renan rapporte le jugement prononcé contre lui par M. Le Hir, qui était né à Morlaix ; puis il ajoute :

Tandis que l'épiscopat presque entier, avec une colère de bête me traitait injurieusement, Le Hir est avant tout peiné. Il souffre de me haïr, mais il a des scrupules de sa répugnance à me maudire. Ce n'est qu'en se forçant lui-même qu'il grossit sa voix. Tel fut le cœur de la Bretagne à mon égard. Elle m'adora toujours. Il n'en est pas moins vrai, ajouta M. Renan en me fixant d'un regard soudain rajeuni, qu'il y a vingt ans tout ce monde-là se fût sanctifié à me mettre en pièces.

— Je pense qu'aujourd'hui notre sécurité est parfaite, lui dis-je (c'est Barrès qui parle), en m'essayant à plaisanter.

— J'invite les maires à dîner volontiers. On voit les sous-préfets et les chefs de gare pleins de prévenance pour moi. Puis, c'est ici un pays civilisé, où fréquentent les baigneurs, à deux pas de Lannion. Il ne serait point convenable que je m'aventurasse dans une réjouissance du Finistère, dans un *Pardon*, veux-je dire, parmi quinze cents gaillards d'intelligence courte, touchés d'alcool, et qu'un geste du vicaire peut déchaîner (1).

(1) *Huit jours chez M. Renan*, par Maurice Barrès ; Paris, Perrin, 1890. Cette brochurette est, sous une forme qui se

Renan avait gardé souvenir et rancune des évènements qui lui arrivèrent en 1863, peu après l'apparition de la *Vie de Jésus*, à Dinard où il s'était installé pour une saison. Dans un champ voisin de la ville, des compatriotes du blasphémateur le menacèrent de coups de fouet ; à une table d'hôte dix convives annoncèrent leur intention de quitter la maison si Renan continuait à y demeurer ; « quand il entrait dans un restaurant, tout le monde s'esquivait ; même les pauvres gens qu'on nomme piliers de cabaret, refusaient de s'attabler en face de ce *maudit* (1). » Renan fut tellement malmené cette année-là qu'il abandonna Dinard avant la fin de la saison et se retira à Jersey.

Cette fuite fut causée surtout par une pièce de vers qui courut tout le pays, fut reproduite dans les journaux et demeura sur les lèvres de tous. Un des plus généreux enfants de la Bretagne, un poète de talent lui disait :

A M. RENAN.

A Dinard (Ille-et-Villaine).

Breton, non ! juif issu du sang d'Iscariote,
Que viens-tu faire ici ! te faisons-nous pitié ?
La Bretagne, à tes yeux, croit comme une idiote ;
Viens-tu la réformer, Luther au petit pied ?

prétend respectueuse et admiratrice, la plus jolie caricature qui se puisse rêver. Renan et ses amis en ont été fort mécontents.

(1) P. Delaporte, *Etudes religieuses*, p. 446.

Luther ?... Luther, du moins, croyait à l'Evangile ;
Il adorait le Christ. Mais toi, plus érudit,
Tu nous fais sur Jésus je ne sais quelle idylle,
Un roman qui, chez nous, aura plus de crédit.
Ranime donc ton zèle et prêche ta doctrine !
Quand on heurte de front dix-huit siècles de foi,
On est apôtre, on a du feu dans la poitrine,
On se dévoue, on meurt, s'il le faut.... Mais, chez toi,
C'est affaire de goût, style et littérature,
Edition de luxe et gracieux format,
Une œuvre d'art.... Oh ! oui, cet art de l'imposture,
Où nul ne s'entend mieux qu'un esprit d'apostat.
Je te voudrais pourtant la parole à la bouche,
Voir en toi quelque ardeur, quelque sarcasme amer ;
Non ! nulle passion ne t'émeut, ne te touche,
Et tu viens simplement prendre les bains de mer....
La mer !.... la connais-tu, cette esclave fidèle
Qui te jette à la face un ironique flot,
A toi qui n'as pas craint de dire devant elle,
Grain de sable imprudent, que Dieu n'est qu'un vain mot !
Viens avec moi, tiens-toi debout sur cette roche.
Si ton œil ose encore contempler l'Océan,
Cette vague au lointain qui lentement approche,
N'a-t-elle à l'arrêter que la main du néant ?
Ce souffle impétueux qui gronde et la soulève
Sort-il de ton cerveau, trop savant professeur ?
Ce voile de la nuit qui descend sur la grève,
En as-tu mesuré l'ombre et la profondeur ?
Ces astres dans le ciel et ces voix dans l'abîme,
Fais-tu briller les uns et les autres mugir ?
Oh ! si pour un instant de ta pensée infime
Tu laissais là l'orgueil dont tu nous fais rougir ;
Peut-être qu'à cette heure, en face de ton âme,
Au sein de ton pays et des chers souvenirs,

Te rappelant ce jour, où pur comme la flamme,
Ton cœur rêvait le sort des saints et des martyrs ;
Peut-être qu'en voyant flotter dans ta mémoire
L'image d'une sœur, hélas ! morte de foi,
Qu'en foulant des tombeaux qu'aurait touché la gloire
Et d'où sort un accent lamentable sur toi,
Une larme, une larme ardente, inexprimable,
Coulerait sur ta joue et brûlerait ton cœur !
On a vu maintes fois ce miracle adorable,
Car Jésus blasphémé reste toujours Sauveur !

La caricature venait en aide à l'épigramme et à la parodie. La tête de Renan a été affublée de toutes les façons.

Dans la *Lune* du 11 mai 1867, Gill a représenté Ernest Renan en civil, en habit, avec une queue de singe, un pied de bouc et l'autre pied chaussé, à cheval sur un balai, partant pour le sabbat. Des flammes le lèchent de toutes parts. Gill lui a fait un nez, un de ces nez phénoménaux, véritable nez de jouisseur.

Dans les *Hommes d'aujourd'hui*, Emile Cohl a figuré Ernest Renan sur un vitrail. Il est gros, énorme, toujours avec son nez gigantesque, sa face de gros verrat sensuel, son ventre rebondi, d'une main (la gauche, il tient une plume) sur son bras droit est à cheval un monstre étrange, demi-diable, demi-singe, le portrait exact du grand homme.

Mais ce qui domine dans toutes ces caricatures c'est messire Satan. La tête de Renan se prête d'ailleurs très facilement à cette métamorphose, les cornes du bouc s'adaptant merveilleusement bien à cette grosse tête bouffie de graisse, aux lèvres rouges et sensuelles. Aussi Renan fut-il souvent habillé en prince des ténèbres, — personnifié comme on le sait, par le bouc lubrique — en grand Diable vert ou en grand Diable rose. aux cornes plus ou moins proéminentes, à la queue plus ou moins longue, quelquefois orné d'ailes imposantes, comme le représentait Aucourt dans le *Bouffon*.

A cette époque et pendant les années qui suivirent, le monde est plein de Renan. « Entrez dans les salons de 1867, écrit Grand-Carteret, parcourez les pamphlets du jour, feuilletez les estampes, les illustrés du moment, allez au théâtre, aux revues de fin d'année, tout est plein de Renan ou plutôt de la *Vie de Jésus*. On vit même sur les boulevards des camelots vendre « le dénouement de la *Vie de Jésus* à l'usage des jeunes personnes bien élevées. » Le public était loin du roman naturaliste et le roman religieux faisait fortune.

La *Vie de Jésus*, un roman ! Oui, certes ; et c'est même ce qui fut la véritable cause de son succès ; roman tout-à-fait attachant, à la charpente point banale, roman de tendresse, respirant un amour particulier, et qui, grâce aux attaques dont il fut l'objet, devint le bréviaire universel. Dans le grand monde, le bon genre voulait qu'on appelât son auteur le *sieur Renan*, au quartier latin et parmi les couches libérales on disait déjà « Renan » tout court.

Un mot d'Anglaise courut alors tout Paris, et fit le tour de la presse; c'était la réponse aux critiques, la constatation du succès. La dite Anglaise tenant en main la *Vie de Jésus* avait répondu à quelqu'un qui la pressait de quitter le volume : « Aoh! jé né vioulais le laisser qué quand jé connaîtrai le dénioument, (1) »

C'est dans un seul mot la meilleure appréciation, la meilleure critique et la meilleure réfutation d'une œuvre qu'il ne fallait pas prendre au sérieux.

V

Une des conséquences de ce mouvement contre la *Vie de Jésus* et son auteur fut la destitution définitive de Renan comme professeur du Collège de France. La cour impériale ne lui était nullement hostile et même l'on avait vu l'empereur lui-même lire le livre de l'apostat dans les jardins de Compiègne et exprimer tout le plaisir qu'il trouvait à cette lecture. Mais en face des clameurs de la France chrétienne indignée, la politique faisait une loi de céder. Le 2 juin 1864, le *Moniteur*, contenait un rapport de M. Duruy, ministre de l'Instruction publique, à l'empereur. Dans ce rapport on lisait :

« Depuis plus de deux ans, cette chaire (celle des langues sémitiques), n'est point remplie par des raisons *d'ordre public* qui subsistent dans toute leur force. Ce provisoire ne peut durer longtemps... Ne pouvant faire remonter M. Renan dans la chaire où il n'a paru qu'une fois, je crois qu'il convient de faire loyalement cesser une situation anormale et d'appeler

(1) *Revue encyclopédique* du 15 octobre 1892.

M. Renan à d'autres fonctions. C'est de la Bibliothèque impériale qu'il est sorti pour entrer au Collège de France, et il en a emporté le titre de Bibliothécaire honoraire ; je prie Votre Majesté de vouloir bien l'y ramener en lui conservant le poste de conservateur sous-directeur adjoint au département des manuscrits où son érudition sépciale lui permettra de rendre au public de réels services ».

Ce rapport était suivi d'un décret conçu en ces termes :

DÉCRET :

NAPOLÉON,

Par la grâce de Dieu, etc.,
M. Renan, membre de l'Institut, professeur au Collège impérial de France, est nommé conservateur sous-directeur adjoint au département des manuscrits, Bibliothèque impériale.
Fait au palais des Tuileries, le 1ᵉʳ juin, 1864.

NAPOLÉON.

Renan se rebiffa contre ce décret de révocation et il refusa de retourner à la Bibliothèque nationale. Les évènements marchaient et l'Empire ne paraissait plus aussi solide. Renan, qui avait déjà été hué par les ennemis de cet empire, ne se souciait point de s'exposer encore à leurs sifflets. Il profita au contraire de ces évènements pour faire de l'agitation contre l'Empire et se faire bien venir des partis qui grandissaient. A cette occasion, le *Journal des Débats*, publiait en faveur de l'ex-professeur un article très ingénieux et très habile, trop habile.

A ce propos, M. Janicot écrivait dans la *Gazette de France*, du 7 juin 1864 :

Ce qu'il y a de plus piquant, c'est qu'aucun écrivain de la feuille de MM. Bertin, Sacy et Emile Chevallier n'a voulu signer cette attaque contre le décret impérial. C'est à M. Camus, le secrétaire de la rédaction, qu'est échu cet acte de courage. Comme dans les comédies, nous voudrions bien avoir le droit de demander le nom de l'auteur de cet article !

Il est si bien fait, les intérêts de M. Renan y sont si chaudement défendus qu'on pourrait croire que c'est M. Renan qui a tenu la plume de la rédaction des Débats (1), et voilà pourtant à quoi l'on s'expose avec l'anonymat. Dans tous les cas il faut bien le dire, il n'est pas flatteur pour M. Renan de n'avoir pas trouvé dans une rédaction si variée, un seul homme pour le défendre hautement, à visage découvert.

L'article du *Journal des Débats* ne fit point dévier la volonté du gouvernement. Renan ayant définitivement refusé la place qu'on lui offrait, il s'en suivit une rupture complète et en même temps que le décret nommant Renan à la Bibliothèque nationale était rapporté, M. Duruy destituait le professeur de sa chaire du Collège de France. (11 juin 1864.)

Mais l'ambitieux ne recule que pour mieux sauter. Après sa destitution il se lança dans la politique : nous

---

(1) Renan était assez coutumier du fait. Voir plus haut un article du *Figaro*, écrit en faveur de Renan par un *ami anonyme*.

Voilà comment cet homme avait horreur de la réclame. Mais il le disait à tout propos et cela suffisait pour le faire croire !

raconterons plus loin, comment il essaya en vain d'échanger la chaire du professeur contre la chaise curule du sénateur.

Quand le *tiers parti* qui représentait ses idées arriva au ministère avec M. Émile Ollivier, le 3 février 1870, il crut le moment venu de demander sa réintégration dans son ancienne chaire du Collège de France devenue vacante par la mort de M. Munck, juif hébraïsant qui lui avait succédé. Il adressa à ce sujet au ministre de l'instruction publique une lettre dans laquelle il disait :

« ..... Voilà six ou huit ans que les faits qui ont provoqué contre moi l'opposition de certains groupes religieux sont des faits accomplis. Les surprises et les malentendus de la première heure sont passés. On a pu mieux juger mon caractère, mon but et ma méthode. Il n'y a que des personnes mal informées qui puissent croire que j'aie voulu détruire quoi que ce soit d'un édifice social selon moi trop ébranlé... Quand, un jour, mise en présence d'autres adversaires qui n'auront pas ma modération, *l'Eglise m'invoquera comme un apologiste* contre les attaques injurieuses et destructrices, les catholiques éclairés regretteront peut-être d'avoir entravé la vie d'un respectueux dissident que les plus injustes procédés ne poussèrent jamais au-delà du point où il voulut s'arrêter. (1) »

Malgré son affection pour Renan, le nouveau minis-

---

(1) Ces idées reviennent souvent à travers les livres de Renan. Il savait que pour faire entrer quelque chose dans la cervelle humaine, il faut le redire souvent.

tère n'osa pas lui accorder sa demande. La chaire des langues sémitiques demeura vacante encore quelques mois. Ce fut le gouvernement de la Défense nationale qui assuma la honte d'y réintégrer Renan, en novembre 1870, en plein siège de Paris, en quelque sorte sous l'œil railleur de l'Allemagne. Là encore c'était elle, la victorieuse.

Rentré au Collége de France, Renan n'en sortira plus. Il en sera bientôt l'administrateur et viendra y demeurer. Sa vie s'identifie avec l'établissement vers lequel il avait tant aspiré. Nous devons l'étudier là et montrer ce qu'il y fut.

Donnons d'abord le portrait qu'en a tracé un jeune étudiant impressionniste, qui l'entendit au collége de France, après avoir lu les *Souvenirs d'enfance et de jeunesse* :

Renan comédien, écrit-il, joue un rôle qu'il s'est composé lui-même selon son tempérament, sympathique en somme parce qu'il a fort à cœur de plaire....

Son bonheur intime, — le bonheur des délicats ! — c'est de rire dans les coulisses de la foi de la salle... en se trouvant tout de même souverainement intelligent.

Eh bien si M. Renan s'amuse — nous aussi — car c'est un type original et curieux : on est content de découvrir un petit coin de sa malice....

— Air bonhomme, ecclésiastique, un peu chanoine même... Une tête enfoncée dans les épaules, des yeux vifs, perçants, malins, aimant à regarder en dessous, de petites mains potelées... Il explique le texte de la façon la plus familière, il paraît y goûter un réel plaisir, il explique avec finesse, avec quelque pointe de naïveté même et ne redoute pas les comparaisons triviales... On dirait de temps à autre qu'il se contredit mais pas ouvertement pourtant : il a l'usage des réticences. Quelquefois la phrase est un peu torturée. C'est quelqu'un qui pense tout haut : il cherche ses expressions, hésite, tâtonne, puis, heureux de l'avoir trouvée, la répète à satiété... ses yeux demeurent attachés sur le texte, sa main posée sur le livre ; rarement et toujours avec quelque brusquerie comme un homme qui se réveille ou se rappelle, il se redresse dans son fauteuil et s'adresse directement à l'auditoire...

Le vieux a l'air d'être bien pénétré de sa supériorité. J'imagine qu'il recevrait le contradicteur avec un léger sourire bienveillant et malin et le petit hochement de tête du vieux curé auquel un jeune imberbe voudrait en apprendre sur le monde.

Ce portrait sera complété par celui qu'en a tracé M. Jules Lemaître.

L'auditoire du grand cours, dit il, n'a rien de particulier. Beaucoup de vieux messieurs qui ressemblent à tous les vieux messieurs, des étudiants, quelques dames, parfois des anglaises qui sont venues là parce que M. Renan fait partie des curiosités de Paris.

Il entre, on applaudit. Il remercie d'un petit signe de tête en souriant et d'un air bonhomme. Il est gros, court, gras, rose ; de grands traits, de longs cheveux gris, un gros nez, une bouche fine ; d'ailleurs tout rond se mouvant tout d'une pièce, sa large tête dans les épaules.

L'exposition est claire, simple, animée. La voix un peu enrouée et un peu grasse, la diction très appuyée et très scandée, la mimique familière et presque excessive.

Quant à la forme, pas la moindre recherche ni même la

moindre élégance; rien de la grâce ni de la finesse de son style écrit. Il parle pour se faire comprendre, voilà tout ; et va comme je te pousse ! Il ne fait pas les « liaisons. » Il s'exprime absolument comme au coin du feu avec des « Oh ! », des « Ah ! », des « En plein ! », des « Pour ça, non ! ». Il a, comme tous les professeurs, deux ou trois mots ou tournures qui reviennent souvent. Il fait une grande consommation de « en quelque sorte, » locution prudente, et dit volontiers : « N'en doutez pas, » ce qui est peut-être la plus douce formule d'affirmation, puisqu'elle nous reconnaît implicitement le droit de douter. Voici d'ailleurs quelques spécimens de sa manière. J'espère qu'ils amuseront, étant exactement pris sur le vif.

A propos de la rédaction de la *Torah*, qui n'a fait aucun bruit, qui est restée anonyme, dont on ne sait même pas la date précise parce que tout ce qui est écrit là était déjà connu, existait déjà dans la tradition orale :

« Comme çà est différent, n'est-ce pas ? de ce qui se passe de nos jours ! La rédaction d'un code, d'une législation, on discuterait çà publiquement, les journaux en parleraient, çà serait un événement. Eh bien, la rédaction définitive du *Pentateuque*, ç'a pa' été un événement du tout !... »

A propos des historiens orientaux comparés à ceux d'Occident :

« Chez les Grecs, chez les Romains, l'histoire est une Muse. Oh ! i' sont artistes, ces Grecs et ces Romains ! Tite-Live, par exemple, fait une œuvre d'art; il digère les documents et se les assimile au point qu'on ne les distingue plus. Aussi on ne peut jamais le critiquer avec lui-même ; son art efface la trace de ses méprises. Eh bien ! vous n'avez pas çà en Orient, oh ! non, vous n'avez pas çà ! En Orient, rien que des compilateurs ; ils juxtaposent, mêlent, entassent. Ils dévorent les documents antérieurs, ils ne les digèrent pas. Ce qu'ils dévorent reste tout entier dans leurs estomacs ; vous pouvez retirer les morceaux. »

A propos de la date du *Lévitique* :

« Ah ! je fais bien mes compliments à ceux qui sont sûrs de ces choses-là ! Le mieux est de ne rien affirmer, ou bien de changer d'avis de temps en temps. Comme ça, on a des chances d'avoir été une fois dans le vrai. »

A propos des lévites :

« Oh ! le lévitisme, ça n'a pas toujours été ce que c'était du temps de Josias. Dans les premiers temps, comme le culte était très compliqué, il fallait des espèces de sacristains très forts, connaissant très bien leur affaire : c'étaient les lévites. Mais le lévitisme organisé en corps sacerdotal, c'est de l'époque de la reconstruction du temple. »

Enfin, je recueille au hasard des bouts de phrase : « Bien oui ! c'est compliqué, mais c'est pas encore assez compliqué. » — « Cette rédaction du *Lévitique*, ça a-t-i été fini ? Non, ça a cessé. » — « Ah ! parfait, le *Deutéronome* ! Ça forme un tout. Ah ! celui-là a pa' été coupé ! »

Mais c'est surtout quand il trouve quelque bonne drôlerie qu'il faut le voir. La tête puissante, inclinée sur une épaule et rejetée en arrière s'illumine et rayonne. Les yeux pétillent et le contraste est impayable de la bouche très fine qui, entr'ouverte, laisse voir des dents très petites, avec les joues et les bajoues opulentes, épiscopales, largement et même grossièrement taillées. Cela fait songer à ces faces succulentes et d'un relief merveilleux que Gustave Doré a semées dans ses illustrations de *Rabelais* ou des *Contes drôlatiques* et qu'il suffit de regarder pour éclater de rire.

Un pamphlétaire de grand talent, M. Léon Bloy a consigné, dans un article d'une grande vigueur ses impressions sur le professeur.

Quant à son cours, dit-il, j'ignore le genre de profit qu'un hébraïsant peut en retirer. Les autres y retrouveront le pédagogue sempiternel des livres qu'il a écrits, l'Apollon Pythien de la critique proférant ses oracles sur le trépied de l'équivoque et de la libre exégèse. Les procédés de M. Renan sont tellement percés à jour qu'il serait ridicule d'y revenir ici. Il paraît que celui-ci lui donne de fameuses jouissances d'esprit, car il n'y a jamais rien changé. C'est toujours un texte faible et douteux, quelque fois moins encore, une imperceptible déviation paléographique, sur lesquels il construit, par la suite, une pyramide d'objections capitales contre le christianisme, sans aucun embarras d'ajouter à des prémisses purement scientifiques des conséquences historiques ou religieuses de l'ordre le plus transcendant. C'est toujours le même glissement doux sur les points dangereux où quelque fait bien incontestable, lumineux et solide comme le diamant pourrait heurter et détruire les combinaisons multipliées de cette critique aux pieds fragiles. Enfin, c'est toujours le même argument conjectural dans un néant supposé de toute certitude accompagné de miséricordieuse pitié pour les petites gens sans philologie qui s'en tiennent au bon sens et à la tradition.

La voix et les gestes du maître, étonnamment appropriés à ce perpétuel balancement d'escarpolette intellectuelle, inouï jusqu'à ce jour, doivent ravir jusqu'aux cieux le vénérable escadron de bas bleus qui forment la vieille garde du pédantisme victorieux autour des chaires du Collége de France.

A côté du professeur, il y avait le savant, ou du moins l'homme qui passait pour tel. Comme nous le montrerons au chapitre suivant, le savant a été bien surfait. Néanmoins Renan avait de véritables qualités d'érudit, auxquelles nous ne pouvons nous empêcher de rendre hommage. N'eût-il travaillé qu'à cet immense *Corpus inscriptionum semiticarum* que cela eût suffit pour lui faire un nom illustre dans le monde savant.

Cette publication fut commencée en 1867 par l'académie des inscriptions sur l'initiative de Renan et sur celle de M. W. Waddington. Grâce aux travaux des savants français et allemands, l'intelligence des inscriptions sémitiques était assez avancée pour qu'on pût tenter l'entreprise. Les recueils de Gésénius, de Lévy, du duc de Luynes, avaient déjà groupé un grand nombre de textes. Les belles recherches du marquis de Woguë avaient posé les fondements d'un classement historique des alphabets sémitiques ; mais il fallait réunir tous les textes, provoquer de nouvelles découvertes. Renan fut l'âme de la commission d'orientalistes qui se livra à ce travail. Il y déploya une grande ardeur et y porta une scrupuleuse exactitude. Dans ces œuvres de science pure il se montrait avec toutes ses qualités.

Jamais, dit l'un de ses collabarateurs, je n'ai vu de maître plus bienveillant et plus encourageant, mais en même temps plus sévère pour lui-même et pour les autres. Il faisait une guerre impitoyable aux traductions aventureuses et fantaisistes. Il combattait surtout cette manière si répandue d'expliquer l'incertain par l'incertain, *obscurum per obscurius*, comme il disait. Sa critique était extrêmement sobre et prudente. Cet homme, doué d'une faculté de conception si puissante était l'esclave d'un texte.

Sa vue s'étant affaiblie, il avait recours à mes yeux : « Voyez bien, ne pouvez-vous pas lire cela ? Et il me persécutait jusqu'à ce que j'eusse trouvé. C'était surtout le soir qu'on faisait de bonne besogne. Il aimait à dire que, le matin son esprit sommeillait, qu'il s'éveillait dans la journée et que, le soir, il était en pleine possession de lui-même. Mais alors il était infatigable. Quand il rentrait de soirée, il se remettait encore à l'œuvre. Je me rappelle un jour, où nous faisions un travail pressant auquel il portait un grand intérêt : quand il vit minuit approcher, il me chassa en me disant : « Laissez-moi tout cela, je vais encore un peu travailler. » Le lendemain matin, il avait travaillé jusqu'à trois heures, mais la besogne était achevée.

Toute sa manière d'écrire portait la marque de ses habitudes d'esprit. Il cherchait longtemps, la plume en l'air, soulevée par un léger balancement de la main ; puis, soudain, elle s'abattait sur le papier, comme un aigle fond sur sa proie, et traçait quelques lignes d'une belle écriture, ferme et bien moulée. Son premier jet était très brillant. Il lançait sur le papier, sur son sous-main, n'importe où, les formules qui se présentaient à son esprit. Mais comme il retravaillait tout cela ! Il couvrait ses marges de corrections, par un système de renvois très clair et très ingénieux ; et, quand les marges étaient pleines, il ajoutait des feuilles supplémentaires à l'aide de pains à cacheter.

Il est vraiment regrettable que Renan n'ait point apporté les mêmes exigences et la même droiture dans l'étude des textes révélés. Nous montrerons qu'il les citait et les traduisait fort mal. Il ne s'est servi de l'hébreu, en somme, que pour s'autoriser à tirer des livres saints des choses qui n'y étaient pas. Une certaine science, reconnue et prouvée sur d'autres questions, lui donnait réputation et autorité. Il avait intérêt à ne pas se tromper dans les choses neutres : cela lui permettait de tromper plus facilement ses lecteurs dans les questions religieuses. Il se faisait un paravent de sa science constatée ailleurs, et il couvrait ses mensonges par les choses vraies qu'il avait dites.

Renan, comme nous allons le montrer dans les pages suivantes, s'est souvent trompé. Mais ses erreurs n'ont-elles pas été volontaires ? Puisqu'on nous le peint si scrupuleux et si compétent à propos de textes n'ayant qu'une importance relative, est-il possible qu'il ait erré involontairement, quand les questions avaient au contraire une très haute importance ?

CHAPITRE V

Une outre gonflée de vent

I

En France, le succès de la *Vie de Jésus* qui, comme nous l'avons dit, avait été très vif dès le début, s'apaisa très vite. Dès la fin de l'année 1864, les libraires la mettaient au rabais. On la donnait à qui la voulait, comme M. Jourdain faisait de sa femme, selon l'expression d'une revue de l'époque.

Mais le mouvement, excité en France, avait eu du retentissement à l'extérieur : il s'était propagé peu à peu à la façon des ondes sonores, qui même se renforcent, quand elles pénètrent dans un milieu convenablement disposé pour vibrer à l'unisson. Dans la Prusse Rhénane, il y avait telle grande ville où ce livre était lu dans les ateliers. En Italie, en Hongrie, par-delà l'océan Atlantique, dans les Républiques hispano-américaines, on l'introduisait, tantôt ouvertement et à grand renfort de criées, tantôt à la sourdine et sous voile, suivant le tempérament plus ou moins catholique des pays en question. L'action maçonnique faisait partout son œuvre et répandait le poison corrupteur.

Mais si la masse se laissait séduire, les hommes instruits, les esprits ayant l'habitude de la réflexion voyaient clairement l'inanité de l'œuvre et la traitaient avec le peu de respect qu'elle méritait. Un auteur italien, M. Ghiringhello, professeur d'hébreu à l'académie royale des sciences de Turin traitait la *Vie de Jésus* de *roman* et dans tous les milieux sérieux ce fut le mot reçu pour qualifier une aussi piètre élucubration.

Ce fut en Allemagne surtout que Renan fut maltraité. Les rationalistes d'au-delà du Rhin, loin de se complaire aux éloges de l'exégète français, en furent irrités, car ils ne voulaient nullement endosser la responsabilité des bévues formidables commises par Renan, et auxquelles il avait l'air de les associer en vantant leurs ouvrages. M. Meignan, depuis archevêque de Tours pouvait avec raison écrire dans son opuscule : (1)

« Dans ce pays où toutes les opinions, même les plus absurdes ont trouvé leurs défenseurs, dans l'Allemagne protestante, M. Renan n'a été sérieusement défendu par personne. Jamais la critique n'a peut-être porté des jugements à la fois mieux motivés et plus sévères. »

Un critique allemand, *de l'école de Tubingue*, terminait son appréciation de la *Vie de Jésus* par ces mots : « C'est un roman... ce sont de nouveaux *Mystères de*

(1) *M. Renan réfuté par les rationalistes allemands.*

Paris, écrits pour amuser, sur un terrain sacré, un public de profanes (1). »

Ewald, lui-même, dont Renan s'est si souvent réclamé, n'a pas été moins sévère : « Il nous répugne a-t-il dit, de poursuivre dans le détail les erreurs innombrables, basses et indignes, dans lesquelles Renan tombe à chaque pas sur l'esprit et l'œuvre du Christ (2).

On alla même beaucoup plus loin. Dans une assemblée composée de presque toutes les sommités de l'Allemagne savante, quatre-vingt-huit savants, dont les écrits seront comme autant de monuments de notre siècle, prononcèrent, à l'unanimité, que l'ouvrage de M. Renan était « une œuvre anti-chrétienne, tout-à-fait dépourvue de science, superficielle, et tout simplement immorale » (3).

Le cas que la science européenne fait de Renan et de ses livres a été fort brutalement formulé par le philosophe anglais Herbert Spencer dans sa réponse au correspondant du *Figaro* : « Je ne puis rien dire de M. Renan, je n'ai jamais ouvert aucun de ses livres. » Cette réponse a été précisée par la lettre du même philosophe publiée dans le *Standard*. M. Herbert Spencer s'interdit toute lecture qui ne rentrerait pas immédiatement dans le cadre de ses études. Or Renan s'est vanté d'être, comme Spencer, l'un des plus grands évolutionnistes du temps. Et pourtant ce dernier n'a

---

(1) M. Keim. *Gazette d'Augsbourg*, 17 septembre 1863.
(2) *Revue savante de Gottingen*, 5 août 1863.
(3) Koelnische Blaetter, 6 oct. 1863, n° 282.

rien lu de lui « car les livres du professeur français ne lui ont pas paru devoir lui apprendre quoi que ce soit. » Puisqu'il en est ainsi, c'est donc que dans son entourage on professe que Renan n'a découvert aucun fait nouveau, et qu'il n'a même pas une façon originale de comprendre les origines et le développement du christianisme.

En effet, Renan n'avait pas le moindre crédit auprès des savants étrangers, sa prétendue science d'hébraïsant les faisait sourire. Les Allemands surtout savaient bien qu'il ne faisait que démarquer, combiner et vulgariser les travaux lourds de leurs exégètes. Il reproduisait jusqu'à leurs erreurs bien constatées, tant sa docilité fut grande (1).

Mgr d'Hulst, dans la complaisante étude publiée par le *Correspondant* ne veut pas qu'on attaque la science hébraïque de Renan. Il admet qu'il a été médiocre arabisant ; ce serait exagération de la charité d'admettre le contraire puisque Renan lui-même en convenait. Mais il respecte l'hébraïsant.

Nous n'aurons pas les mêmes scrupules. D'ailleurs, nous ne porterons notre jugement qu'en interrogeant les hommes compétents.

Citons d'abord le premier maître de Renan, le savant abbé Le Hir. Comme on lui demandait un jour s'il pensait que son ancien disciple fût bien fort en hébreu, il répondit : « Le jeune homme m'a quitté trop tôt et précisément au moment où il allait le comprendre. »

(1) Cf. l'article de M. Maurice Vernes, dans la *Revue philosophique* de septembre 1892.

Nous avons tous lu, au moment de sa mort, dans le *Matin* du 4 octobre, la sévère appréciation du grand rabbin Woguë, professeur d'hébreu au séminaire rabbinique de France. Cet hébraïsant a nié la science linguistique de Renan et il a même été jusqu'à dire :

« Au fond, il était assez convaincu lui-même de la médiocrité de son érudition ; si bien que lorsqu'il fut nommé sous l'empire professeur au Collège de France, il ne fit sa fameuse leçon d'ouverture, que pour obtenir la fermeture de son cours. De cette façon, il trouvait une excellente excuse pour n'avoir point à enseigner ce qu'il ignorait par trop. »

Malgré notre peu de confiance dans la science de Renan, cette affirmation du rabbin nous surprit, comme elle surprendra sans doute nos lecteurs. Or quelques jours plus tard nous trouvions la même appréciation dans le *Figaro* du 8 juillet 1863, où M. Eug. Potrel écrivait :

« A l'époque où M. Renan ouvrit son cours au Collège de France, il comprit très bien, avec sa finesse habituelle, qu'il ne serait pas illustre s'il se contentait d'enseigner l'hébreu *qu'il ne savait pas* ? (1)

Il comprit qu'il partagerait le sort de ces pauvres professeurs de langues orientales qui traduisent dans le désert, et regardent d'un œil soupçonneux le troisième auditeur qui se hasarde dans ces mers polaires de l'érudition. C'est pourquoi M. Renan, pour attirer à son cours la jeunesse turbulente et quelques bas-bleus qui viennent tricoter au Collège de France,

(1) J'en suis sûr, dit M. Potrel, et me fais fort de le prouver.

tout en s'y formant l'esprit et le cœur, se jura à lui-même de faire quelque bruit.

Ce serment, il l'a tenu.

Donc M. Renan, sous prétexte d'enseignement hébraïque. crut devoir se lever contre la foi et la Révélation à la surprise des auditeurs.

On sait le reste.

Pour nous, nous savons pourquoi M. Renan a produit ce scandale.

C'est encore une fois, *parce qu'il ne sait pas l'hébreu, pas plus qu'il ne sait aucune des langues sémitiques.*

M. Potrel racontait ensuite la séance de l'Institut où M. Jomard mit la science de Renan à l'épreuve. L'article, empreint d'ironie profonde, est fort intéressant, et nous avons plaisir à le citer.

Pourtant il fallait bien, continuait M. Potrel se décider une fois par hasard, à faire semblant de connaître un peu d'hébreu, ne fût-ce que deux ou trois verbes !

．．．

On rit beaucoup, dans le pays latin, d'une certaine séance de l'Institut.

Il y avait là des savants connus de toutes les parties du monde.

Il y en avait de l'Allemagne ;

Il y en avait de l'Angleterre ;

Il y en avait de la Mésopotamie ;

Il y avait même des fervents de la princesse d'Oude, accourus du fond de l'Asie pour contempler cette jeune merveille, ce Pic de la Mirandole, cet enfant prodigue.

Enfin, parmi les auditeurs, on remarquait le vieil Arménien de la Bibliothèque impériale.

Au milieu d'un murmure flatteur, M. Renan parut, — au grand désappointement des dames.

Mais lui, se croyant irrésistible, et surmontant l'émotion inséparable d'un premier début, marcha bravement au tableau.

Il s'agissait, un verbe hébreu étant donné, de l'appliquer comme exemple, à la comparaison des conjugaisons sémitiques.

Les caractères hébraïques, tracés d'une main sûre, avec une rapidité prodigieuse, viennent s'aligner sur le tableau comme des bataillons bien disciplinés.

On s'étonne dans l'auditoire de la dextérité du jeune professeur.

Pourtant, un vieil Hébreu, — un vrai ! — avait quelques doutes.

On le sait, le soupçon est contagieux.

Des groupes inquiets se forment ça et là.... on chuchote.

On se demande si ce n'est pas là une mystification. Les plus hardis vont jusqu'à dire que le verbe était *préparé*.

On prononce vaguement le mot de « *poudre de perlimpimpin.* »

Les vieux savants murmurent comme ces vieillards Troyens comparés aux cigales par le grand Homère.

Donc, un homme se tient à l'écart : tel le *deus ex machina* dans les coulisses.

C'est le vénérable et savant M. Jomard.

Tout à coup il se lève et prend la parole. Le vieux dilettante de la linguistique propose au jeune virtuose d'appliquer sa méthode à quelque verbe qui ne soit *nullement préparé*.

* *

M. Renan fut très embarrassé, mais il répondit, avec toute la courtoisie dont il est capable « *qu'il pensait avoir suffisamment expliqué* », ce qu'il appelle « *la théorie sur les dérivés des verbes hébreux, pour n'avoir pas besoin de fournir de nouvelles preuves.* »

Où en seraient les hébraïsants, s'il leur fallait répondre sur le champ à des interpellations aussi nettes, aussi positives?

* *

L'auditoire était choisi, — l'échec fut éclatant. »

. . . .

Voilà mon cher *Figaro,* une comédie assez amusante. Je vous envoie de quoi rire.

On pourrait citer bien d'autres cas dans lesquels le professeur de langues sémitiques s'est montré bien au-dessous de sa tâche. Nous pourrions assister aux savantes leçons que lui donna le père Bourquenoud et aux conseils qu'il lui prodigua pour l'aider à « sortir des difficultés inextricables d'une grammaire qu'il était destiné à enseigner. (1) » Nous verrions le même jésuite apprendre à Renan à écrire l'arabe, car le professeur de langues sémitiques était si faible sur cette langue, au moment de l'ouverture de son cours, qu'il y faisait des fautes d'écriture et d'orthographe, tout comme le premier bachelier venu estropie le grec et même le français.

Quant au grec, si Renan l'écrivait suffisamment bien, il le traduisait fort mal en certaines circons-

(1) *M. Renan et la grammaire hébraïque. Etudes religieuses,* 1863, p. 1063.

tances. C'est ainsi que dans un texte de Papias (1), il traduit le mot λογια par *sentences*, ce qui lui permet de dire que l'évangile de S. Matthieu, n'était au IIe siècle qu'un recueil de sentences et que s'il est autre chose maintenant, c'est qu'on l'a retouché. Pour s'éviter cette balourdise, il n'avait qu'à consulter un dictionnaire, celui d'Henri Estienne, par exemple, qui fait autorité et dans lequel on lit : « Les écrivains ecclésiastiques donnent le nom de *logia* aux témoignages des prophètes et des apôtres. Ils appellent encore Θεια Λογια (S. Grégoire de Nazianze) les *Saintes lettres*. Suidas interprète dans le même sens *logion* par ces mots : l'*Ecriture divine* et *divinement inspirée*, disant que c'est encore la signification du mot *logos* dans les Psaumes de David. »

Mais cette traduction naturelle et logique n'aurait pas permis à Renan de formuler des doutes sur l'authenticité de l'Evangile de S. Matthieu.

Quand il ne traduit point de travers, Renan cite à faux. Dans son livre sur l'*Origine du langage*, il assure que les noms du tonnerre employés dans les différentes langues européennes sont au nombre de 353, et cela d'après Adelung (*Histoire ancienne des Allemands*). Constatation faite, on trouva qu'Adelung n'avait rien dit de semblable, mais avait mentionné les noms du tonnerre à la page 353 de son livre. Telle était la scrupuleuse attention que Renan apportait à vérifier les textes.

On conçoit que, dans ces conditions, les ouvrages

---

(1) Evêque d'Hiérapolis, vers le milieu du second siècle.

de Renan soient remplis d'erreurs et de faussetés. Dans la seule *Vie de Jésus*, Jean Loyseau compte plus de quarante citations fausses, environ cinquante allégations mensongères, près de vingt contradictions flagrantes et autant d'autres « inepties ou erreurs peut-être volontaires. » Et il en est de même dans les autres ouvrages du professeur rationaliste. Cela nous met dans l'alternative ou de nier sa science, ou de suspecter sa bonne foi. Il n'y a point de milieu : que l'on choisisse.

Quelle que soit l'appréciation définitive de chacun, il n'est point possible de le regarder comme un savant, car la première qualité de la vraie science c'est l'honnêteté et le fin mot de tout cela c'est que Renan n'avait point de science réelle, mais un grand talent de mise en scène, point d'honnêteté vraie, mais l'art hypocrite de la pose. Et c'est de tout cœur que nous souscrivons au jugement d'Eugène Tavernier dans l'*Univers* :

> La science de M. Renan ne fera défaut nulle part. Elle tenait du second ordre, si ce n'est du troisième ; et là, on la suppléait facilement. Il n'a pas fait de découvertes Il n'a pas créé de système. Il n'a pas opéré de classement qui puisse favoriser les recherches futures. Les maîtres de l'érudition universelle ne l'admettent point dans leurs rangs à titre de pair. Ils le raillèrent parfois et, avec lui, le français, toujours malin, qui savourait l'hébreu en vaudeville. Quels avantages M. Renan a tirés de l'hébreu ! Il le possédait moins bien que ses anciens professeurs de Saint-Sulpice ; mais il l'exploitait d'une façon merveilleuse. Ayant exhibé cette curiosité dans les salons et même au théâtre, il eut la joie de constater qu'en face de son hébreu, la France des salons et la France

du théâtre n'étaient pas moins ébahies que Philaminte et Bélise devant le grec de Vadius. Il a soutenu des thèses paradoxales qui n'étaient pas de son invention. Il suivait avec prudence la philologie et la critique allemandes et ne s'est pas défendu d'avoir recueilli là tout ce qu'il avait, excepté l'art de vulgariser des théories hasardées, fausses ou simplement pédantesques. Dans le monde des spécialistes, au milieu duquel il avait pris, pour les profanes, l'air d'un pontife, ses livres ne comptent pas. On le sait; ou tout au moins l'on s'en doute. Les louangeurs ne s'attachent pas très fort à ce sujet, mais ils se rattrapent sur le style.

II

Il ne faut donc pas s'y tromper: Renan n'a inventé ni une théorie, ni une pensée. Il n'a été ni un savant, ni un penseur. Mais il a été un fort habile homme qui a donné l'illusion de ces choses rares à la foule des badauds. Il avait de science (1) et de philosophie tout juste ce qu'il fallait pour pouvoir, à peu près, justifier vis-à-vis de lui-même ce qu'il imprimait.

Mais il eut au degré suprême l'art de vulgariser les pensées d'autrui. Ce fut un admirable écrivain, un dilettante de la plume, arrivant à répandre du charme et de l'intérêt sur des faits lointains et auxquels d'ordinaire on ne s'intéressait pas (2).

---

(1) Renan a dit lui-même : « On ne s'assimile bien que ce qu'on ne sait qu'à demi. — *Essais*, p. 58.
(2) *Gazette de France*, 27 octobre, 1892

Ce jugement est trop favorable et souscrit trop facilement à l'opinion commune, au jugement des renanolâtres. Et pour un peu on admettrait avec Jules Simon que « M. Renan est certainement la plus grande gloire des lettres françaises (1) ». Il est vrai que les admirateurs de Renan ne se sont pas fait faute de célébrer les qualités « merveilleuses » de son style, le plus « exquis », le plus « ravissant » qu'on puisse lire. A leurs yeux, Renan est le plus grand prosateur du siècle et peut-être de toute notre littérature. Sans doute le style de Renan possède de grandes qualités. La phrase de l'auteur des *Souvenirs de jeunesse*, a une extraordinaire souplesse. Par ses emprunts à la terminologie scientifique, par un usage continuel des mots familiers, il s'était formé un riche vocabulaire. Il eut surtout un sens admirable de l'incidente, cette arme terrible, quand on sait la manier, cette flèche de Parthe au moyen de laquelle on décoche des coups mortels, en ayant l'air de tout louer, de tout atténuer.

En somme, nous ne serions pas éloignés de souscrire au jugement de Paul Bourget quand il dit :

La période, un peu lente, mais souple, est adaptée au rythme de la parole intérieure qui sort du fond d'une conscience ramenée sur elle-même et se racontant son rêve. Les formules d'atténuation abondent, attestant un souci méticuleux de la nuance. L'harmonie semble ne pas résider dans les rencontres des syllabes, mais venir d'au delà, comme si la matérialité des sons servait à transposer quelque mélodie idéale,

---

(1) *Le Temps*, du 11 décembre 1886.

plutôt pressentie qu'entendue. Il n'y a pas plus de préceptes pour écrire ainsi qu'il n'y a de préceptes pour avoir de l'âme, — au vieux sens, un peu naïf, mais si juste, de cette expression. « Jamais, on n'a savouré aussi longuement ces voluptés de la conscience, ces réminiscences poétiques, où se croisent à la fois toutes les sensations de la vie, si vagues, si profondes, si pénétrantes, que, pour peu qu'ils vinssent à se prolonger, on en mourrait, sans qu'on pût dire si c'est d'amertume ou de douceur... » Qui parle ainsi ? M. Renan. Et de qui donc ? Des poètes de sa race, et, sans le vouloir, de sa prose à lui, de cette prose qui emprunte le secret de son sortilège à un pouvoir de vision morale, incomparable et porté à son excès par un atavisme inexpliqué. »

Mais ce n'est voir là qu'un beau côté de l'œuvre. Il faut montrer les défauts à côté des qualités et ne point ériger en qualités principales celles qui ne sont que secondaires.

Edmond Biré, dans une causerie littéraire de la *Gazette de France*, a parfaitement mis en lumière ce qu'il y avait de défectueux dans ce style si vanté :

Le style de M. Renan, dit-il, a de l'élégance, de l'harmonie, de la finesse et de l'agrément, toutes qualités qui ne sont ni communes ni vulgaires, mais dont aucune n'est de premier ordre. Ce sont des qualités plus hautes qui font le grand écrivain, et la question est de savoir si on les trouve chez l'auteur de la *Vie de Jésus*.

La première de ces qualités n'est-elle pas ce que Buffon appelle la « vérité du style » ? Il n'est pas besoin, pour la posséder, que l'on soit dans le vrai ; il suffit que l'on soit convaincu de ce qu'on veut persuader, que l'on soit « de bonla foi avec soi-même ». (1) Oui, cela suffit, mais cela est nécessaire. Or, que M. Renan ne soit rien moins que convaincu, des choses qu'il écrit, qu'il se moque tout le premier de ce qu'il dit et de ce qu'il imprime, c'est la chose absolument certaine, dont peuvent aisément se rendre compte, au bout de quelques pages, tous ceux qui le lisent et qu'il a du reste jugé bon de nous apprendre lui-même. N'a-t-il pas, en effet, écrit quelque part qu'il « regardait comme la qualité *essentielle* d'une personne *distinguée* le don de *sourire de son œuvre* (2) ? » N'a-t-il pas élevé le scepticisme à la dignité de *sentiment exquis* (3) ? Ne professe-t-il pas que « la qualité des doctrines importe assez peu (4) ? » Il se vante de ne point avoir « d'opinions arrêtées (5) ». Il déclare « qu'un philosophe peut user plusieurs systèmes sans que cela ait rien de contradictoire », et il ajoute : « Cela lui fait honneur (6) ». Il écrit contre Jésus-Christ le pamphlet que l'on sait, et cela ne l'empêche pas de dire: « Il faut, sans hésiter *adorer le Christ* (7) ».

L'absence de convictions conduit l'écrivain à remplacer la recherche du vrai par la recherche du rare: en quête d'effets, désireux surtout de paraître et de briller, il lui arrive d'être pédant, ce qui n'est point, que je sache, la marque d'une « personne distinguée » et surtout d'un « grand écrivain ». Pédant! qui le fut jamais plus que M. Renan? Dans la *Vie de Jésus*, il substitue aux désignations reçues de tous les mots orientaux. Le peuple d'Israël devient chez lui la tribu des

---

(1) Buffon, *discours sur le style*.
(2) *L'Antechrist*, par M. Renan, p. 102.
(3) *Ibidem*.
(4) *Essais de morale et de critique*, p. VII.
(5) *L'Antechrist*, p. 103.
(6) *La liberté de penser*, T. I, p. 512.
(7) *Ibid*, T. III, p. 469.

Beni-Israël; il dit les *nabis* au lieu des prophètes, *thora* au lieu de la loi. Dans *l'Antechrist*, il affecte de saupoudrer son français de mots latin. « Quel *piaculum* pouvait être plus efficace que le supplice de ces ennemis des dieux ?... Des supplices de Juifs eussent été un *piaculum* tout aussi efficace... On pensait aux *piacula* de l'an 64... Pour beaucoup de conservateurs du premier siècle, la doctrine nouvelle du christianisme se résumait en *odium humani generis*... Le crime d'incendie était un de ces *flagitia cohærentia nomini* qui faisaient partie de la définition d'un chrétien... Presque tous les chrétiens arrêtés étaient des *humiliores*... Paul fut constitué à l'état de *custodia militaris*... Paul, en sa qualité d'*honestior*, eut la tête tranchée... Le *ludus matutinus* vit un défilé inouï... Un connaisseur aussi exquis (Néron) salua la *moritura* de quelques-unes de ces citations de poètes classiques qu'il aimait... Le *nævus* sanglant inscrit au fronton de l'Église martyre ne s'effacera plus... Le Laocoon, dont la pose est trop celle d'un premier ténor chantant son *canticum* (1) ».

Dans la préface du livre auquel j'emprunte ces citations, M. Renan dit qu'il « s'adresse avant tout aux curieux et aux artistes ». Il a cru sans doute les éblouir en écrivant la page suivante où son pédantisme apparaît dans toute sa beauté :

« Ce Christ, devenu une hypostase divine, est le *logos* de la philosophie juive alexandrine, le *mémera* des paraphrases chaldaïques, prototype de toute chose, par qui tout a été créé. Ces puissances de l'air, auxquelles l'empire du monde a été donné, ces hiérarchies bizarres, célestes et infernales, sont celles de la cabale juive et du gnosticisme.

» Ce *pleroma* mystérieux, but final de l'œuvre du Christ, ressemble fort au *pleroma* divin que la gnose place au sommet de l'échelle universelle. La théosophie gnostique, cabaliste, qu'on peut regarder comme la mythologie du mono-

---

(1) *L'Antechrist*, passim.

théisme, et que nous avons cru voir poindre chez Siméon de Gitton, se présente dès le premier siècle avec ses caractères principaux. La conception théosophique du Christ devait sortir nécessairement de la conception messianique du Fils de l'homme, quand il serait bien constaté, après une longue attente, que le Fils de l'homme ne venait pas (1) ».

Comme M. Renan, après avoir écrit cette page et cent autres pareilles, est bien venu à rabaisser les traités philosophiques de Bossuet et à nous dire d'un ton dégagé : « Bossuet n'a pas beaucoup à nous apprendre sur le fond même des choses. On lui a fait grand tort en le forçant d'avoir une philosophie. Il n'en avait d'autre que celle de ses *vieux cahiers de Sorbonne*; et quand il mit au net pour son royal élève ses *rédactions d'école*, il ne se doutait guère qu'un jour *on le prendrait si fort au sérieux* (2) ». — Et encore ceci : « Bossuet, *esprit* étroit, ennemi de l'instruction qui gênait ses partis pris, rempli de cette prétention qu'a *l'esprit français* de suppléer à la science par le talent, indifférent aux recherches positives et aux progrès de la critique... fondé de pouvoirs de tous les défauts de l'*esprit français* (3) ».

« L'épithète rare, voilà la marque de l'écrivain ». Ce sont MM. de Goncourt qui ont dit cela, et cette fois ils ont dit juste. Mais alors que faut-il penser de l'auteur de la *Vie de Jésus*, qui prodigue les épithètes comme pas un? Ce ne sont que parfums *enivrants*, et *ravissantes* figures, une nature *ravissante*, une nature idyllique et *douce*, une beauté pure et *douce*, une prédication suave et *douce*, un œil clair et *doux*, un *doux*

---

(1) *L'Antechrist*, p. 82.
(2) *Revue des Deux-Mondes*, 1ᵉʳ avril 1858.
(3) Préface de l'*Histoire critique des livres de l'Ancien Testament*, par A. Kuenen, traduite par A. Pierson, 1866.

et pénétrant génie, le *doux* Galiléen à côté de l'humble et *doux* Spinosa et de l'honnête et *suave* Marc-Aurèle. Après le suave et le doux, l'exquis ! Un sentiment *exquis*, une personne *exquise*, des moqueries *exquises*, un trait *exquis* ! Jésus-Christ est un *charmant* docteur, l'*Ecclésiaste* est un ouvrage *charmant* ! Avec M. Renan, tout ce qui n'est pas *suave* et *doux*, tout ce qui n'est pas *exquis* est *distingué*, tout ce qui n'est pas *charmant* est *délicieux*. Cette dernière épithète est celle qu'il affectionne entre toutes. « La campagne (de Galilée) devait être *délicieuse*... Nazareth est un *délicieux* séjour... En sortant de Tybériade, un *délicieux* bosquet... La *délicieuse* oasis de Jéricho... Cette *délicieuse* théologie d'amour. L'histoire du christianisme naissant est une *délicieuse* pastorale... La parabole est un genre *délicieux*... Cette *délicieuse* pastorale du fils prodigue... Le *délicieux* psaume LXXXIV... Jésus est un *délicieux* moraliste... Marc-Aurèle laissa après lui des livres *délicieux* (1) ».

L'abus est ici d'autant plus choquant que l'auteur applique les mêmes épithètes aux choses les plus différentes. Caractériser la Bible et l'Evangile par le même mot qui convient aux Idylles de Gessner ou aux Pastorales de Florian, ce n'est pas du style, c'est de la rhétorique. L'écrivain, chez M. Renan, ressemble trop souvent à ce petit garçon dont parle Mme de Sévigné dans ses lettres : L'esprit de ce petit garçon est trop joli, avec toutes ces petites pensées, tous ses petits raisonnements, ses finesses, sa petite rhétorique.

En somme Renan est de ceux dont Buffon a dit : « Ces écrivains n'ont point de style, ou si l'on veut, ils n'en ont que l'ombre ; le style doit graver des pensées, ils ne savent que tracer des paroles. »

(1) *La Vie de Jésus*, passim.

L'auteur de la *Vie de Jésus* a écrit des choses charmantes. Mais il n'a ni vigueur, ni élévation, ni noble simplicité. Ses descriptions tant admirées, pâlissent auprès de celles de Châteaubriand ; à force de chercher le pittoresque en toute chose, il en est souvent venu à la grimace et au forcé. Que de fois le soin chez Renan dégénère en affectation, la finesse devient raffinement, l'élégance tourne à la coquetterie ! L'art et le calcul se font trop sentir, et nuisent à la clarté et à la sincérité.

Le philosophe sceptique nuit au styliste. Renan a souvent des affirmations auxquelles, au bout d'un instant, il n'a plus l'air de croire, ou par une marche opposée, des paradoxes ironiques auxquels on dirait qu'il se laisse prendre. Or comme le dit fort bien Barbey d'Aurevilly :

> Pour être un grand écrivain, la première condition c'est d'avoir la puissance de l'affirmation à son service. Tout grand style est par lui-même une affirmation, qui donne de l'âme et de l'autorité à ce qu'on exprime. Sans la puissance de s'affirmer le style manque de solidité et de mouvement ; la phrase ne sait ni se tenir debout, — ce qui est la force, — ni se lancer en haut, — ce qui est le mouvement et l'emportement vers l'idéal ! M. Ernest Renan n'a jamais eu aucune des qualités robustes, vaillantes et vivantes, qui distinguent l'écrivain supérieur et inné. Il n'est pas ce qu'on appelle un « écrivain de race », et il n'en laissera pas une après lui... Il n'aura pas l'honneur (qui est plus souvent une honte) d'avoir derrière lui des imitateurs. Tout le mérite d'écrivain de M. Renan, en lui faisant la part la plus large, est d'être un coloriste assez doux sur un fond de ténuité superficielle. Dans

sa *Vie de Jésus*, il a décalqué au passage l'auguste figure du Rédempteur, qui aurait dû le faire trembler, et qu'il a mise de proportion avec les éventails des mauvaises chrétiennes du dix-neuvième siècle. Il n'y a nulle virilité de tempérament, nulle ombre de musculature dans ce talent mou, et il n'a réussi que parce qu'il ne les avait pas. Sa faiblesse répondait à la faiblesse de son siècle; deux anémies également peintes ! L'eunuque gras et rose était fait pour Byzance. Il a réussi non pas personnellement, mais littérairement, par *le joli*, qui est bien en France la plus sûre manière de réussir. Il fut dès son début, ce qu'on peut appeler un joli impie parmi les impies qui sont laids, et il est maintenant le plus joli des membres de l'Académie, qui ne sont pas non plus généralement très jolis.

Sans vouloir rabaisser outre mesure le talent d'écrivain de Renan, nous devons donc admettre avec les critiques les plus impartiaux et les plus compétents qu'il est loin de mériter tous les éloges dont on l'a couvert.

Et puis il s'agit bien ici de beau style et de grande manière ! Nous avons devant nous un homme qui se pose avant tout en érudit, en savant, en philosophe, en exégète, en philologue, en hébraïsant. Le style ici plus qu'ailleurs, n'est que le vêtement de l'œuvre. Qu'importe que ce vêtement soit d'une pourpre brillante et soyeuse, si ce qu'il cache, si l'œuvre est défectueuse et horrible.

Il faut avouer que le mérite de Renan est bien mince si ce n'est qu'un mérite de styliste. Et au dire de ses admirateurs eux-mêmes, ce n'est pas davantage.

Nous tenions à le constater.

III

Il n'est point étonnant que le style de Renan soit ondoyant et divers et n'ait, comme nous l'avons vu, qu'une valeur relative. Le littérateur n'était pas plus sérieux que le philosophe : là encore, il n'a pas d'idées arrêtées et sa bouche souffle le froid et le chaud. Quelques exemples suffiront à montrer son peu de bon sens et son mauvais goût.

Au lendemain de la mort de Victor Hugo, il a fait en plein théâtre, l'apothéose du poète (1).

Eh bien ! veut-on savoir comment dans l'un de ses principaux ouvrages, il juge le chef du romantisme ? Pour peindre Néron, ce monstre odieux, cet abominable fou, il ne trouve rien de mieux que de le représenter comme une sorte de disciple anticipé de Victor Hugo, perverti par les romans de son maître ; l'épithète de romantique est, à ses yeux, la plus mortelle injure qu'il lui puisse adresser.

» Qu'on se figure, dit-il, un homme à peu près aussi sensé que les héros de M. Victor Hugo, un personnage de mardi-gras, un mélange de fou, de jocrisse et d'acteur... C'était un *romantique* consciencieux, un empereur d'opéra, un mélomane tremblant et faisant trembler : ce que serait de nos

---

(1) *1802 : Dialogue des morts*, à-propos en un acte et en prose, par M. Ernest Renan, joué au Théâtre Français, le **25 février 1886.**

jours un bourgeois dont le bon sens aurait été perverti par la lecture des poètes modernes et qui se croirait obligé d'imiter dans sa conduite Han d'Islande et les Burgraves (1).

Renan semble avoir eu une haine furieuse contre tous ceux qui avaient un grand renom littéraire et dont le talent pouvait éclipser le sien. Il a cherché par tous les moyens à rabaisser les plus grandes et les plus pures gloires de la littérature française. C'est ce qui lui a donné la réputation d'avoir peu de bon goût et qui a permis à Goncourt d'écrire : « Renan qu'on est sûr de voir opiner du bonnet à tous les paradoxes littéraires qui se débitent... » Cette phrase caractérise tout le littérateur. Renan, dans ce domaine encore, parlait et agissait sous l'impression du moment.

Un jour, au dîner Magny, Charles Blanc s'emporte contre Mme de Sévigné, il « proclame que la femme contemporaine de Vauban, et qui a médit des paysans dans un alinéa de ses lettres ne peut avoir de talent. » Renan « dodeline de la tête en signe d'acquiescement: « C'est déplorable, cette réputation », laisse-t-il à la fin tomber, et longtemps il répète dans le silence : « Ce n'est pas un penseur... puis ce n'est pas un penseur ! » (2)

Un autre jour, le 27 décembre 1870, Renan proclame Cousin le plus grand littérateur du siècle, et provoque

(1) *L'Antéchrist*, p. 124.
(2) *Journal* des Goncourt, (2ᵉ série) 1870-1890 ; *Echo de Paris*, 21 déc. 1890.

aussitôt autour de la table une belle explosion d'indignation.

Cette opinion nous insurge, écrit Goncourt, Saint-Victor et moi, et cela amène une discussion et la remise sur le tapis de la thèse favorite de Renan qu'on n'écrit plus, que la langue doit se renfermer dans le vocabulaire du dix-septième siècle, que lorsqu'on a eu le bonheur d'avoir une langue classique, il faut s'y tenir, que justement dans l'instant présent, il faut se rattacher à la langue qui a fait la conquête de l'Europe, qu'il faut là, et seulement là, chercher le prototype de notre style.

On lui crie, mais de quelle langue du dix-septième siècle parlez-vous ? Est-ce de la langue de Massillon ? de la langue de Saint-Simon ? de la langue de Bossuet, est-ce de la langue de Mme de Sévigné, est-ce de la langue de La Bruyère ? Les langues de ce siècle sont si diverses et si contraires. Moi je lui jette : « Tout très grand écrivain de tous les temps ne se reconnaît absolument qu'à cela, c'est qu'il a une langue personnelle, une langue dont chaque page, chaque ligne est signée, pour le lecteur lettré, comme si son nom était au bas de cette page, de cette ligne, et avec votre théorie vous condamnez le dix-neuvième siècle, et les siècles qui vont suivre, à n'avoir plus de grands écrivains.

Renan se dérobe, ainsi qu'il en a l'habitude dans les discussions, se rejette sur l'éloge de l'Université, qui a refait le style, qui, selon son expression, a opéré le *castoiement* de la langue, gâtée par la Restauration, déclarant que Chateaubriant *écrit mal*.

Des cris, des vociférations enterrent cette phrase bourgeoise du critique, qui trouve un bon écrivain dans le père Mainbourg, et déclare détestable la prose des *Mémoires d'outre-tombe*.

Renan revient de Chateaubriant, à son idée fixe, que le vocabulaire du quinzième siècle contient toutes les expressions, dont on a besoin en ce temps, les expressions même de la politique, et il se propose de faire, pour la *Revue des deux Mondes*, un article, dont il veut tirer tous les vocables du cardinal de Retz, attardant longtemps sa pensée et sa parole autour de cette misérable chinoiserie.

Pendant ce, je ne pouvais m'empêcher de rire en moi-même, pensant au vocable dix-neuvième siècle, au vocable *gentleman*, avec lequel Renan a cherché à caractériser le *chic* sacro-saint de Jésus-Christ.

On se demande où il va chercher le dix-septième siècle et le français classique. N'a-t-il pas déclaré un jour qu'en fait de vues et d'idées philosophiques un jeune homme n'a rien à apprendre dans La Bruyère, Massillon, Boileau et Bossuet, mais qu'on ne peut terminer ses études sans connaître Villemain, Guizot, Thiers? Bossuet surtout a eu l'honneur des anathèmes de Renan ; celui-ci a été jusqu'à dire que l'*Histoire universelle* (1), objet d'une admiration conventionnelle, est l'œuvre d'un théologien arriéré.

Au moment de sa mort on a publié une lettre de l'auteur de la *Vie de Jésus*, lettre que nous tenons à reproduire en entier, car à côté des jugements de Renan sur un de nos plus grands écrivains, elle montre que ce flatteur universel qui avait, pour le public, le

(1) **On se demande si Renan a lu les auteurs dont il parle.** Villemain, que Renan recommande à la jeunesse a fait à diverses reprises un éloge magnifique de Bossuet et de son histoire universelle. — Voir le tome 1er des *Nouveaux mélanges historiques et littéraires*.

talent d'enfermer ses paroles de haine et de destruction dans des formules admiratives, est tout autre dans l'intimité et parle même avec une brutalité fort grande.

Voici cette lettre (1) :

Je vous remercie bien vivement de vos beaux articles sur Bossuet, que j'ai reçus et lus avec le plus grand intérêt. Je vous félicite d'avoir osé attaquer avec tant de franchise et de vigueur *une idole de l'admiration routinière.*

Les influences combinées du clergé, de l'Université et de la littérature rhétoricienne avaient élevé autour de Bossuet une sorte d'enceinte sacrée, que vous percez avec autant d'audace que de bonheur. Pour ma part, la destruction de cette *superstition-là* (dans la mesure, bien entendu, où une superstition se détruit) a toujours été une de mes idées fixes. Vous venez de réaliser ce que j'aurais voulu faire, vingt fois mieux que je ne l'aurais fait : vos preuves sont décisives et votre exposition pleine de force et d'habileté.

J'attends avec impatience une série d'articles où vous examinerez comme écrivain celui dont vous avez détruit le prestige comme homme. Montrez hardiment ce qu'il a fallu de naïveté et de confiance dans les rhéteurs pour accepter comme des chefs-d'œuvre *un ouvrage aussi puéril que l'Histoire univerelle,* qui de nos jours *mériterait à peine de figurer parmi les ouvrages destinés à un pensionnat de religieuses* ; la *Politique tirée de l'Ecriture, ignoble parodie de la Bible* au profit de Louis XIV ; l'*Histoire des variations* fondée toute entière sur un sophisme évident ; les écrits philosophiques, *vrais cahiers de collège sans valeur* ; les écrits sur l'Ecriture sainte, pleins d'une exégèse arriérée, à une époque où une critique

(1) Elle fut adressée à Alphonse Peyrat, le 8 avril 1856.

meilleure se faisait jour avec Richard Simon. Les persécutions suscitées par Bossuet à ce grand homme, si supérieur à son temps dans le domaine de la science sacrée, m'ont toujours semblé caractéristiques de l'esprit absolu et borné de l'Eglise gallicane, et de la Sorbonne en particulier.

Pour tout ce qui est de la méthode et du fond des connaissances, *Bossuet n'est* en réalité *qu'un sorbonniste encroûté* ; je ne crois pas exagérer en ne lui laissant absolument que le mérite d'orateur. Celui-là, il le possède à un haut degré : s'il se fût contenté du rôle d'un Mascaron ou d'un Fléchier, on eût pu l'accepter comme le premier des maîtres en éloquence classique ; mais la prétention de résoudre avec de la rhétorique les plus graves problèmes de la religion, de la politique, de l'histoire, de la philosophie, est insoutenable. C'est en flattant les mauvaises tendances de l'esprit français, toujours séduit par la pompe du langage et par une prétendue apparence de sens commun, que Bossuet est arrivé chez nous à cette espèce de dictature intellectuelle que vous lui avez si victorieusement contestée.

Recevez de nouveau, monsieur, mes félicitations pour votre acte de courage (je ne crois pas trop dire en employant ce mot), et croyez aux sentiments infiniment distingués avec lesquels je suis

Votre tout dévoué serviteur.

E. Renan.

Le bon goût littéraire de Renan, allait de pair à compagnon avec son bon sens philosophique et la profondeur de sa science. L'homme, on le voit, était complet, et pas aussi divers qu'on a bien voulu le dire. Ce qu'on a pris pour une chose naturelle chez lui, était tout simplement le résultat d'une grande habileté comme nous allons le démontrer.

IV

Renan a réussi à devenir grand homme sans avoir de grandes qualités, ce qui montre une fois de plus que la réputation n'est point toujours l'effet du mérite et du talent. Chez l'auteur de la *Vie de Jésus* et des *Origines du Christianisme*, elle a été le résultat de l'habileté. Nul, mieux que lui, ne sait couvrir les points faibles, dissimuler le sophisme, colorer le mensonge et lui donner toutes les apparences du vrai.

Prenez isolément et, abstraction faite du style, le fond d'idées qui lui sert de thème : c'est un tissu de faussetés, de sophismes, de contradictions, d'exagérations. Mais, tel est son prestige de mise en scène, tel est son art d'isoler et de grouper, de distribuer les couleurs, les ombres et les nuances, d'effacer ou de mettre en saillie ; il sait si bien réaliser à volonté les grossissements ou les raccourcis, combiner les effets de perspective que, vus dans le miroir de ce style menteur, les paradoxes, les contradictions, les absurdités, perdront tout ce qu'ils avaient de plus choquant, revêtiront même un faux air de ressemblance, et si le lecteur n'a soin de rectifier ces illusions d'optique, il y aura un effet d'ensemble qui s'emparera de lui comme une sorte de mirage, et il sera trompé, ébloui, joué.

L'illusion du style est d'ailleurs aidée par un autre art qui existe à un très haut degré chez Renan et que nous nommerons *l'art de la pose*. Il n'est pas possible de caractériser autrement des déclarations qui n'ont pour but que de jeter de la poudre aux yeux. Répondant aux attaques dont il était l'objet, il s'écriait que, s'il était, « comme tant d'autres, esclave de ses désirs, si l'intérêt ou la vanité le guidaient dans la direction de ses travaux, on réussirait sans doute par de tels procédés à lui faire abandonner des études qui ne sont d'ordinaire récompensées que par l'injure. Mais « ne désirant rien, si ce n'est de bien faire, ne demandant à l'étude d'autre récompense qu'elle-même », il affirmait « qu'il n'est point de mobile humain qui ait le pouvoir de lui faire dire un mot de plus ou de moins qu'il n'a résolu de dire. » Y a-t-il des vanités littéraires qui aient su se draper avec plus de solennité ? Que tout cela semble misérable quand on connaît l'insincérité de Renan, le sans-gêne avec lequel il écrivait, et le peu d'importance qu'il attachait lui-même à ce qu'il avait dit. Mais de telles protestations suffisaient pour éblouir la foule, et le rusé compère ne voulait pas autre chose.

Rien ne lui coûte pour cacher au public ses véritables sentiments. En parlant des contradictions qu'il prétend exister entre le quatrième évangile et les trois autres il dit : « Je vois ces contradictions avec une évidence si absolue que je jouerais là-dessus ma vie et par conséquent *mon salut éternel*, sans hésiter un moment (1). » Sur les esprits réfléchis qui connaissent l'individu, et qui savent le cas que peut faire de son *salut éternel* un homme qui ne croit ni à Dieu, ni à l'autre vie, ces assertions tranchantes n'ont guère d'in-

(1) *Souvenirs* p. 298.

fluence. Mais ceux-là sont rares, et au contraire il est infini le nombre de ceux qui sont éblouis par l'assurance de cet ex-théologien, à qui on accorde si volontiers tant de savoir. Les lecteurs de la *Revue des Deux-Mondes* et beaucoup de catholiques hélas ! sont facilement séduits par ces dehors de la sincérité et de la conviction.

Il y a peu de gens aujourd'hui qui vont au fond des choses, réfléchissent, pèsent les arguments. Que d'hommes subissent tout ce qui est écrit et croient tout ce qui est affirmé ! Notre siècle, qui affecte tant de prétentions à l'indépendance est à bien des égards le siècle de l'abaissement et du servilisme intellectuel. Presque tous les esprits courent au-devant du premier féticheur qui veut leur imposer son joug. L'admiration niaise et la béate crédulité se mesurent souvent sur l'énormité même et l'effronterie des faussetés qui viennent s'imposer.

Renan a spéculé sur cette prostration générale des intelligences. Il avait d'ailleurs les dons qui éblouissent plus facilement les esprits moindres parce qu'ils les dépassent moins : la finesse, la délicatesse, le sentiment des nuances.

D'un autre côté ses attaques contre le christianisme ont toujours été voilées. Et bien des gens ont pu se laisser prendre à ces airs de respect poli et de haute impartialité qu'il affecte souvent envers le christianisme.

Il ne crie pas, lui : *Ecrasons l'infâme*! Il a bien du Voltaire, mais c'est du Voltaire contrefait, du Voltaire retourné ;

il a le rire grave, l'insulte polie, et rien n'est plus doux que sa colère. Il cache la haine dans l'amour, et le mépris dans le respect ; et volontiers je dirais avec l'un de ses brillants adversaires : *son respect est le point culminant de ses mépris* (1). Nul ne sait mieux mettre le sarcasme au fond d'une admiration, l'ironie dans un éloge, et la blessure dans une caresse (2) ».

Mais au fond de ses admirations de commande pour un Christ imaginaire, on découvre tout son mépris pour le Christ réel. Sous ses formules les plus artistement polies, et les plus habilement calculées, on sent passer un souffle froid qui resserre le cœur et contriste l'âme. Il y a comme une odeur d'apostasie qui s'exhale des livres de l'ancien séminariste. En le lisant on songe à Saint-Sulpice, et malgré soi on se souvient du lévite qui aurait dû être un apôtre. La haine du Dieu quitté déborde de toute part dans les ouvrages de Renan. L'auteur a renié son adoration et il ne peut souffrir qu'on l'adore.

Drumont a dit dans la *Libre parole* :

---

(1) Ernest Hello : *M. Renan et la Vie de Jésus.* Il faut lire aussi le livre si remarquable du même auteur : *M. Renan, l'Allemagne et l'Athéisme*, Paris, Douniol, 1859.

(2) P. Félix ; *Etudes religieuses*, 1863. — Il s'attendrit sur ce qu'il attaque, il se passionne pour ce qu'il abat ; il pleure sur ce qu'il détruit et le lecteur, simple, finit par croire à une réelle bonne foi, même à de la justice.

PAUL ADAM, *Le Journal*, 3 octobre 1892.

Il n'y a rien chez Renan du grand révolté, du blasphémateur audacieux qui lève un poing menaçant vers le ciel, pour protester contre les iniquités de la terre, rien de Jean Huss ou de Luther Avec ses affectations d'artiste, il resta toujours le monsieur prêtre en rupture de sacerdoce.

Major optimi corruptio. Les qualités du prêtre, la réserve et la prudence, deviennent, chez celui qui tourne mal, de l'hypocrisie et de la fourberie. Renan était ainsi. L'homme cauteleux et dissimulé n'avançait pas un mot sans des restrictions qui le détruisaient ; il regardait son interlocuteur avant de se décider à parler dans un sens ou dans un autre.

Cet échappé de séminaire, qui n'avait pas consenti à obéir au Christ, avait devant les puissants du jour des platitudes de bedeau, comme il avait devant les spectacles de la vie, des étonnements de badaud. Un bedeau badaud c'était tout lui : « Jocrisse dans un bénitier », a dit le sculpteur Préault.

Aussi les blasphèmes les plus affreux sont-ils çà et là semés le long des pages qu'il a consacrées aux origines du christianisme. Voici un spécimen de ce qu'il a osé dire, en le cachant sous les fleurs de sa vaine rhétorique :

L'Evangile « est une gnose obscure », « une métaphysique contournée », « un recueil de biographies légendaires », « un récit morne et pâle », plein « de tirades prétentieuses, lourdes et mal écrites ».

Jésus, un fils « en révolte contre l'autorité paternelle » ; « un jeune villageois qui voit tout à travers le prisme de sa naïveté » ; un homme à qui « Marie de Béthanie plaisait par sa langueur » ; qui « eut ses Sainte Claire et ses Françoise de Chantal » ; enfin, un demi-savant qui, quoique étranger à toute connaissance physique, « sans aucune idée de la puissance humaine, sans aucune idée de l'âme séparée du corps », n'était point pourtant ce qu'on appelle « un ignorant ».

Les disciples de Jésus, « une troupe gaie et vagabonde, » « une bande de joyeux enfants », un cercle « de jeunes gens cherchant l'inconnu », jeunes gens « dont l'esprit était faible et l'ignorance extrême ».

C'est après avoir écrit de pareilles horreurs que Renan affecte de se dire toujours chrétien. Dans l'introduction de la *Vie de Jésus* (édition populaire), il disait :

« Je ne réfuterai pas pour la vingtième fois le reproche qu'on m'adresse de porter atteinte à la religion. *Je crois la servir* (1). »

N'est-ce pas lui qui a écrit encore : « J'ai tout critiqué, et quoi qu'on en dise, j'ai tout maintenu. J'ai rendu plus de services au bien en ne dissimulant rien de la réalité, qu'en enveloppant ma pensée de ces voiles hypocrites qui ne trompent personne. *Notre critique a plus fait pour la conservation de la religion que toutes les apologies.* Nous avons trouvé à Dieu un riche écrin de synonymes (2). »

On se sent désarmé en présence de pareilles divagations, et l'on se demande si elles ne relèvent pas de la pathologie médicale. Mais non ! celui qui écrivait cela n'était point un fou, c'était tout simplement un audacieux qui s'était juré de faire avaler d'incommensurables couleuvres à ses contemporains et qui se divertissait de voir l'appétit empressé avec lequel on dévorait l'appât funeste.

(1) p. 6.
(2) *Le prêtre de Némi*, préface.

L'habitude de voir que tout lui réussissait, le désir d'arriver à une fortune magnifique poussa Renan à des actes d'une hardiesse inimaginable. Récemment on s'est exclamé devant la lettre qu'il adressait en septembre 1868 au supérieur du petit séminaire de Tréguier, et qu'on a publiée depuis sa mort.

Il s'excusait de ne lui avoir pas fait visite pendant son séjour dans la ville natale. « J'ai craint, disait-il avec l'audace la plus effrontée, que ce qui n'est à mes yeux qu'un dissentiment, n'empêchant en aucune manière la sympathie, ne fût pour d'anciens amis un motif de me revoir sans joie. Voilà uniquement ce qui m'a fait priver d'un des plaisirs les plus vifs que j'aurais eus, du plaisir de visiter une maison à laquelle je dois de précieuses leçons d'honnêteté et de sérieux, où j'eusse rencontré d'anciens condisciples auxquels n'a pas cessé de m'unir la plus vive amitié. »

On ne vénère point ses anciens maîtres, quand on foule aux pieds leurs enseignements. Le supérieur du petit séminaire, le chanoine Mando, vit l'inconvenance de cette lettre et lui fit la réponse digne et sévère qu'elle méritait. Mais aux yeux de beaucoup de chrétiens et.... peut-être de beaucoup de prêtres, la démarche de Renan, faite sous une forme modérée, humble et presque émue, aura paru digne d'éloges ; c'est ainsi que l'habile apostat a pu souvent faire croire au public le contraire de ce qu'il pensait.

Et puis il ne dédaignait pas de manger à plusieurs rateliers. En 1868, les temps commençaient à être fort troublés ; on ne savait guère ce qui allait arriver, mais on prévoyait la chute de l'Empire et on ignorait s'il serait remplacé par la République ou par Henri V. Il était bon, à certains égards de ne point *paraître* ennemi du clergé. Une démarche comme celle que nous venons de signaler pouvait gagner certaines sympathies à Renan sur cette terre de Bretagne où il y avait encore des cœurs qui n'avaient pas abdiqué toute affection pour lui.

Il aurait pu ainsi éviter les coups du sort, au cas où l'avenir aurait tourné contre l'anti-cléricalisme alors triomphant. Car Renan tenait beaucoup à ne point s'exposer aux malheurs de l'adversité.

Il a dit dans ses *Souvenirs* : (1)

« La pauvreté est celle des vertus de la cléricature que j'ai le mieux gardée. Mon rêve serait d'être logé, nourri, vêtu, chauffé, sans que j'eusse à y penser. Je quitterai la vie sans avoir possédé d'autres choses que « celles qui se consomment par l'usage », selon la règle franciscaine. Toutes les fois que j'ai voulu acheter un coin de terre quelconque, une voix intérieure m'en a empêché. Cela m'a semblé lourd, matériel, contraire au principe: *Non habemus hic manentem civitatem.* Les valeurs sont choses plus légères, plus éthérées, plus fragiles; elles attachent moins, et on risque plus de les perdre ».

Or, ce parfait désintéressé des choses humaines a toujours recherché avec ardeur — et ses amis en riaient eux-mêmes — les places du gouvernement, des fonctions rétribuées par un traitement fixe. Or, en ces dernières années, c'est le *Figaro* qui nous l'apprend, il touchait du gouvernement la modeste somme de

(1) Page 348.

quarante mille francs par an. Et cela sans compter le produit de ses travaux littéraires, de sa collaboration au *Temps*, au *Journal des Débats* et à la *Revue des Deux-Mondes*. Ce n'est pas exagérer de dire que l'écrivain gagnait bon an mal an de cinquante à soixante mille francs : il était logé au Collège de France et avec ses jolis revenus il se payait une villa au bord de la mer et un cottage aux environs de Paris. Quand on en est là, on peut regarder avec dédain les pauvres diables qui cherchent « à tirer de soi toute la mouture qu'on peut tirer ». Mais on ne fera croire à personne qu'on est resté sulpicien par le désintéressement et l'amour de la pauvreté. Certaines gens pensaient pourtant que Sénèque, écrivant l'éloge de la pauvreté sur un pupitre d'or, n'était point de notre siècle.

Malheureusement le sophiste est de tous les temps. Et dans tous les siècles il sera le même : recherchant les honneurs dus à la vérité et n'ayant pas le courage de son erreur ou de son apostasie. On se souvient de la mère de Luther interrogeant son fils sur les fins dernières et lui demandant une règle de conduite alors que lui, son fils, il ne croyait plus. « Ma mère, faites comme si je croyais encore », répondit l'hérésiarque.

Renan a fait de même. Quelqu'un lui disait :

— Voyons, vous avez troublé nos consciences, nous n'osons plus élever les enfants dans les rites anciens. Que faut-il faire ?

Il répondit :

— Faites comme tout le monde (1).

(1) Le *Journal*, 4 octobre 1892.

Le propre fils de Renan, né d'une protestante et d'un apostat, fut baptisé. Quelques uns l'ont nié, mais l'acte de baptême, qui existe encore à St-Thomas d'Aquin, ayant été publié, il n'y a point lieu de douter (1).

Il est vrai d'ajouter que Renan céda aux prières de sa mère (2). Quelle qu'ait été la profondeur de son apostasie et de son incroyance, Renan n'osa jamais rien faire contre la foi de sa mère. Lorsqu'elle fut atteinte chez lui du mal qui devait l'emporter, il l'avertit lui-même de la gravité de son état et alla chercher le curé de St-François Xavier qui administra les derniers sacrements à la vieille bretonne.

Ce n'est pas la seule fois qu'il donna des preuves de respect pour les croyances de sa mère. Il arrivait souvent que retournant chez lui après avoir corrigé les épreuves de ses livres hétérodoxes, Renan faisait emplette pour la pieuse et simple femme de quelque livre de dévotion facile et pratique, de la *Semaine religieuse*, de petits manuels de confrérie, etc (3).

Ce serait fort touchant s'il y avait dans ces actes autre chose que la crainte d'affliger une mère, ou de mériter son courroux et d'être obligé de subir ses remontrances ou de répondre à ses questions.

Mais y avait-il autre chose? Nous sommes si bien habitués à voir Renan jouer la comédie dans les cir-

---

(1) M. Renan, *hier et aujourd'hui*, p. 17.
(2) Elle assistait au baptême et dit avec émotion au vicaire qui le faisait: « Ah! monsieur l'abbé, priez bien pour que ce petit enfant soit pieux, comme l'était autrefois son père ».
(3) *Figaro*, 16 juillet 1863.

constances les plus sérieuses, que nous nous demandons si même en faisant le bien, il n'avait point « derrière la tête » quelque mauvaise pensée qui aurait détruit tout le bien fait.

CHAPITRE VI

Les matériaux d'une œuvre de destruction.

I

Après le succès de la *Vie de Jésus,* Renan s'attela à la besogne. Il crut être tombé sur une veine digne d'être exploitée et il s'empressa d'exquisser l'histoire des *Origines du christianisme.* Mais c'était fini avec le premier volume. Le coup de tonnerre ne se renouvela pas: il ne fut suivi que d'une petite pluie, la petite pluie qui termine souvent les grands éclats de la foudre. Renan n'était qu'un rationaliste de plus qui mettait au jour ses élucubrations mijaurées, pour lesquelles la foule ne se passionne plus.

« La gloire — puisqu'un grand bruit s'appelle la gloire — s'éteignit peu à peu pour Renan dans l'estime sourde des Académies qui le chamarrèrent académicien. Il fut officiellement classé, coté et paraphé comme philosophe et comme savant. Mais là où l'on avait entendu le retentissement de gong d'une impiété qui avait déchiré l'espace, on n'entendit plus, comme un bruit d'insecte, que le petit grattement sur le papier d'une plume d'institut... » (1)

(1) Barbey d'Aurevilly,

Le P. Félix avait prédit cela avec éloquence :

Renan, avait-il dit au lendemain de l'apparition de la *Vie de Jésus*, ne créera plus rien qui puisse faire plus d'éclat et produire plus d'effet que sa *Vie de Jésus*. Il n'a plus à prendre à partie un second Jésus ; il n'y a plus à frapper de nom comme ce nom ; aucun ne rendra un pareil son et ne rendra de tels échos. Que nous importe ce qu'il pourra dire de St-Pierre et de St-Paul, de St-Jacques ou de St-Barnabé, quand nous savons ce qu'il dit de Jésus ? Si vénérable et si auguste qu'ils soient, que sont ces noms devant cet incomparable nom ? D'ailleurs, dût-il être, dans ses ouvrages promis, plus habile encore qu'il ne l'est dans sa *Vie de Jésus*, ses coups porteront peu : sa tactique est connue et ses batteries sont démasquées. Il peut écrire jusqu'à l'éternité ; le temps l'a déjà jugé, l'humanité le connaît, l'Eglise ne le redoute pas, notre Christ se moque de lui, et nous, humbles soldats du Christ, voués jusqu'à la mort au triomphe de sa cause, nous ne craignons rien. Dans la tranquille attente de l'avenir du christianisme et du sien, nous pouvons lui dire sans l'insulter : Vous mourrez, monsieur Renan, et la figure du Christ vivant planera sur votre lit de mort. Blessé un jour sur le champ de bataille, où votre science aura combattu contre lui et les siens, vous pourrez vous aussi rendre à sa gloire le témoignage d'une suprême défaite : Tu as vaincu, Galiléen ! En attendant pressez vous d'achever : *Quod facis fac citius*. Vous craignez que le temps ne vous manque ; hâtez-vous donc, finissez demain s'il se peut ; après demain vous serez vaincu ; on vous ensevelira dans vos livres ; votre gloire mourra avec vous ; et notre Christ vivra éternellement. (1)

---

(1) *Études religieuses*, 1863, p. 721.

Le P. Félix a prophétisé. Avant que son œuvre fût terminée, Renan s'est couché dans le froid du tombeau et déjà sa gloire disparaît. L'idole est tombée, et les adorateurs la piétinent. De tous côtés apparaît la vaine science du philosophe, et le discrédit s'attache à ses livres avant même que tous aient été publiés. C'est bien d'ailleurs ce que méritaient de pareilles élucubrations nées de la haine et de l'impudence.

Chacun est payé selon ses mérites.

Outre la *Vie de Jésus*, les origines du christianisme comprennent six volumes : les *Apôtres* (1866), *St-Paul et sa mission* (1867), l'*Anté-Christ* (1873), les *Evangiles et la seconde génération chétienne* (1877), l'*Eglise chrétienne* (1879), *Marc-Aurèle et la fin du monde antique* (1880). Et pour donner à tout cela une allure plus scientifique, l'habile mystificateur y ajoute un *Index général* pour les sept volumes des *Origines* et une carte de l'extension du christianisme.

Deux choses — qui existent d'ailleurs à profusio. dans la *Vie de Jésus* — caractérisent principalement ces livres dont l'auteur aurait voulu faire un puissant engin de destruction contre le christianisme.

La première, c'est la négation *a priori* de tout fait miraculeux, quelle que soit l'autorité des témoins qui le rapportent et des historiens qui le certifient, quelles que soient les circonstances dans lesquelles le miracle s'est passé. La philosophie, il est vrai, démontre que le miracle est possible, et l'histoire, l'histoire la plus sévèrement impartiale, affirme qu'il y en a eu. Renan est de la race de ceux qui nient des faits logiquement et expérimentalement prouvés parce qu'ils contredisent leur pauvre bon sens, c'est pour lui que le Dr Richet semble avoir écrit:

« Il y a quinze jours j'ai vu tel fait étonnant qui m'a convaincu. Aujourd'hui je hoche la tête, et je commence à en douter, dans six mois d'ici *je n'y croirai plus du tout*. C'est là une curieuse anomalie de notre intelligence. Il ne suffit pas en définitive, pour amener la conviction, qu'un fait soit *logiquement et expérimentalement prouvé*, il faut encore que nous en ayons pris, pour ainsi dire, l'habitude intellectuelle S'il heurte notre *bon sens* il est repoussé et dédaigné (1).

L'autre chose à remarquer dans l'œuvre de Renan est le manque de sérieux. L'érudition semble y jouer un grand rôle, à voir les nombreuses et savantes citations qui encombrent les pages ; mais c'est l'imagination qui tient la plume. L'auteur n'a pas cette raideur pédantesque et maladroite qu'il reproche aux Allemands, ses compères dans la guerre anti-chrétienne ; sa trame est ourdie de main habile et déliée. En fait de textes sacrés, il n'y a rien pour lui de bien authentique, rien non plus de bien apocryphe; il prend ici et là ce qui lui convient ; il le façonne, il le colore, il l'anime ; il devine ce que ses personnages ont pensé, ce qu'ils ont dû dire ; il interprète leurs paroles ; il refait, au besoin, leur chronologie avec une aisance et un air de bonhomie dont on ne sait s'il faut se moquer ou se fâcher. Au fond, ces livres sont un mensonge perpétuel. L'auteur qui semble ne chercher

(1) Préface de la *Suggestion mentale* du Dr Ochowitcz ; Paris, 1887,

autre chose que la vérité est sans cesse en travail pour la déguiser.

Cet effort incessant pour mentir habilement le force quelquefois à de singuliers *tours de passe-passe*. Voici la manière dont il est obligé d'expliquer la résurrection. Le fait, étant miraculeux est nié *à priori*. Mais il est impossible de se débarrasser aussi facilement de la croyance à la résurrection. Renan l'explique par l'enlèvement du corps du Crucifié. Mais il faudrait savoir qui a fait cet enlèvement. Ce ne sont pas les ennemis du Christ, puisqu'ils auraient ainsi accrédité eux-mêmes la croyance à la résurrection. Ce ne sont pas ses amis qui étaient persuadés du fait jusqu'à l'attester par leur mort et qui ne pouvaient être dupes d'eux-mêmes.

Renan, pour sortir d'embarras, se contente de déclarer la *question oiseuse* et *insoluble !!!*

Il n'est pas plus habile pour donner une explication rationnelle de la conversion de Saint Paul. Les textes, que Renan lui-même admet comme authentiques, déclarent que Saint Paul respirait la haine et voulait la mort des chrétiens. Renan, que ces textes gênent, les néglige et affirme que Paul avait des remords et des hésitations quand il partit pour Damas ; il n'a vu cela nulle part, mais il en a besoin pour expliquer la conversion de l'apôtre et cela lui suffit. Quant à la vision, c'est une simple hallucination ; Saint Paul a cru voir Ananie... en rêve.

Dans toute son œuvre, Renan a pratiqué le mépris des textes avec une sérénité déconcertante. Dans l'*Antéchrist*, il veut prouver que Saint Pierre et Saint

Paul étaient des ennemis acharnés l'un de l'autre, et à l'appui de son dire il cite la lettre de Clément à Jacques (*sic*). Or cette lettre dit : « C'est à cause de la pureté de sa foi et de la solidité inébranlable de sa doctrine que Simon a été établi le fondement de l'Eglise et qu'il a reçu de la bouche de Jésus, la vérité même, le surnom de Pierre. » Il n'y est nullement question d'animosité de Saint Paul contre Saint Pierre. Mais cela n'embarrasse guère Renan qui va chercher une nouvelle preuve de cette animosité dans la 1re épître de Saint Pierre (1) : le chef des Apôtres y emploie seize fois les paroles de Saint Paul, sans un mot de blâme à l'adresse de celui-ci. N'est-ce pas prouver combien il le détestait ?

Mais tout cela, déguisé sous des fleurs de rhétorique, a été bénévolement accepté d'un trop grand nombre de lecteurs. On s'est laissé prendre aux citations hardies de Renan, même quand il se citait lui-même. Et cela n'était pas rare ; c'est ainsi que le *Saint Paul* prouve l'*Antéchrist* et que l'*Antéchrist* à son tour prouve le *Saint Paul*. Dans son premier ouvrage Renan charge saint Paul des noires accusations qu'on retrouve dans le deuxième, et il renvoie aux textes de l'Apocalypse ; dans le deuxième, pour donner le vrai sens de l'Apocalypse, dont il s'occupe alors plus particulièrement, il renvoie au premier.

Entre temps il trouve le moyen de dire blanc et noir sur le même sujet et de transformer en femme un être qu'il avait d'abord dit être du sexe masculin. C'est

---

(1) L'*Antéchrist*, p. 112.

ainsi que Jézabel qui, dans le *Saint Paul*, était un prophète, un homme, devient dans l'*Antéchrist* « quelque femme influente de Thyatire, disciple de Paul ! » Renan ne dégénéra pas après la *Vie de Jésus*; il conserva dans ses autres ouvrages les brillantes qualités qui l'avaient fait traiter d'ignare par les Allemands.

Les différents volumes de cette *Histoire des origines du Christianisme* se ressemblent non-seulement par les procédés de mise en scène, mais aussi pour le fond. Les mêmes personnages y évoluent et Renan s'y répète quand il ne s'y contredit pas. L'auteur à succès a tiré à la ligne; il a fait sept ou huit volumes sur un sujet qui pouvait être traité en deux. Partout il est question des apôtres et des premiers temps de l'Église, sans que les nouveaux volumes contiennent quelque chose qui n'ait pas été dit encore dans les précédents. *L'Antéchrist et Marc-Aurèle*, cependant, ont un cachet particulier.

Dans le premier, Renan soutient que Néron est l'Antéchrist prédit par l'Apocalypse. Son but est aussi de persuader aux lecteurs que l'œuvre du prophète de Pathmos n'est pas autre chose qu'un pamphlet politico-religieux, inspiré par le fanatisme. Un imposteur assez ressemblant à Néron parut à Rome dans les derniers mois de l'année 68, fit quelques dupes et périt misérablement dans les premiers jours de l'année 69. D'après Renan, l'apparition de ce faux Néron inspira l'Apocalypse ; c'est Néron qui y est représenté sous le symbole de la bête qui était morte et qui est ressuscité. La conclusion : l'Apocalypse n'a pas été écrite sous Domitien, mais avant la fin de janvier 69. Ces hypothèses auraient de graves conséquences, si elles n'étaient insoutenables.

Néron n'est pas plus le héros de l'Apocalypse que Marc-Aurèle n'est l'homme « qui résumait le mieux la sagesse antique et préfigurait le mieux la sagesse chrétienne. » Le suffrage de Renan ne changera rien au jugement que la véridique histoire doit porter sur Marc-Aurèle et il ne suffit pas d'attribuer à l'empereur romain « une âme divinement bonne » pour faire oublier les horribles persécutions de Gaule ordonnées par ce prétendu sage.

Mais cet empereur était un philosophe, il a écrit et ce sont sans doute les *Pensées* de ce tueur de chrétiens qui ont ravi d'admiration l'âme de Renan.

C'est sur ces déclamations écrites à froid, nous dit Barbey d'Aurevilly, que M. Renan trouve très au-dessus du livre des Evangiles et qui doivent durer quand le livre des Evangiles ne sera plus, c'est sur ces déclarations du solennel Trissotin philosophique que fut Marc-Aurèle que M. Renan a pris la mesure de son grand homme et pour un critique qui ne se pique que de critique et de scrupule dans la critique, cela peut paraître, qu'on me passe le mot, un peu *lâché*. La mesure n'y est pas. Il y a trop d'étoffe. La grandeur de Marc-Aurèle n'est que la grandeur d'une bêtise qui fut immense, et qui fit de lui, tout le temps qu'il régna, la plus pourprée et la plus imperturbable dupe qui ait jamais existé. Il le fut des autres et de lui-même... Il le fut de Lucius Verus, l'imbécille Lucius Verus qu'il associa à l'empire. Il le fut de sa femme Faustine, qui le trompa sans qu'il crut jamais qu'il fût trompé. Il le fut de son fils, de son fils Commode, le crapuleux boucher auquel il laissa lâchement l'Empire du monde. Il le fut enfin de lui-même qui commanda froidement l'affreuse persécution des

Gaules et le massacre des martyrs de Lyon par vertu d'empereur et que M. Renan, dupe lui-même de cette impériale duperie, est presque tenté d'admirer !

Chose curieuse ! dans ce livre — comme dans ceux qui l'avaient précédé d'ailleurs, dans l'*Eglise chrétienne* en particulier, — Renan rend, malgré lui, un magnifique hommage à cette Eglise persécutée. De ses écrits même il résulte que dès les premières années du second siècle l'Eglise avait ses livres sacrés, un enseignement qu'elle attribuait aux Apôtres, la même hiérarchie qu'aujourd'hui, le même respect de la tradition, les mêmes dogmes et les mêmes croyances : union hypostatique de la divinité et de l'humanité en Jésus-Christ, présence réelle dans l'Eucharistie, virginité de Marie...

Au milieu des ténèbres du monde antique, la religion du Christ se levait comme un astre d'éblouissante lumière et apportait à l'esclavage païen de claires notions de civilisation et de progrès. Renan dit tout cela sans le vouloir. Il cherche au contraire à ne pas le dire, mais en cela il se montre illogique comme son héros l'empereur Marc-Aurèle. Après avoir assisté aux magnifiques développements de l'Eglise naissante, il continue de nier le surnaturel dans l'histoire de même que Marc-Aurèle avait systématiquement détourné son âme de la religion chrétienne. Marc-Aurèle et Renan ont une ressemblance : ils sont aussi aveugles l'un que l'autre. Mais leur aveuglement ne fera rien au triomphe de l'œuvre voulue par Dieu et si, comme dit d'Aurevilly, « contre le surnaturalisme vainqueur, le sang des persécutions du philosophe Marc-Aurèle n'a rien pu, ce n'est pas la bouteille d'encre des écoles primaires de M. Renan, le philosophe, et 'de ses pareils qui, dans l'avenir, pourra davantage ! »

II

Il n'a pas suffi à Renan d'avoir échoué dans sa tentative de destruction en cherchant à saper la base historique du christianisme. Son ambition le poussait à de plus hautes œuvres. Esprit absolu, Renan n'aimait que les échecs complets. Or le christianisme a un fondement dans l'ancienne loi, dans les livres révélés qui forment l'Ancien Testament. Aussi Renan s'empressa-t-il de porter contre ces monuments les coups impuissants de sa critique. Il dut être content, car son échec fut aussi piteux que dans la première entreprise.

De 1887 à 1890 trois volumes de l'*Histoire d'Israël* ont été publiés. Deux autres volumes doivent compléter l'ouvrage. Pressé par la mort, Renan en a donné hâtivement le manuscrit à l'éditeur. Le tome IV, se sont empressés de clamer les fidèles, doit paraître dans quelques semaines. Le tome V a besoin d'être revu par un bon correcteur. Quel sera cet oiseau rare ? Ledrain semble tout indiqué. Comme Renan il a renié la foi de son enfance ; il a même été plus loin, il a apostasié les vœux de son ordination et il a tourné sa science d'assyriologue contre la religion qui l'avait élevé. Après s'être moqué de l'hébraïsant du Collège de France, il s'est au lendemain de sa mort, mis platement à genoux devant la dépouille adipeuse du blasphémateur, dans l'espoir peut-être d'acquérir ainsi sa succession. Les deux augures d'ailleurs étaient faits pour s'entendre : aussi rusés, aussi hypocrites, aussi ambitieux l'un que l'autre, ils pouvaient aller de pair à compagnon et Ledrain est tout désigné pour polir les déjections littéraires de son prédécesseur. Il serait même capable à la rigueur d'ajouter quelques palinodies à celles de Renan, qui sont pourtant passablement nombreuses, car elles forment presque toute l'*Histoire d'Israël*.

Dans la préface (1) Renan a dit :

Il ne s'agit pas en de pareilles histoires de savoir comment les choses se sont passées ; il s'agit de se figurer les diverses manières dont elles ont pu se passer. En pareil cas, toute phrase doit être accompagnée d'un *peut-être*. Je crois faire un usage suffisant de cette particule. Si on n'en trouve pas assez que l'on en suppose les marges semées à profusion : on aura alors la mesure exacte de ma pensée. »

Ah ! çà, Renan se croit-il inspiré ? Quand parut *la Vie de Jésus*, quelques-uns l'appelèrent le cinquième Evangile selon Renan. Le cuistre semble avoir pris goût à cette appellation et quand il écrivait une page d'histoire, il ne devait point, comme un savant ordinaire, s'asseoir sur un humble fauteuil, mais il est à

(1) p. XV

croire qu'il montait sur le trépied de la pythonisse (1).
Il y était plus à l'aise pour remplir par la conjecture
la place immense « que laisse vide le silence des documents. »

Aussi cette *Histoire du peuple d'Israël* n'est-elle
point purement et simplement le récit des faits et gestes du peuple hébreu, mais une longue suite de dissertations sur les livres sacrés dans lesquels cette histoire est consignée. C'est aussi une étude sur le monothéisme qu'il prétend avoir été inventé par les prophètes et qui, plus tard, se répandit chez tous les peuples sémitiques et delà passa aux nations chrétiennes.
Renan ne voit là rien autre chose qu'une sécrétion
naturelle de l'évolution fatale qui s'accomplit à travers
le monde. C'est enfin une reconstruction faite avec les
débris de l'histoire du peuple de Dieu, « la synthèse
de tout ce que la philologie sémitique a produit de
travaux depuis Spinoza jusqu'à M. Renan lui-même,
et l'œuvre enfin sans laquelle, n'ayant d'autre intérêt
que de servir à faire passer le temps, l'exégèse biblique n'aurait pas de raison d'être. Car il faut bien quelquefois rebâtir : nous avons besoin de classer, d'ordonner nos idées, de ne pas attendre pour cela, comme
le demande une certaine école, un temps qui ne viendra jamais, et de ne pas laisser la réalité de l'histoire

---

(1) Il faut croire que Renan s'est réellement cru prophète
puisqu'à la fin de la préface de son *Histoire* il s'exprime ainsi :
« Comme pour la *Vie de Jésus*, je réclame pour le présent volume, consacré à des temps fort obscurs, un peu de l'indulgence qu'on a coutume d'accorder aux voyants, et dont les
voyants ont besoin ! » Sans commentaires.

ou de la vie s'écouler, se dissoudre et se volatiliser dans les opérations même qui n'avaient pour objet que de la fixer (2) ».

Et sur cet ouvrage, le critique de la *Revue des Deux-Mondes* a porté l'étonnant jugement qui suit :

D'assurer maintenant que cette méthode soit infaillible, M. Renan ne l'oserait pas lui-même, et nous encore bien moins, qui manquons pour cela de la science et de la compétence nécessaires. Ceux qui savent l'hébreu lui refuseront donc, s'il y a lieu, telle ou telle de ses conclusions, et, — puisque c'est une plaisanterie qui ne manque jamais son effet en France, — ils prétendront que c'est lui qui ne le sait pas. Mais ce qu'il faudra qu'ils reconnaissent, et ce qui suffirait à prouver que M. Renan, quand on le convaincrait d'erreur dans le détail, ne s'est pas trompé sur l'ensemble, c'est la liaison, c'est l'enchaînement, c'est la correspondance de toutes les parties de son livre, et, plus encore que tout le reste, — car la contradiction n'est pas toujours marque d'erreur, ni l'incontradiction marque de vérité, — c'est son air de ressemblance avec la réalité et avec la vie. Les choses ont dû se passer comme les rapporte M. Renan, parce que, telles qu'il nous les rapporte, elles sont à la fois plus complexes et plus claires, ou encore moins simples, et par cela même plus vraies.

Quand ceux qui tiennent le sceptre de la haute critique littéraire tombent dans de semblables aberrations et en arrivent à déclarer que les choses sont plus vraies parce qu'elles sont moins simples, il ne faut point s'é-

(2) F. Brunetière, *Revue des Deux-Mondes*, 1er février 1889.

tonner que le monde soit devenu la proie du mensonge. Il faut plaindre le public qui remet la direction de son intelligence aux Brunetière de la critique hyperboliquement louangeuse, qui attend leurs arrêts avec respect et recueille leurs paroles comme si elles tombaient de la bouche d'un Dieu.

Renan savait d'ailleurs forcer la main à la critique, par l'influence qu'il avait acquise dans le monde politique et universitaire et par les services qu'il pouvait rendre, mais ne rendait jamais (1). Et si ses ouvrages ont eu tant de vogue, ils le doivent aux critiques littéraires qui trompaient l'esprit public. Ça et là, aussi, Renan semait dans ses livres des traits qui plaisent par leur originalité. C'est ainsi que le prophète Osée est comparé « à un prédicateur de la ligue ou à quelque pamphlétaire puritain du temps de Cromwell ». C'est le prophète Amos qui a écrit « le premier article de journalisme intransigeant 800 ans avant Jésus-Christ ». Les *anavim* les « pauvres » de Juda sont mis en parallèle avec nos modernes socialistes et l'auteur raconte leurs luttes, dans la langue même qu'on emploie pour relater les attentats anarchistes d'aujourd'hui. David n'était, paraît-il, qu'un chef de pâtres brusque et violent, et s'il eût vécu de nos jours, il eût, pour tels et tels méfaits

---

(1) Renan se posait volontiers en homme bienfaisant et aidant ses semblables. Barrès a raconté là-dessus une jolie anecdote. On était à table, et Renan se vantait d'avoir fait obtenir de l'avancement à un jeune homme de Perros-Guirec. Un convive lui fit remarquer qu'il se trompait, qu'il n'avait jamais rien fait pour celui-là. Et Renan de répondre : — Je l'ai oublié ? j'en suis fâché ; c'est un très bon esprit.

de rapines et de rixes, passé en police correctionnelle!

C'est ainsi que Renan s'est acharné à réduire au commun les types illustres de l'histoire biblique. Ces rapprochements sont d'un goût douteux; ils sont excessifs et par conséquent illusoires et faux. Mais cela plaisait aux lecteurs et les éditions se succédaient rapidement. Renan s'est-il jamais soucié d'autre chose ?

III

En dehors des livres historiques, il y en a d'autres, dans la Bible, qui traitent de hautes questions de poésie et de morale. Renan ne voulut pas les laisser en dehors de son encyclopédie de haine et de destruction. Ne pouvant les atteindre dans son *Histoire du peuple d'Israël*, il en publia la traduction avec des notes et des préfaces où il s'efforçait d'accomplir sa besogne mauvaise.

C'est ainsi qu'il nous a donné: le *livre de Job*, traduit de l'hébreu, avec une étude, en 1859; le *Cantique des cantiques*, traduit de l'hébreu avec une étude, en 1860; *l'Ecclésiaste*, traduit de l'hébreu avec une étude, en 1881.

Ces traductions, si l'on fait abstraction du texte, sont parfaites. Le français du traducteur coule rapide et clair; on plonge dans l'idée comme dans une onde pure, et l'on ne se douterait pas en voyant la phrase courir si limpide et si vive, que ce ruisseau littéraire a rencontré sur son chemin plus d'un obstacle.

Et les obstacles ont été tournés avec habileté, sinon

avec science. Mais Renan a eu quelquefois de grandes difficultés à le faire. Ainsi il lui est arrivé d'accoucher de huit grands vers de douze pieds pour rendre moins d'une ligne 1/4 du texte original de l'Ecclésiaste. Tel est la sincérité de plume de l'académicien.

Dans sa prétention à bien traduire le livre de l'Ecclésiaste, où les vers et la prose sont mélangés, Renan a voulu mettre aussi des vers dans sa traduction. Il y a des couplets tout-à-fait réussis; en voici deux :

> Le plancher s'effondre bien vite
> Sur la tête des nonchalants,
> Et la maison fait eau par suite
> Des bras balants.

> Qui sur le vent trop délibère
> Perd le moment d'ensemencer,
> Qui toujours le ciel considère
> Manque l'heure de moissonner.

Cela resssemble à l'histoire de France mise en sonnets par Benserade. On peut encore comparer l'aridité de ce style poétique à une démonstration géométrique. Renan a bien fait de ne commettre que rarement des vers: sa réputation de styliste en eût souffert. Il est vrai que, dans la circonstance, il a une excuse ; car il a maladroitement pris pour de la prose ce qui était en vers dans le texte et il s'est efforcé de revêtir de la forme poétique ce que l'Ecclésiaste avait exprimé en bonne prose simple et dépourvue d'ornements. Mais cette transposition n'est qu'un détail pour Renan qui se rendait la tâche de traducteur facile en dénaturant la pensée, en bouleversant l'ordre des versets, et dans le verset celui des propositions parallèles.

Quand on a fréquenté le célèbre hébraïsant, on est habitué à ce sans-gêne et on ne s'en étonne pas trop. On ne s'étonne pas davantage de le voir maltraiter le fond des livres dont il s'occupe, comme il en maltraite la forme. Pourquoi l'un serait-il plus sacré que l'autre ?

Dans son *Etude sur l'âge et le caractère d'un livre* qu'il a placée en tête de sa traduction de l'Ecclésiaste, il faut surtout remarquer la ressemblance qu'il donne au *Kohéleth* avec lui-même. Cette préface n'est qu'un chapitre d'autobiographie. Celui qu'on y peint ressemble étrangement à celui qui a écrit les *Souvenirs d'enfance et de jeunesse*. Le *Kohéleth* (1) est, comme Renan, un sceptique, un fataliste, un athée, qui s'amuse des choses du monde sans prendre la peine de s'en chagriner jamais, si tristes qu'elles soient. C'est un mondain blasé, heureux de vivre. C'est un Schopenhauer résigné qui se débat au milieu des contradictions, qui pose à l'homme exquis et de bonnes manières, qui jouit en paix de ses œuvres et du fruit de son travail.

Inutile de dire que Renan ne nous a donné que la caricature du *Kohéleth*. En réalité, l'auteur de l'*Ec-*

(1) C'est ainsi que Salomon, auteur de l'*Ecclésiaste* se nomme lui-même. Ce mot signifie le *discoureur, celui qui instruit*.

clésiaste fut tout autre. C'était, il est vrai, un contempteur de la gloriole humaine, et la peinture qu'il fait des misères de la vie donne à son livre un charme douloureux qui retient et console l'âme froissée par les luttes de l'existence. Mais ce n'est nullement un *je m'en fichiste*; c'est un sage qui aurait voulu détacher l'esprit de ses contemporains des vaines choses du monde qui passent, des créatures qui se flétrissent et se fanent, pour l'attacher uniquement à Dieu qui reste toujours jeune, toujours grand, toujours beau, et aux choses de l'éternité qui demeurent.

Renan a fait de ce livre un poëme décevant et rempli de négations ; c'est, au contraire, un immense cri de foi et d'amour.

Là encore, il a suivi sa méthode qui consiste à regarder comme vrai tout ce qui peut déprécier les livres saints. Quelle bonne aubaine pour lui si on avait admis que l'auteur d'un de ces livres inspirés, était un athée ! Il a voulu de même faire du *Cantique des Cantiques* un *libretto*, un opéra intime qui se jouait dans les mariages.

Comme fait d'imagination, c'est joli et cela prête à de magnifiques développements.

Mais quand il s'agit de prouver semblables affirmations, c'est tout différent. En faveur de son hypothèse sur le *Cantique des Cantiques*, Renan ne cite que deux autorités : 1° Bossuet, *qui n'en parle point* ; et 2° Lowth *qui soutient précisément le contraire* (1). Le

---

(1) Cf. *M. Renan et le Cantique des Cantiques*, par l'abbé Meignan, p. 21.

savant et modeste abbé Crelier n'eut pas de peine a démolir le système d'interprétation impie appliqué par Renan au livre de Job et au Cantique des Cantiques. Au point de vue de l'érudition philologique, comme au point de vue du bon sens, il fit facilement justice des énormités de cette critique sacrilège (1).

Quant à l'*Ecclésiaste*, la réfutation des théories de Renan fut encore plus facile, et l'abbé Mottais, de l'oratoire de Rennes, put la faire à l'avance dès que fut seulement annoncée l'apparition de l'œuvre de Renan (2). Il n'eut qu'à demander aux Allemands ce qu'ils avaient écrit : toutes leurs allégations furent reproduites par l'exégète français.

Et voilà comme on édifie à peu de frais contre le christianisme une œuvre vaste et immense, de laquelle on espère la destruction de *l'infâme*. Mais de même qu'elle a peu coûté, elle produit peu ; on en pénètre bientôt l'inefficacité et elle s'effondre rapidement sous le vent des sarcasmes et des moqueries. Telle est la destinée de l'œuvre de Renan : faite de vanité et d'or-

---

(1) Renan trouvait d'ailleurs des adversaires jusque dans les corps savants dont il faisait partie. Quand il lut à l'Académie des inscriptions son mémoire sur le *Monothéisme chez les races sémitiques*, de toutes parts des objections s'élevèrent au nom de la philologie et de l'histoire. Renan, sans renier le fond de son système, se prêta à toutes les modifications qu'on voulut. Mais quand il publia son travail, ses savants collègues remarquèrent avec étonnement qu'il n'avait tenu aucun compte de leurs observations : le mémoire était imprimé tel qu'il avait été lu. — Wallon, *Correspondant*, 1859, p. 633.

(2) *Salomon et l'Ecclésiaste*, 2 vol. in-8°. Paris, 1876.

gueil, elle succombe misérablement, et ses livres, tant vantés, feront depuis longtemps la pâture des rats, quand les œuvres sacrées, qu'il voulait détruire seront encore la consolation et l'enseignement de milliers de générations.

CHAPITRE VII

Bassesse de cœur et d'esprit.

I

Renan ayant eu la prétention de s'occuper de morale il faut bien que nous nous occupions de lui comme moraliste. Mais vraiment un écœurement fait trembler la plume aux doigts quand on est obligé d'examiner pareille qualité chez un tel homme. Renan est en effet la négation vivante de toute morale. Nous l'avons vu sacrifiant à ses intérêts et et à son égoïsme. Jamais aucune considération n'a pu l'arrêter. Menteur dans les affaires ordinaires de la vie, hypocrite dans les choses de la conscience, malhonnête dans les questions littéraires, il n'a respecté ni la science de ses maîtres, ni les sentiments de sa mère, ni les découvertes d'autrui.

Un homme qui montre si peu de cœur, si peu de respect de lui-même, ne peut être qu'un bien pauvre moraliste. La bouche parle de l'abondance du cœur et quand celui-ci est rempli de vilenies et de bas sentiments, les doctrines émises sont nécessairement nauséabondes et dignes de réprobation. Le fond de la pensée de Renan sur la morale et la vertu est exprimé par ces paroles de *Caliban* :

La vertu est une gageure, une satisfaction personnelle qu'on peut embrasser comme un généreux parti, mais le conseiller à autrui ! Qui l'oserait ? On hésite en pareil cas comme si l'on mettait dans la main de quelqu'un une pièce d'un aloi douteux. M'étant peu amusé quand j'étais jeune, j'aime à voir s'amuser les autres. Ceux qui prennnent ainsi la vie sont peut-être les vrais philosophes. Qui sait si le dernier résultat du grand effort qui se fait en ce moment, pour percer l'infini, n'est pas que tout est vide, si bien que le dernier mot de la sagesse serait s'étourdir... Il faut toujours prendre le parti le plus vertueux, sans être sûr que la vertu soit autre chose qu'un mot.

Nous retrouvons là le scepticisme voulu et réfléchi de Renan qui se moque des cris de la conscience comme des règles de la logique et roule avec soin tout ce qui l'ennuie dans les linceuls de pourpre qu'il réserve aux dieux morts. Il veut que la vie soit « un moment qu'on passe à la table d'un banquet sans qu'on sache qui vous y a invité. » S'empiffrer de jouissances et abuser des dons de Dieu, sans songer à l'en remercier, voilà son idéal.

Les idées de Renan sur la morale sont exprimées dans ses drames philosophiques : *Caliban*, l'*Eau de Jouvence*, le *Prêtre de Némi;* l'*Abbesse de Jouarre* (1) dans les

---

(1) De tous ces drames, l'*Abbesse de Jouarre* a été seule représentée en Italie. En France on a joué de lui au Théâtre-Français un acte sur Victor Hugo, bluette sans importance qui

Essais de morale et de critique et dans les *Souvenirs d'enfance et de jeunesse*. Nous nous arrêterons simplement sur deux des drames philosophiques : le *Prêtre de Némi*, (1) attaque odieuse contre la religion et l'*Ab-*

n'a pas eu de succès. Renan, cependant n'avait pas oublié de se faire recevoir dans la *Société des artistes dramatiques*, sans doute pour témoigner une fois de plus qu'il n'avait aucun souci des intérêts matériels.

(1) Voici le sujet de ce drame philosophique. M. Renan nous transporte à Albe-la-Longue, près du lac de Némi, aux premiers temps de la fondation de Rome. Cette Albe, bien entendu, est une Albe de fantaisie, qui ressemble beaucoup à Paris ; il ne s'agit pas de ressusciter une époque, mais d'exposer des idées. Strabon raconte qu'il existait sur les bords du lac de Némi un temple de Diane très vénéré, dont le prêtre devait, pour être légitime, avoir tué de sa main, son prédécesseur. M. Renan s'est emparé de ce récit. Il suppose qu'un sage nommé Antistius, a aboli ce rit sanglant et qu'il s'est fait nommer prêtre par le suffrage populaire. Antistius est un prêtre libéral de l'an Ier de Rome. Son libéralisme est aussi radical que préhistorique. Il ne croit ni aux dieux, ni à Dieu, ni aux sacrifies, ni à la prière. Epurateur sans merci, il dégage sa religion de la vieille rouille du surnaturel et il n'y veut que les purs éléments du laïcisme. Antistius a cependant un symbole : Il croit au divin, à l'idéal, à la raison, à l'amour. C'est à faire triompher le culte de ce Dieu myrionyme sur les ruines du polythéisme et du monothéisme qu'il deploie son zèle sacerdotal. Le résultat en est la ruine d'Albe et la mort violente de l'Apôtre réformateur. Tel est l'objet du drame.

Antistius tient le rôle principal : autour de lui se groupent divers personnages. La Sibylle Carmenta ; Métius, chef des Patriciens ; Libéralis, chef de la bourgeoisie éclairée ; Cethegus, chef des démagogues ; Titius et Voltinius, citoyens modérés et sensés ; Dalabella fanatique, etc. etc. ; représentent besse de Jouarre, audacieuse glorification du vice impur.

Du *Prêtre de Némi*, Renan dit lui-même dans sa préface :

J'ai supposé pour ma part, dans des temps fort anciens un prêtre de Némi, homme éclairé, voulant corriger une vieille religion absurde et j'ai montré la conséquence qu'entraîne d'ordinaire la tentative d'introduire dans les choses humaines un peu de raison. Cette conséquence est double. D'une part la foule qui n'est jamais bien rassurée que par le crime heureux, réclame un scélérat pour prêtre ; de l'autre, le prêtre libéral arrive bientôt à voir qu'il a fait, avec ses bonnes intentions, plus de mal que bien, et qu'il a porté préjudice à la patrie laquelle repose en définitive sur des préjugés généralement admis. Ici, je plaide un peu contre moi-même, mais je ne suis pas un prêtre, je suis un penseur ; comme tel, je dois tout voir. Un ouvrage bien complet ne doit pas avoir besoin qu'on le réfute.

Dans une rapide synthèse, les quelques lignes de cette citation évoquent devant nous la pensée intime de Renan. En dehors de ses sentiments à propos de la patrie « laquelle repose en définitive sur des préjugés généralement admis », sentiments que nous exposerons plus loin, il y a dans tout cela une guerre perfide à la religion d'aujourd'hui. Car Albe-la-Longue

« l'égoïsme des grands, la sottise du peuple, l'impuissance des gens d'esprit, l'infamie du sacerdoce mensonger, la faiblesse du sacerdoce libéral, les faciles déceptions du patriotisme, les illusions du libéralisme, la bassesse incurable des vilaines gens. »

n'est qu'une fiction. C'est à Paris et de nos jours que dans l'esprit de l'auteur se déroule le drame sous une forme purement artistique en apparence. Le *Prêtre de Némi* est un pamphlet contre le catholicisme et bien des intelligences amenées par le drame à se replier sur notre époque, ont peut-être été séduites par les idées de l'aristocrate Métius. Comme lui, beaucoup ont dit qu'il faut respecter la religion, parce qu'elle est une force sociale ; qu'on devient athée dès qu'on raisonne sur elle ; que la religion va, marche, devient ce qu'elle peut ; mais qu'il ne faut pas s'occuper d'elle et qu'on la pratique comme on la trouve de son temps. C'est ainsi qu'on en vient à la morne indifférence, l'état le plus souhaité par les destructeurs du catholicisme.

Dans ce livre, le scepticisme en morale accompagne le doute en religion. L'aristocrate Métius s'écrie :

« Le noble seul est tenu à l'intelligence et à la vertu. Le peuple a le droit d'être immoral. Je dis plus : la garantie de notre liberté, c'est l'immoralité joyeuse du peuple. Il faut que le peuple s'amuse, chante, boive, danse, pendant ce temps-là nous sommes libres (1). »

Ailleurs on lit :

Les hommes vertueux trouvent leur récompense dans la vertu même, ceux qui ne le sont pas dans le plaisir... La vertu

(1) En bon franc-maçon, Renan souhaitait l'abrutissement du peuple pour le mieux dominer.

rigoureusement correcte est une aristocatie ; tout le monde n'y est pas également tenu. Celui qui a reçu le privilège de la noblesse intellectuelle et morale y est obligé ; mais la bonne vieille morale gauloise n'impose pas les mêmes obligations à tous : la bonté, le courage et la gaieté, la confiance dans le Dieu des bonnes gens, suffisent pour être sauvé. Il faut que les masses s'amusent. Les sociétés de tempérance reposent sur d'excellentes intentions, mais sur un malentendu... Au lieu de supprimer l'ivresse ne vaudrait-il pas mieux essayer de la rendre douce, aimable, accompagnée de sentiments moraux ? Il y a tant d'hommes pour lesquels l'heure de l'ivresse est, après l'heure de l'amour, le moment où ils sont les meilleurs.

Renan aime à montrer l'amour, l'amour sensuel et brutal, comme le premier des biens d'ici-bas. Le *Prêtre de Némi*, bien que s'occupant avant tout de religion, laisse percer aussi la préoccupation secrète de son auteur.

Virginius et Virginia, deux pâtres qui se « sont pris d'amour l'un pour l'autre » viennent consulter Antistius et lui racontent leur virginité en des termes qui feraient rougir les héroïnes de Zola. Et le prêtre de Diane de s'écrier :

Enfants, enfants c'est pour vous que ce temple a été fait ; entrez jusqu'au fond du sanctuaire ; sacrés enchantements de la nature, amour qui les résume tous, vous êtes la voix infaillible, la preuve qui ne trompe pas. Oui, c'est un Dieu caché que celui qu'il faut croire. Honte à qui tient pour impur l'acte suprême où l'homme le plus vulgaire et le plus coupable arrive à être jugé digne de continuer l'esprit de l'humanité. » !!!

C'est par de telles hardiesses que Renan a pu étonner des gens qui ne s'étonnent guère. Depuis quelques années, on nous a offert d'assez vilaines choses. Nos yeux ont pris l'habitude de tout voir, nos oreilles de tout entendre et la pruderie n'est pas à la mode. Les naturalistes n'ont reculé devant aucune peinture ; et leur maître s'est félicité d'avoir osé, le premier, parler couramment d'un acte qu'on ne nommait guère.

Il en parle, en effet, et trop souvent ; mais il ne le glorifie pas. Ce triste honneur était réservé à Renan (1).

C'est dans l'*Abbesse de Jouarre* que cette glorification

---

(1) Il a écrit :
Chez l'animal, l'amour a été le principe de la beauté. C'est parce que l'oiseau mâle fait à ce moment un effort suprême pour plaire, que ses couleurs sont plus vives et ses formes mieux dessinées. Chez l'homme l'amour a été une école de gentillesse et de courtoisie, j'ajoute de courtoisie et de morale. Une heure où l'être le plus méchant a un mouvement de tendresse, où l'être le plus borné a le sentiment d'une communion intime à l'univers, est sûrement une heure divine. C'est parce que l'homme entend à ce moment la voix de la nature, qu'il y contracte de hauts devoirs, y prête des serments sacrés, y goûte les joies suprêmes ou se prépare de cuisants remords. C'est en tous cas l'heure de sa vie où l'homme est le meilleur. La sensation immense qu'il éprouve quand il sort ainsi en quelque sorte de lui-même montre qu'il touche véritablement l'infini. L'amour, entendu d'une manière élevée, est ainsi une chose religieuse ou plutôt fait partie de la religion. Croirait-on que cet antique reste de parenté avec la nature, la frivolité et la sottise aient réussi à le faire envisager comme un reste honteux de l'animalité? Est-il possible qu'une fin aussi sainte que celle de continuer l'espèce

est portée au suprême degré. Ce livre ne ressemble à aucun livre de ce temps-ci. Il cause au lecteur ce malaise qu'on éprouve en face d'un vieillard qui débite froidement des contes libertins. On croirait entendre un moine brûlé de convoitise qui regrette le temps perdu et assaisonne la volupté de paroles mystiques. C'est parmi les romans de la fin du siècle dernier qu'on lui trouverait des modèles ; ces modèles on ne les cite pas. La sensualité contemporaine est plutôt grossière que raffinée ; elle a la prétention d'être seulement naturelle et peut-être ne se trompe-t-elle point. Il en est une autre plus dangereuse. Celle-là a besoin d'aiguillon ; il lui faut du rare. Elle associe les contraires, elle mêle la douleur à la volupté ; elle se plaît à flétrir tout ce qu'on respecte. Les roués qui habillaient en nonnes des filles de joie étaient possédés de cette sensualité-là. L'imagination y a plus de part que les sens ; elle est le faible des vieillards plus que des jeunes gens.

Dans la préface de son drame, Renan en exprime ainsi l'idée-mère :

« Ce qui doit revêtir à l'heure de la mort un caractère de sincérité absolue, c'est l'amour. Je m'imagine souvent que, si l'humanité acquérait la certitude que le monde dût finir dans deux ou trois jours, l'amour éclaterait avec une véritable frénésie ; car ce qui retient l'amour, ce sont les conditions absolument nécessaires que la conservation morale de la

ait été attachée à un acte coupable ou ridicule ? On prête ainsi à l'Eternel une intention grotesque, une véritable drôlerie. »

société humaine a imposées. Quand on se verrait en face d'une mort subite et certaine, la nature seule parlerait ; le plus puissant de ses instincts, sans cesse bridé et contrarié, reprendrait ses droits ; un cri s'échapperait de toutes les poitrines, quand on saurait qu'on peut s'approcher avec une entière légitimité de l'arbre entouré de tant d'anathèmes. Cette sécurité de conscience, fondée sur l'assurance que l'amour n'aurait aucun lendemain, amènerait des sentiments qui mettraient l'infini en quelques heures, des sensations auxquelles on s'abandonnerait sans craindre de voir la source de la vie se tarir. Le monde boirait à pleine coupe et sans arrière-pensée, un aphrodisiaque puissant qui le ferait mourir de plaisir. Le dernier soupir serait comme un baiser de sympathie adressé à l'univers et peut-être à quelque chose d'au-delà. On mourrait dans le sentiment de la plus haute adoration et dans l'acte de prière le plus parfait.

Dans le cours du drame, cette infâme théorie est mise en pratique. D'Arcy est enfermé dans un cachot avec Julie de St-Florent, l'abbesse de Jouarre ; il lui tient le langage suivant :

Les hommes n'existent plus pour nous, lui dit-il ; nous sommes seuls au monde, dans la situation où seraient deux naufragés sur une épave, assurés de mourir dans quelques heures. Pourquoi la nature a-t-elle posé des freins mystérieux à l'attrait le plus brûlant qu'elle ait mis en nous ? parce que l'avenir de l'humanité est à ce prix. Notre amour, chère Julie, sera sans avenir. Le frémissement tendre que nous ressentirons jusqu'à ce que la hache nous saisisse, en sera toute la suite... Un moment de bonheur, un moment d'oubli ne nous est-il pas bien dû ? Ma chère, ma chère, les heures passent ;

déjà l'aube de notre dernier jour commence à poindre ; laissez-moi prendre un baiser sur vos lèvres ».

L'abbesse, qui résistait par vertu et par orgueil, se laisse amollir, et finit par s'abandonner. Bientôt, on frappe à la porte, les geôliers viennent chercher leurs victimes.

— Ah ! s'écrie Julie, la mort va m'être douce ; une heure avant de mourir tu m'as révélé la vie. Les hommes ne sauront rien de notre amour, et la nature, qui l'a voulu, nous absout.
Plus que jamais, je suis sûre que notre passage à travers la lumière répond à une volonté du ciel, et que l'ombre où nous allons entrer n'est que le revers d'un autre infini, comparable au sein d'un père. Merci pour ton acte de maître ! Tu m'as rendue plus chrétienne que je ne l'étais. Je toucherai le rivage glacé toute moite encore de tes baisers, je m'assoirai dans la nuit à peine séparée de toi.
— L'amour, en effet, est la révélation de l'infini, la leçon qui nous enseigne le divin. Pénétré de ton parfum, chère amie, je vais m'endormir rassasié de la vie (1). »

L'imagination pourrie d'un philosophe dévergondé peut seul enfanter de tels rêves érotiques ; et il faut la plume exercée d'un raffiné pour trouver ces expressions délicieusement voluptueuses. Si l'on ajoute à cela les innombrables grivoiseries plus que lestes dont Renan a émaillé ses ouvrages, on éprouvera l'irrésistible besoin de ne pas croire à la vertu dont

(1) *L'abbesse de Jouarre*, passim.

il aime à se vanter. A l'entendre, en effet, il avait pris, en quittant la soutane, la résolution de demeurer chaste, et il aurait vécu à Paris, comme au séminaire. Nous avouons ne pas comprendre comment un homme peut garder sa chasteté en employant constamment un langage mêlé d'obscénités. Il est fort probable d'ailleurs qu'il aura suivi à ce sujet les conseils et les exemples de ses amis, les Sainte-Beuve et les Mérimée, et que par expérience il « vit bien la vanité de cette vertu comme de toutes les autres » et reconnut « que la nature ne tient pas du tout, au contraire, à ce que l'homme soit chaste ».

Si nous en croyons certaine lettre venue d'Orient, l'expérience aurait même été poussée très loin.

Un habitant de Ghazir, écrivant en France au mois de mai dernier, faisait le portrait d'un malheureux qui gagne péniblement sa vie en chantant sur les places publiques. Il est petit, pâle, malingre, souffreteux. Il a trente ans, et on lui en donnerait à peine vingt. Il se traîne de ville en ville, errant aux environs de Ghazir, tendant la main aux aumônes des pèlerins et des passants, et jouant quelques airs tristes sur un misérable accordéon.

Et quand ils le voient passer, les habitants du pays, ont une façon particulière de dire : *C'est le fils de Renan!*

Il y a trente ans, en effet, Renan était sur la terre de Palestine, et avait déjà d'autres préoccupations que l'étude des inscriptions phéniciennes.

Cela légitime ces dures paroles de Mgr d'Hulst:

« Rechercher ce que fut la vie privée de celui qui concevait ainsi la morale, serait une usurpation sur un domaine qu'on doit respecter. Ce qui nous appartient, ce sont les propos tenus en public. Dans ces dernières années, M. Renan, très convaincu de son importance, parlait volontiers de lui-même. A mainte reprise, dans ses *Souvenirs*, par exemple, et dans un discours à des jeunes gens, il a exprimé une sorte de regret d'être resté trop fidèle aux austères habitudes de son éducation religieuse, il a recommandé aux hommes de demain de ne pas imiter sa pruderie et de jouir de la vie ».

Cette pruderie, cependant, ne fut pas prolongée outre mesure ; c'est Renan qui le dit lui-même dans une lettre publiée par la *Liberté* du 10 novembre 1891, où on lit ceci :

Une lettre qui figure dans un catalogue d'autographes, nous révèle, en une belle phrase cadencée, les émotions de sa jeunesse — il avait alors 34 ou 35 ans : — « Ma jeunesse sévère et monastique s'était toute passée en de graves études et d'âpres combats ; grâce à la charmante compagne qui a bien voulu répondre à mon amour, j'ai connu d'autres joies que celles de la pensée.

Renan a ordonné de brûler tous ses papiers et tout ce qu'on pourrait retrouver de sa correspondance. Nous comprenons cette précaution. A ce sujet on lisait dans l'*Observateur français* :

« M. Renan a écrit une phrase que nous avons reproduite le lendemain de sa mort et dont il faudra probablement se ressouvenir souvent :

« *Ma correspondance sera une honte, après ma mort, si on la publie* ».

On nous donne des feuillets détachés de cette correspondance et déjà nous pouvons pressentir combien M. Ernest Renan, qui connaissait sa sincérité, avait jugé l'impression qu'elle causerait quand elle serait mieux connue ».

II

Jusqu'au bord de sa tombe, ce malheureux dévoyé, ce *dilettante* implacable a chanté l'amour, le vin, les festins et les femmes. Au fameux dîner de Bréhat, en 1890, il souhaita d'avoir encore quelques années pour s'amuser un peu et à plusieurs reprises il dit que son rêve serait de passer ses jours à lire les romans contemporains. Dans la préface des *Feuilles détachées*, son dernier livre paru, il enchâsse encore un hymne à l'amour, un « lien ombilical avec la nature », une « vraie communion avec l'infini ».

Cet affamé de jouissances, s'est, naturellement, efforcé de verser les mêmes convoitises et les mêmes instincts dans les âmes de ceux qui l'entouraient. Quand il a eu occasion de parler à la jeunesse des écoles, il n'a eu à lui donner, après l'expérience de toute une vie, qu'un double conseil: celui de travailler et de s'amuser. Labeur et plaisir, voilà tout le programme qu'il ouvre aux jeunes intelligences affamées d'idéal, tourmentées du besoin de croire, torturées souvent par les souffrances du doute. A tous ceux-là Renan ne sait que dire: travaillez et amusez-vous. Et l'on sait ce que signifie sur ses lèvres ce mot : *amusez-vous* ; il renferme tous les plaisirs, mais par dessus tout celui de l'amour, non pas de l'amour éthéré et supra sensible dont ont rêvé tant de belles imaginations, mais de l'amour sensuel et brutal.

Rien n'est sinistre comme la vue de ce vieillard, impotent, atteint déjà par la glace de la mort, et secouant une dernière fois la torpeur de ses membres engourdis, pour ressaisir quelque chose de la jeunesse et crier à ceux qui ont de la force et de la vie :

Amusez-vous, couronnez-vous de fleurs, buvez gaîment le vin de l'existence, et endormez-vous sur le sein des belles en sardanapales de l'insouciance. Moi, je n'ai pas pu le faire quand j'étais jeune, et je ne peux point davantage maintenant que je suis vieux. Mais vous qui le pouvez, allez de l'avant, ne craignez rien. »

Ces cris de joie, ces *gaudeamus* forcenés ont quelque chose de répugnant et de douloureux. Comme l'a dit J. Lemaître, c'est par des arguments funèbres que Renan a conseillé la joie à ses contemporains. Sa gaieté a été celle d'un croque-mort très distingué et très instruit. Mais les hoquets de son rire ressemblaient singulièrement au glas des morts.

Cette gaieté d'un homme qui avait tout fait cependant pour tuer le rire, cette gaieté d'un homme dont les ouvrages n'amènent qu'à des conclusions désolées, cette gaieté étrange a vivement intrigué les contemporains. On en a beaucoup glosé et écrit. Mais sur ce sujet, nous ne connaissons rien de plus finement spirituel que l'article de J. Lemaître dans la *Revue politique et littéraire* du 10 janvier 1885.

Cet article fut écrit à la suite d'une charge à fond dans laquelle Sarcey traitait Renan de fumiste (XIXe *siècle* du 21 octobre 1884). C'était à propos du livre de Renan *Nouvelles études religieuses* ; en voici quelques extraits :

« On ne savait jamais si M. Renan se moquait des gens ou s'il les prenait en pitié.

Il a jeté le masque aujourd'hui. *Il n'y a pas deux mots pour caractériser sa manière : il les blague.* Tout le monde a lu, et je crois que le *XIXe Siècle* même a cité ce charmant et singulier morceau où M. Renan, avec une onction toute pleine de malice, nous conte qu'il voudrait tirer de ses ouvrages la matière d'un *paroissien* que les âmes dévotes emporteraient à l'église et qu'elles liraient pour s'édifier à la messe.

C'est la raillerie à fond de celui que nos pères appelaient autrefois un pince-sans-rire et que nous nommons aujourd'hui un *fumiste. M. Renan est le plus délicieux des fumistes ; c'est un fumiste !*

Il y a dans ce genre une demi-douzaine de pages qui sont d'une drôlerie inconcevable. J'imaginerais volontiers qu'avant de l'écrire, M. Renan, un soir, à l'un de ces dîners où assistait Sainte-Beuve, les yeux demi-clos, de son air indifférent, la lèvre plissée d'un fin sourire, avait développé, pour le plaisir de sceptiques amis, l'idée qui en est le thème : c'est que dans les pays d'Orient, parmi ces populations ignorantes et crédules, il n'y a rien de si facile que de fonder une religion nouvelle, et qu'un millionnaire intelligent pourrait à peu de frais, s'en donner le plaisir....

. . . .

Il est clair qu'au temps de la *Vie de Jésus*, M. Renan ne se serait senti ni la hardiesse ni le goût de donner ainsi en plein dans la blague. Nous autres boulevardiers, nous nous amusons de ces fumisteries ; il ne serait pas impossible qu'elles scandalisassent des âmes moins déterminément sceptiques.

Lisez encore un morceau qui est dans cette note gouailleuse ; c'est une épisode de l'histoire de la théologie auquel M. Renan a donné ce titre : *Les Congrégations de Auxiliis*. Je ne sais guère de lecture plus amusante. M. Renan conte avec un sérieux impertubable une querelle qui divisa les Jésuites et les Dominicains. Vous pensez bien que l'objet de cette querelle est d'un ridicule rare. M. Renan se garde de le dire ; mais son mépris pour ces débats scolastiques se laisse sentir sous des formes de crainte douce. *C'est du Voltaire onctueux.*

Voltaire n'aurait jamais été un excellent maître d'héroïsme. *Je crois bien qu'on n'apprendrait pas davantage l'héroïsme à l'école de M. Renan.* Ce n'est pas lui qui serait assez naïf pour sacrifier à ses idées sa vie ou plus simplement son repos.

J. Lemaître ne va pas aussi loin que Sarcey ; mais s'il ne dit pas le mot, il montre fort bien la chose. Il nous peint le fumiste sans y mettre trop de noir de fumée. Comme l'écrit J. de Biez, « personne ne nous a mieux montré cet homme gai, optimiste à tout propos « et même hors de propos ». Tout y est, en peu de pages, mais des meilleures, des plus âcres et des plus réjouissantes, pour qui sait goûter l'arôme de l'entre-deux des lignes. »

Lemaître a beaucoup écrit de Renan ; mais souvent, comme les autres critiques de ce temps, il a été forcé de suivre le courant et de combler d'éloges, parce que ce courant était aux éloges, ou que l'éreintement d'un frère en libre-pensée eût été mal séant dans les organes

qui accueillaient la prose du critique. Il semble qu'il ait voulu se venger en une fois des entraves mises ailleurs à l'expression de sa pensée et c'est avec une grande joie malicieuse qu'il a écrit les pages suivantes :

« Au Collège de France, on éprouve un mécompte, sinon une déception. M. Renan n'a pas la figure que ses livres et sa vie auraient dû lui faire. Ce visage qu'on rêvait pétri par le scepticisme transcendantal, on y discernerait plutôt le coup de pouce de la *Théologie de Béranger*, qu'il a si délicieusement raillée. J'imagine qu'un artiste en mouvements oratoires aurait ici une belle occasion d'exercer son talent.

— Cet homme, dirait-il, a passé par la plus terrible crise morale qu'une âme puisse traverser. Il a dû, à vingt ans, et dans des conditions qui rendaient le choix particulièrement douloureux et dramatique, opter entre la foi et la science, rompre les liens les plus forts et les plus doux et, comme il était plus engagé qu'un autre, la déchirure a sans doute été d'autant plus profonde. Et il est gai !

Pour une déchirure moins intime (car il n'était peut-être qu'un rhéteur), Lamennais est mort dans la désespérance finale. Pour beaucoup moins que cela, le candide Jouffroy est resté incurablement triste. Pour moins encore, pour avoir non pas douté, mais seulement craint de douter, Pascal est devenu fou. Et M. Renan est gai !

Passe encore s'il avait changé de foi : il pourrait avoir la sérénité que donnent souvent les convictions fortes. Mais ce philosophe a gardé l'imagination d'un catholique. Il aime toujours ce qu'il a renié ; il donne à la négation même le tour du mysticisme chrétien. Son cerveau est une cathédrale désaffectée (1). On y met du foin ; on y fait des conférences :

(1) Ce joli mot est d'Alphonse Daudet.

c'est toujours une église. Et il rit ! et il se dilate ! et il est gai !

Cet homme a dans sa *Lettre à M. Berthelot*, magnifiquement tracé le programme formidable et établi en regard le bilan modeste de la science. Il a eu, ce jour-là, et nous a communiqué la sensation de l'infini. Il a éprouvé mieux que personne combien nos efforts sont vains et notre destinée indéchiffrable. Et il est gai !

Ce rire, je l'ai déjà entendu dans l'*Odyssée* : c'est le rire involontaire et lugubre des prétendants qui vont mourir.

Non, non, M. Renan n'a pas le droit d'être gai. Il ne peut l'être que par l'inconséquence la plus audacieuse ou la plus aveugle. Comme Macbeth avait tué le soleil, M. Renan, vingt fois, cent fois dans chacun de ses livres, a tué la joie, a tué l'action, a tué la paix de l'âme et la sécurité de la vie morale. Pratiquer la vertu avec cette arrière-pensée que l'homme vertueux est peut-être un sot ; se faire une « sagesse à deux tranchants » ; se dire que « nous devons la vertu à l'Eternel, mais que nous avons droit d'y joindre, comme reprise personnelle, l'ironie ; que nous rendons par-là à qui de droit plaisanterie pour plaisanterie », etc., cela est joli, très joli ; c'est un raisonnement délicieux et absurde, et ce « bon Dieu », conçu comme un grec émérite qui pipe les dés, est une invention tout à fait réjouissante. Mais ne jamais faire le bien bonnement, ne le faire que par élégance et avec ce luxe de malices, mettre tant d'esprit à être bon quand il vous arrive de l'être, apporter toujours à la pratique de la vertu la méfiance et la sagacité d'un monsieur qu'on ne prend pas sans vert et qui n'est dupe que parce qu'il le veut bien, — est-ce que cela, à supposer que ce soit possible, ne vous paraît pas lamentable ? Dire que Dieu n'existe pas, mais qu'il existera peut-être un jour et qu'il sera la conscience de l'univers quand l'univers sera devenu conscient ; dire ailleurs que « Dieu est déjà bon, qu'il n'est pas encore tout-puissant, mais qu'il le sera sans doute un jour » ; que « l'immortalité n'est pas un don inhérent à l'homme, une conséquence de sa nature, mais sans doute un don réservé par l'Etre, devenu absolu, parfait, omniscient, tout-puissant, à ceux qui auront contribué à son développement » ; « qu'il y a du reste presque autant de chances pour que le contraire de tout cela soit vrai » et « qu'une complète obscurité nous cache les fins de l'univers » : ne sont-ce pas là, à qui va au fond, de belles et bonnes négations enveloppées de railleries subtiles ? Ne craignons point de passer pour un esprit grossier, absolu, ignorant des nuances. Il n'y a pas de nuances qui tiennent. Douter et railler ainsi, c'est simplement nier ; et ce nihilisme, si élégant qu'il soit, ne saurait être qu'un abîme de mélancolie noire et de désespérance. Notez que je ne conteste point la vérité de cette philosophie (ce n'est pas mon affaire) : j'en constate la profonde tristesse. Rien, rien, il n'y a rien que des phénomènes. M. Renan ne recule d'ailleurs devant aucune des conséquences de sa pensée. Et avec cela il est gai !

Jules Lemaître veut ensuite expliquer cette gaieté et là encore il sacrifie sa véritable pensée à la force du courant. Mais ses atténuations n'infirment en rien les premières pages. L'article d'ailleurs se termine par des lignes mordantes qui sont loin de détruire l'éloquente ironie du commencement.

Toutes les fées, dit-il, avaient richement doté le petit Armoricain. Elles lui avaient donné l'intelligence, l'imagination, la finesse, la persévérance, la gaieté, la bonté. La fée Ironie est venue à son tour et lui a dit : « Je t'apporte un don charmant ; mais je te l'apporte en si grande abondance qu'il envahira et altèrera tous les autres. On t'aimera ; mais comme on aura toujours peur de passer à tes yeux pour un sot, on n'osera pas te le dire. Tu te moqueras des hommes, de l'univers et de Dieu, tu te moqueras de toi-même, et tu finiras par perdre le souci et le goût de la vérité. Tu mêleras l'ironie aux pensées les plus graves, aux actions les plus naturelles et les meilleures, et l'ironie rendra toutes tes écritures infiniment séduisantes, mais inconsistantes et fragiles. En revanche, jamais personne ne se sera diverti autant que toi d'être au monde. » Ainsi parla la fée et tout compte fait elle fut assez bonne personne. Si M. Renan est une énigme, M. Renan en jouit tout le premier et s'étudie peut-être à la compliquer encore.

Il écrivait il y a vingt ans : « Cet univers est un spectacle que Dieu se donne à lui-même ; servons les intentions du grand chorège en contribuant à rendre le spectacle aussi brillant, aussi varié que possible. » Il faut rendre cette justice à l'auteur de la *Vie de Jésus* qu'il les sert joliment, « les intentions du grand chorège » ! Il est certainement un des « compères » les plus originaux et les plus fins de l'éternelle féerie. Lui reprocherons-nous de s'amuser pour son compte tout en divertissant le divin impresario ? Ce serait de l'ingratitude, car nous jouissons aussi de la comédie selon notre petite mesure ; et vraiment le monde serait plus ennuyeux si M. Renan n'y était pas.

Un mondain ne pouvait analyser avec plus d'esprit et de talent la gaieté moqueuse de Renan. Le psychologue éclairé des splendeurs de la foi, verrait sous le rire factice de l'apostat autre chose que la joie d'une bonne conscience.

Ne serait-ce pas Sosie qui se force à rire parce qu'il sue la peur ou Julien qui blasphème parce qu'il tremble ? Le rire de Renan, en effet, n'est jamais exempt d'injures à la divinité, ni d'outrages à la religion.

L'injure et l'outrage y sont mis en belle forme, mais ils y sont. L'ex-sulpicien se gausse volontiers du ciel, de l'enfer et du purgatoire. Mais ce ne sont que fusées de mots pour cacher la réalité. Son rire contraint est une grimace, et il est tenaillé plus qu'il ne veut le paraître par l'idée de l'au-delà. Il a raconté lui-même qu'une personne pieuse, du côté de Nantes, lui écrivait tous les mois ces mots : *Il y a un enfer* ; et il ajoute, avec un sans-gêne inqualifiable, ces horribles blasphèmes:

Pour moi, je m'imagine que, si l'Eternel, en sa sévérité, m'envoyait d'abord en ce mauvais lieu, je réussirais à m'en tirer. J'enverrais à mon créateur des suppliques qui le feraient sourire. Les raisonnements que je lui ferais pour lui prouver que c'est par sa faute que je suis damné seraient si subtils qu'il aurait de la peine à y répondre. Peut-être m'admettrait-il en son saint paradis, où l'on doit s'ennuyer beaucoup. Parmi les enfants de Dieu, il laisse bien de temps en temps entrer le *Satan*, le critique, pour dérider un peu l'assemblée.

Cette raillerie à froid fait surgir dans l'âme les plus désolantes pensées, et il faut être devenu impie jusqu'aux moëlles pour n'en être point épouvanté. Eh! bien! cela ne suffit pas à Renan. Il a l'audace de dire qu'il se plairait mieux dans le Purgatoire « où s'épuisent les amours commencées sur la terre » et d'où l'on « ne doit pas être pressé de sortir, vu le peu d'attraction du paradis. »

Le fanfaron d'impiété lance ensuite une dernière insulte à Dieu, en bravant sa justice et en niant sa puissance :

« Quand Nemrod, dit-il, lançait ses flèches contre le ciel, elles lui revenaient ensanglantées. Nous autres, nous n'obtenons aucune réponse. O Dieu que nous adorons malgré nous, que nous prions vingt fois par jour sans le savoir, tu es vraiment un Dieu caché.

Renan a inventé une nouvelle forme cultuelle, l'adoration blasphématoire et il trouve sans doute très plaisant le contraste de la pensée et de l'expression. Il ne réussit qu'à provoquer la stupeur et le dégoût.

Et voilà le fond de sa gaieté. A certains moments elle ne semble que l'expression de ce dédain dans lequel tombe l'impie quand il en est venu à la profondeur de la négation, *cum in profundum venerit, contemnit*. Mais souvent on sent l'homme torturé par l'inconnu, qui veut s'étourdir et étouffer les cris de sa conscience.

Peut-être aussi n'est-ce là qu'un effet logique de l'égoïsme qui fait le fond de son caractère. Le dilettantisme implacable de l'âge mur et des dernières années était déjà dans le séminariste d'Issy et nous avons vu M. Pinault le signaler avec bonne humeur. Il faut remarquer en effet, pour être juste, que le sensualisme de Renan, s'il se manifestait par de fréquentes échappées vers la boue, ne se déversait pas tout entier, comme en certaines natures, dans les jouissances physiques. L'épicurien du Collège de France avait pour idéal la tranquillité en songeant à de belles choses, en se complaisant dans ses propres pensées, en s'admirant lui-même. On comprend qu'avec de telles dispositions il ait voulu voir la vie du bon côté, en s'inquiétant le moins possible et en s'amusant le plus possible. Mais il n'en est pas moins vrai qu'il avait perdu tout ce qui fait la grandeur de l'homme : la virilité de l'intelligence, le ressort du sacrifice et du dévouement et toute véritable moralité.

III

L'égoïsme de Renan pourrait donc fort bien être la cause de son scepticisme et de son sensualisme. Cet égoïsme, on peut en suivre la trace dans toute la vie du faux exégète, mais il apparait notamment dans trois circonstances que nous devons signaler ici.

C'est en premier lieu, lors de la mort de sa sœur. en Palestine sur les bords du lac de Génésareth. Les explorateurs étaient malades tous deux, et Renan était sans connaissance quand sa sœur rendit le dernier soupir. A propos de cette mort il a écrit dans ses *Souvenirs* :

« Je n'ai jamais souffert. Il ne dépendrait que de moi de croire que la nature a mis plus d'une fois des coussins pour m'épargner des chocs trop rudes. Une fois lors de la mort de ma sœur, elle m'a à la lettre chloroformé pour que je ne fusse point témoin d'un spectacle qui eût peut-être fait une lésion profonde dans mes sens et nui à la sérénité ultérieure de ma pensée. »

Singulière sensibilité qui s'applaudit d'avoir manqué l'occasion de s'exercer ! Et pourtant cet homme qui ne pleura point sa sœur a écrit sur elle des pages splendides qui font pleurer. Il a mis dans ses écrits l'émotion qu'il n'avait pas. Ce n'est pas la première fois d'ailleurs que nous le voyons feindre les sentiments qui sont de mise, telle circonstance étant donnée.

Mais toujours se révèle de quelque manière la préoccupation secrète du cœur. Et quelques précautions que prenne l'égoïste pour cacher l'infamie de ses sentiments, ses œuvres le trahissent. Renan, en s'applaudissant, nous a raconté son amitié avec Berthelot.

« Non-seulement M. Berthelot et moi, dit-il, nous n'avons jamais eu l'un avec l'autre la moindre familiarité ; mais nous rougirions presque de nous demander un service, même un conseil. Nous demander un service serait à nos yeux un acte de corruption, une injustice à l'égard du reste du genre humain.(1) »

Nous, âmes simples, nous pensions que l'amitié était faite surtout pour s'entr'aider et nous l'aurions définie : *un don mutuel de soi-même*, allant même jusqu'à dire que l'amitié qui n'agit point n'est point une amitié sincère. Mais agir pour ses amis, se remuer pour d'autres que pour lui aurait été une charge trop lourde pour l'âme voluptueusement égoïste de Renan et pour s'éviter cette peine il pose en homme si détaché des choses de la terre, en penseur planant si haut dans les sphères de l'infini que rien de terrestre ne peut le toucher et qu'il croirait déchoir en demandant à

---

(1) *Souvenirs*, p. 339.

l'amitié autre chose que des plaisirs intellectuels. Sous ses multiples transformations, Renan est bien toujours le même ; et toujours il cultive avec une suprême habileté cet art de la pose au moyen duquel il a si bien jeté de la poudre aux yeux de ses contemporains. C'est là que Renan aime à être vu quand il a pris toutes ses précautions pour éblouir et pour exciter les admirations. Ce qu'il déteste par-dessus tout c'est d'être peint sur le vif, dans l'intimité, en déshabillé : Barrès et Goncourt lui ont joué ce vilain tour et il leur en a gardé une rancune effroyable.

Le Renan que Goncourt nous montre au dîner Magny (1) n'est rien moins qu'alléchant. Sous l'influence des lectures du moment, Renan exprime tour à tour les paradoxes philosophiques et littéraires les plus contradictoires. Son esprit ressemble à un vaisseau démonté qui tournoie sous la moindre secousse du vent. Il en est de même de son cœur. Comme cet homme n'a jamais rien aimé, il s'attache aux gloires qui passent, aux aventuriers qui réussissent, aux forces qui triomphent.

Inoubliable est la scène dans laquelle, en 1870, il insulte la France vaincue. Nous l'empruntons au *Journal* des Goncourt sans y changer un iota.

Mardi 6 septembre. — Au dîner de Brébant, je trouve Renan assis tout seul, à la grande table du salon rouge, et li-

---

(1) Ce dîner, petit cénacle littéraire, avait lieu chez Brébant, il fut fondé par Gavarny, Ste-Beuve et les deux Goncourt.

sant un journal, avec des mouvements de bras désespérés.

Arrive Saint-Victor qui se laisse tomber sur une chaise et s'exclame, comme sous le coup d'une vision terrifiante : L'*Apocalypse... les chevaux pâles.*

Neffizer, du Mesnil, Berthelot, etc., etc., se succèdent, et l'on dîne dans la désolation des paroles des uns et des autres. On parle de la grande défaite, de l'impossibilité de la résistance, de l'incapacité des hommes de la Défense nationale, de leur désolant manque d'influence près du corps diplomatique, près des gouvernements neutres. On stigmatise cette sauvagerie prussienne qui recommence Genseric.

Sur ce, Renan dit : « Les Allemands ont peu de jouissances, et la plus grande qu'ils peuvent se donner, ils la placent dans la haine, dans la pensée et la perpétration de la vengeance.

» Dans toutes les choses que j'ai étudiées, j'ai toujours été frappé de la supériorité de l'intelligence et du travail allemand. Il n'est pas étonnant que, dans l'art de la guerre, qui est après tout un art inférieur, mais compliqué, ils aient atteint à cette supériorité, que je constate dans toutes les choses, je vous le répète, que j'ai étudiées, que je sais... Oui, messieurs, les Allemands sont une race supérieure ! » (1)

» — Oh ! oh! crie-t-on de toutes parts.

» Oui, très supérieure à nous, reprend Renan en s'animant. Le catholicisme est une crétinisation de l'individu : l'éducation par les Jésuites ou les Frères de l'école chrétienne arrête et comprime toute vertu *summative,* tandis que le protestantisme la développe. »

Renan, obstinément attaché à sa thèse sur la supériorité du peuple allemand, continue à la développer entre ses deux

---

(1) Dans sa *Réforme intellectuelle et littéraire* Renan appelle la France « une nation superficielle dénuée de sens politique. »

voisins, lorsque du Mesnil l'interrompt par cette sortie : « Quant au sentiment d'indépendance de vos paysans allemands, je puis dire que moi, qui ai assisté à des chasses dans le pays de Bade, on les envoie ramasser le gibier, avec des coups de pied dans le cul ! »

» Eh bien, dit Renan, dérayant complètement de sa thèse, j'aime mieux les paysans à qui l'on donne des coups de pied dans le cul que des paysans comme les nôtres, dont le suffrage universel a fait nos maîtres, des paysans, quoi, l'élément inférieur de la civilisation, qui nous ont imposé, nous ont fait subir, vingt ans, ce gouvernement (1). »

Berthelot continue ses révélations désolantes, au bout desquelles je m'écrie :

— « Alors tout est fini, il ne nous reste plus qu'à élever une génération pour la vengeance ! »

— « Non, non, crie Renan, qui s'est levé, la figure toute rouge, non pas la vengeance, périsse la France, périsse la Patrie, il y a au-dessus le royaume du Devoir, de la Raison... »

» Non, non, hurle toute la table, il n'y a rien au-dessus de la Patrie. » « Non, non, gueule encore plus fort Saint-Victor, tout à fait en colère : n'esthétisons pas, ne *byzantinons* plus, f..., il n'y a pas de chose au dessus de la Patrie ! »

Renan s'est levé, et se promène autour de la table, la marche mal équilibrée, ses petits bras battant l'air, citant à haute voix des fragments d'Ecriture sainte, en disant que tout est là.

Puis il se rapproche de la fenêtre sous laquelle passe le

---

(1) « La démocratie, a-t-il dit ailleurs, fait notre faiblesse militaire et politique. Elle fait notre ignorance, notre sotte vanité ; elle fait, avec le catholicisme arriéré, l'insuffisance de notre éducation nationale. » *Réforme intellectuelle et morale.*

va-et-vient insouciant de Paris, et me dit : « Voilà ce qui nous sauvera, c'est la mollesse de cette population ! » (1)

Quand ces révélations parurent en 1890 dans le feuilleton de l'*Echo de Paris*, Renan qui fait pourtant profession de ne jamais répondre aux accusations ou aux erreurs dont il est l'objet, poussa ce jour-là des cris d'orfraie. L'incident prit des proportions énormes et défraya les chroniques pendant quinze jours. Renan traita Goncourt avec mépris et hauteur (2) ; il accumula sur lui les épithètes malsonnantes, comme celle de mal élevé, de monsieur indiscret, qui s'arrogeait le droit de se faire l'historiographe de dîners où il n'était qu'un simple convive. Quand Goncourt l'avait loué, Renan ne l'avait point trouvé indiscret ; mais le jour où l'on s'avise de dire des choses désagréables du « maître » on est digne de tous les mépris, digne d'être traîné aux gémonies de l'humanité.

---

(1) Renan a toujours montré un profond mépris pour le peuple, et les manifestations populaires. A la date du 23 août, Goncourt écrit :

» Ce soir, chez Brébant, on se met à la fenêtre, attirés par les acclamations de la foule sur le passage d'un régiment qui part. Renan s'en retire vite, avec un mouvement de mépris et cette parole : « Dans tout cela, il n'y a pas un homme capable d'un acte de vertu ! »

» Comment, d'un acte de vertu, lui crie-t-on, ce n'est pas un acte de vertu, l'acte de dévouement qui fait donner leur vie à ces privés de gloire, à ces innomés, à ces anonymes de la mort? »

(2) Nous lisons dans l'*Echo de Paris* du 30 octobre : « Le doux et fluide louvoyeur, la vieille coquette qui minaude avec toutes les contingences, M. Renan vient de se fâcher !

L'auteur de la *Vie de Jésus* faisait publier dans le *Petit Lannionnais* la lettre suivante :

Paris, 26 novembre 1890.

Ah ! mon cher cousin, que je vous sais gré de vous indigner pour moi, en ce temps de mensonge, de faux commérages et de faux racontars. Tous ces récits de M. de Goncourt sur des dîners dont il n'avait aucun droit de se faire l'historiographe sont de complètes transformations de la vérité. Il n'a pas compris, et nous attribue ce que son esprit fermé à toute idée générale lui a fait croire ou entendre. En ce qui me concerne je proteste de toutes mes forces contre ce triste reportage...

. . . .

J'ai pour principe que le radotage des sots ne tire pas à conséquence...

Et les foudres de cette lettre, écrit de Goncourt, n'ont pas suffi à l'homme bénin. Ça été, tous les jours, une interview nouvelle, où, en son indignation grandissante d'heure en heure, il déclarait :

Le 6 décembre, dans le *Paris*, que le sens des choses abstraites me manquait absolument ;

Le 10 décembre, dans le *XIXe Siècle*, que j'avais perdu le sens moral ;

Le 11 décembre, dans la *Presse*, que j'étais inintelligent, complètement inintelligent.

Et peut-être M. Renan a-t-il dit bien d'autres choses dans les interviews que je n'ai pas lues.

Tout cela, mon doux Jésus ! pour la divulgation d'idées générales du penseur, d'idées générales que tout le monde a entendu développer par lui à Magny et ailleurs, d'idées générales toutes transparentes dans ses livres, quand elles n'y sont pas nettement formulées, d'idées générales dont il aurait, j'ai tout lieu de le croire, remercié le divulgateur, si le parti clérical ne s'en était pas emparé pour lui faire la guerre.

Dans le cours de cette réponse à Renan, écrite en tête du tome V° de son *Journal*, Goncourt a publié sur l'œuvre de Renan une page superbe d'ironie :

Un conseil, dit-il, *M. Renan, on a tellement grisé votre orgueil de gros encens, que vous avez perdu le sens de la proportion des situations et des êtres.* Certes c'est beaucoup, en ce XIX° siècle, d'avoir inauguré, sur toute matière, sur tout sentiment, détaché de toute conviction, de tout enthousiasme, de toute indignation, le rhétorique sceptique *du pour et du contre* ; d'avoir apporté le ricanement joliment satanique d'un doute universel ; et par là-dessus encore, à la suite de Bossuet, d'avoir été *l'adapteur à notre Histoire sacrée, de la prose fluide des romans de Mme Sand.*
Certes c'est beaucoup, je vous l'accorde, mais point assez vraiment, pour *bondieuser* comme vous *bondieusez* en ce moment, sur notre planète, — et je crois que l'avenir le signifiera durement à votre mémoire.

Quant aux révélations qui ont si fort indisposé Renan, elles « suent l'authenticité » comme l'a dit M. Magnard dans le *Figaro* ; Goncourt a rédigé son *Journal* sur des notes prises au jour le jour, en face même des évènements et des hommes. Les conversations données par lui sont pour ainsi dire « des sténographies reproduisant non-seulement les idées des causeurs, mais le plus souvent leurs expressions. » C'était le soir même, en rentrant, ou au plus tard le lendemain matin, qu'il écrivait ses souvenirs.

C'est donc en vain que Renan crie au mensonge. Nous n'en croyons rien et nous sommes persuadés au contraire que son bagage patriotique était fort léger. N'a-t-il pas toute sa vie protesté contre le patriotisme en demandant la disparition des frontières qui font les nations, en professant constamment qu'au-dessus de la patrie il y a l'humanité. Son fameux discours : *Qu'est-ce qu'une nation ?* n'est pas autre chose que le brillant développement de cette thèse mauvaise et dangereuse.

La conduite même qu'il tenait avec ses amis à cette époque de désastre et de ruine montre bien que fort peu de patriotisme devait vivre dans les cœurs de ces hommes qui festoyaient gaiement quand les nôtres tombaient sur les champs de bataille, et qui ont offert à Brébant, en souvenir de leurs débauches gastronomiques, une médaille par laquelle ils le remercient de ne ne les avoir laissés manquer de rien pendant le siège (1). Cela dit tout.

---

(1) « En 1870, pendant le siège de Paris des gens de lettres riches assez dégagés de soucis patriotiques, ayant pour chef de file M. Renan et un ou deux autres laissèrent l'affreux pain de son et de paille aux estomacs illettrés des défenseurs du pays et festoyèrent tout à leur aise chez Brébant. Ils eurent même, — faut-il dire le courage ou le cynisme? — de faire frapper une médaille ornée de leurs noms à la gloire du restaurateur qui les avait nourris de beafteaks de cheval. — N'était-il pas juste de conserver en bel état à la patrie des têtes si chères. »

Argent et littérature, article du P. V. Delaporte, *Etudes religieuses* du mois de septembre 1891.

CHAPITRE VIII

Au pinacle de la gloire

I

Dès son plus jeune âge, Renan s'était senti prédestiné à de grandes choses. Et toute sa vie est un essai de réalisation des visées ambitieuses qu'il nourrissait en lui. Quand une voie se fermait devant ses pas, il se rejetait aussitôt vers une autre; quand le rêve primitivement formé s'écroulait, il ne se décourageait pas et bâtissait sur nouveaux plans.

A la fin de l'Empire, la vie politique le tenta. En 1868, il publia ses *Questions contemporaines*; c'était un prélude. En 1869, il sollicitait un mandat de législateur. Il a prétendu depuis avoir accompli là un acte héroïque, parce que les « sénateurs » sont aujourd'hui exposés à mourir sur les chaises curules. Les électeurs de Seine-et-Marne ne se doutèrent point alors que le candidat au Corps législatif fût inspiré par des sentiments aussi élevés. Ils ne virent en Renan qu'un écrivain anti-religieux qui recherchait une situation politique pour grandir son influence et travailler avec plus de succès à son œuvre contre le christianisme. Ceux qui avaient lu les ouvrages du « penseur » savaient en outre quel mépris cet homme, né du peuple, mais idolâtre de son propre talent et dévoré du désir d'être heureux sur terre, avait pour le peuple, pour les dévouements obscurs, pour les cerveaux peu cultivés. Franchement, le candidat venait devant ses électeurs avec de bien mauvaises recommandations, et son extérieur n'était pas fait pour les séduire. Un témoin oculaire nous a laissé un récit de la campagne électorale que Renan fit alors.

Au mois d'octobre 1869, par un automne froid, triste et pluvieux, la nouvelle de la prochaine arrivée de M. Renan se répandit dans le petit village où j'étais.

M. Renan n'était pas le candidat officiel de l'Empire; il ne se présentait pas non plus sous le couvert de la République, dont les nombreux adeptes commençaient à montrer furieusement les dents: il se disait candidat *libéral*. . . . . .

M. Renan, lorsqu'il descendit d'un compartiment de seconde classe, m'apparut tout de noir vêtu. Son pantalon soigneusement relevé, laissait voir des bas de laine noire; de solides souliers à élastiques lui tenaient le pied chaud et lui permettaient d'affronter la boue abondante des chemins; à ses mains qui portaient un énorme parapluie, jadis noir, de bons gros gants en tricot; sur ses longs cheveux, déjà blancs, un gibus de laine; le dos légèrement voûté. Modestement, il prit place dans la patache qui pour quinze centimes devait le conduire au centre du village.

Dans un café malpropre, dont l'atmosphère était viciée par la fumée des pipes, les émanations de l'alcool, du vin et de la bière, M. Renan était mélancoliquement assis devant une table de marbre. Rangés autour de lui, et à distance, quelque dix ou douze électeurs le regardaient bouche bée.....

Connaissance faite avec les fortes têtes politiques, dans

cette immonde tabagie dont le propriétaire, ancien gâte-sauce, ancien cabotin, serrait à les rompre les mains du futur académicien, M. Renan dut visiter les gros bonnets. Ces gros bonnets, ayant de l'influence sur le populaire, étaient quelques employés de commerce, des scribes de grandes compagnies, même des chefs de service, préférant pour raisons de santé (et par économie), le séjour de la campagne à celui de la ville ; c'étaient encore le médecin frondeur, ennemi du curé, et quelques rentiers en opposition avec le maire, dévoué au gouvernement.

Puis les dames ! Les dames de messieurs les gros bonnets, des bas-bleus de campagne, de prétendues libres-penseuses, profondes admiratrices, sans les avoir lus, des écrits de M. Renan ! l'accablant de louanges, lui cassant sur le nez, et à bout portant, quantité d'encensoirs, et finissant par solliciter, avec force minauderies, une conférence littéraire, qui aurait lieu après les élections, quand on ne parlerait plus de cette vilaine politique, et M. Renan promettait, promettait... Promettre n'était-ce point son rôle en cette circonstance ?

Le soir, une grande animation régnait dans les rues boueuses du village ; le candidat devait, en public, développer son programme politique, et parler des intérêts locaux. La salle de danse a été choisie à cet effet ; huit ou dix lampions fumeux en raient les quatre grands murs blancs et nus ; quelques chaises dépaillées, des bancs boiteux avaient été disposés pour les électeurs ; au fond, une mauvaise table de bois blanc, sur laquelle brûlaient deux longues chandelles, que mouchait de temps en temps, avec ses doigts, le garde champêtre, était destinée à l'orateur.

C'est dans cet antre, la tête inclinée sur la poitrine, escorté de deux fidèles, qu'à l'heure fixée, pénétra M. Renan ; tel Jésus, entre les deux larrons, gravit le Calvaire ! — Si véritablement nous ne jugeons que par contrastes, le brillant académicien a dû se livrer à de cruelles et à d'amères réflexions, lorsque, vêtu d'un habit pompeusement chamarré, la croix de commandeur de la Légion d'honneur pendue au cou, il prononça, quelque dix ans après, sous la coupole de l'Institut, en présence de la fine fleur des gourmets littéraires, devant des toilettes éblouissantes de luxe et de fraîcheur, au milieu de parfums suaves et pénétrants, son remarquable discours de réception à l'Académie, et sa non moins remarquable réponse au discours de M. Dumas (1).

La célébrité de l'écrivain fut impuissante à concilier au candidat la faveur des électeurs. Les paysans de la Marne se souciaient peu de l'érudition plus ou moins vraie de Renan ; ce qu'il leur fallait, c'était un député connaissant les intérêts et les besoins du pays, et ayant un programme qui donnât satisfaction à toutes les justes exigences. Dans ces questions, Renan se montra d'une incapacité notoire. Le langage railleur, presque bouffon, dans lequel il discourut, fut aussi une cause d'échec pour sa candidature. Les paysans ne comprirent pas ses mots de *précieuse.* En parlant du Concordat, il dit « que l'Église et l'État étaient comme deux époux qui feraient mauvais ménage, qui auraient des querelles fréquentes... qu'un jour viendrait où il y aurait divorce ». On crut, là-dessus, qu'il était question du divorce, et cela lui faisait dire plus tard : « Il ne faut pas, voyez-vous, faire de métaphores au village ».

Renan fut battu, avec M. Jocourt, le candidat officiel, et M. de Munie, le candidat légitimiste. Ce fut le candidat radical, M. de Jouvencel, qui l'emporta.

Renan conserva de cet échec une irritation profonde.

(1) A. Dumont, l'*Estafette*, 8 août 1889.

Quelques jours après, il rencontra l'Empereur, qui lui offrit ses condoléances; l'autre lui répondit sèchement: « Si Votre Majesté avait tenu à me voir élu, cela lui eût été bien facile; il aurait suffi de supprimer la candidature officielle dans mon arrondissement (1) ». Il conserva longtemps l'amertume de cette défaite; à la page 151 des *Feuilles détachées* il a écrit: « En 1869, je fis, dans le département de Seine-et-Marne, une campagne électorale indépendante, qui eût réussi sans M. Rouher et *sans mon honnêteté* ».

Il ne fut pas complètement découragé cependant, et en 1878, il se présentait de nouveau à... Marseille. A ce sujet, on pouvait lire dans la *Liberté* du 31 décembre, l'entrefilet suivant:

> On sait que M. Renan a accepté une candidature officielle à Marseille. Un de nos confrères trouve que l'idée de voir ce lettré, ce philosophe, cet ennemi du gros athéisme et de la démagogie bruyante, qui a nié la divinité de Jésus, mais qui certainement, empêcherait le déboulonnement de la statue de Belzunce et que séduirait le charme des processions méridionales, l'idée de le voir aux prises avec les électeurs du département le plus radical de France, est quelque chose de particulièrement comique.
>
> Il me semble, d'ailleurs, que M. Renan se raille lui-même quand il écrit:
>
> « Je serais d'ailleurs extrêmement heureux de recevoir mon mandat des habitants de Marseille et du département du Bouches-du-Rhône. *J'ai traversé Marseille plusieurs fois pendant mes voyages* et cette ville a toujours exercé un charme

---

(1) Au premier tour de scrutin, Renan venait bon troisième. Il refusa de se désister en faveur du candidat officiel, bien qu'il l'eût promis à l'avance.

et un intérêt des plus vifs sur mon cœur et mon esprit. Je ne vois jamais, sans me sentir fortement attiré vers elles, ces natures provinciales si vives, si résolues, portées au progrès par des élans si forts et si généreux. Si elles me chargent de les représenter, le soin constant de mériter un tel honneur, sera l'ambition, la tâche préférée de toute ma vie. Rien, je l'affirme, ne me serait plus flatteur que d'entrer pour quelque chose dans l'avenir et les magnifiques destinées de la vieille cité phocéenne. Marseille et la Provence, si elles m'appellent, peuvent compter de ma part, sur un dévouement absolu ».

Cette nouvelle tentative eut le succès de la première. Renan fut même si bien roulé par les Marseillais qu'il perdit à jamais l'ambition de siéger sous la coupole du **Luxembourg**.

II.

Dans ce sénat impérial où il avait voulu vainement s'asseoir, Renan avait été fort maltraité après la publication de la *Vie de Jésus,* et c'était peut être le désir inavoué de reparaître en triomphateur dans une salle où l'on l'avait bafoué, qui le poussait à soutenir sa candidature sénatoriale. En 1878, il n'aurait point eu là que Sainte-Beuve pour défenseur, comme au jour de la première attaque : le diocèse de la librepensée s'était considérablement accru et de nouveaux fidèles s'étaient rangés sous le noir pennon du mal triomphant. Renan était l'évêque officiel de ce diocèse et ses lettres pastorales excitaient à chaque instant le zèle des adeptes. Les fanatiques de la libre-pensée sont les pires moutons de Panurge que l'on connaisse et ils suivent aveuglement pourvu qu'on les conduise au mal.

La libre-pensée romaine surtout était à la dévotion de Renan. N'est-ce pas une preuve de la puissance de destruction que lui reconnaissaient ces hommes constamment en lutte avec le pape et voués irrémédiablement à la destruction du catholicisme ? Au mois d'octobre 1872, invité par plusieurs cercles de libres-penseurs, Renan se rendit à Rome. La presse française de l'époque nous apprend que Rome toute entière s'émut à l'arrivée de l'auteur de la *Vie de Jésus*.

Les catholiques s'attristaient de l'audace du renégat venant braver jusque dans sa capitale la religion qu'il avait foulée aux pieds. Bien des protestations s'élevèrent. Renan était descendu à l'hôtel d'Allemagne. Quelques zélés voulaient lui donner une sérénade, mais les voyageurs logés à l'hôtel menacèrent de partir sur le champ si ce scandale avait lieu. L'hôte fit si bien que les zélés se soumirent et abandonnèrent leur projet de sérénade. Le vrai peuple recevait le blasphémateur comme les Bretons l'avaient accueilli au lendemain de la *Vie de Jésus*. Le dimanche 27 octobre, cinq mille Romains venus des quartiers populeux se rendaient au Vatican, et le pape disait devant eux : « Quel genre de scandale ne voit-on pas aujourd'hui dans cette Rome capitale du monde catholique? On voit arriver à Rome un homme qui nie la divinité de Jésus-Christ; et les journaux l'appellent un *homme illustre, l'honneur de sa patrie.* » Pie IX traitait en outre le renégat de « blasphémateur européen. » L'écho de cette parole retentit à travers toute l'Europe, et les libres-penseurs en ont gardé au saint pape une rancune profonde : Renan démasqué ainsi par le Pontife suprême, ne pouvait plus s'affubler du titre de chrétien et tromper encore les âmes simples avec ses doctrines perverses.

Le pape n'a jamais cessé de dénoncer au monde catholique la dangereuse hypocrisie de Renan. Après Pie IX, Léon XIII : n'étant encore qu'évêque de Pérouse, le cardinal Pecci stigmatisa le livre de M. Ernest Renan « qui porte le titre menteur de *Vie de Jésus* »; il le qualifia de livre « blasphématoire et outrageant au plus haut point pour la majesté de Dieu ; il avertit ses ouailles de se tenir en garde « contre l'œuvre inpie du nouvel Arius »; et avec grande raison, il dit qu'un tel livre était « contraire au sens commun et à tous les principes de la saine raison et de la véritable science. » Il prescrivait ensuite des prières expiatoires pour réparer l'insulte faite à Dieu par le livre de Renan.

Et tout récemment, le cardinal Pecci, devenu le grand pape dont les magnifiques enseignements font l'admiration de l'univers, dont l'auguste parole est reçue à genoux par les peuples étonnés, S. S. Léon XIII félicitait Mgr Perraud d'avoir apprécié à sa juste valeur le renégat et son œuvre. C'a été en quelque sorte une protestation contre les racontars des journaux : l'un a prétendu que Léon XIII s'était réjoui de ce que Renan était mort sans repentir, parce que cela prouvait en lui une grande conviction et que l'homme convaincu trouve grâce devant l'Eternel ; d'après un autre, Sa Sainteté aurait dit simplement : *Oportet hæ-*

reses esse. Non, notre saint et grand pape ne s'est point réjoui de la mort de Renan ou ne l'a point vue avec indifférence. Mais il s'est apitoyé sur cette pauvre âme qui partait pour le jugement, chargée de tant de crimes, et il a pleuré sur l'aveuglement de la France faisant des funérailles publiques à l'insulteur du Christ.

La lettre de Léon XIII à Mgr Perraud trace sa conduite au peuple chrétien : cette nouvelle parole pontificale implore les catholiques de n'avoir aucun ménagement pour le pire ennemi de leur foi.

Les ennemis de la papauté cependant auraient bien suffi, dès 1872, par leur enthousiasme d'énergumènes, à montrer ce qu'était Renan au fond. S'ils le fêtaient ce n'était pas pour sa personne, mais pour ses détestables doctrines. Il n'y eut point moyen de s'y méprendre lorsqu'il fut invité au cercle Cavour, lorsque les Juifs, par la plume d'Arbib, le proclamèrent une des gloires vivantes de la France, et surtout lorsque les dignitaires des hautes loges italiennes reçurent les conseils du colporteur en anti-catholicisme, dans un banquet fraternel organisé en son honneur.

A la fin de ce banquet Renan prit la parole, et se croyant en lieu sûr, ôta tout masque et apprécia ainsi la conduite des maçons italiens :

Une chose est digne de remarque : les politiques du XVIIIe siècle faisaient profession d'esprits forts ; ils étaient les apôtres de la philosophie. Ils parlaient beaucoup de Dieu et pas du roi. Dans notre siècle, au contraire, on parle beaucoup de l'Etat et du roi et peu ou point de Dieu. » (Ici M. Renan a fait une citation latine que je n'ai point retenue, tant parce qu'elle ne m'a pas paru se rapporter parfaitement au sujet, que parce que le latin prononcé à la manière française nous échappe souvent).

Toutefois, les politiques en général et les ministres d'Italie en particulier se plaisent à parler de la religion et du catholicisme et ont soin d'affecter un respect profond, une conception édifiante. Dieu, la religion et le Pape ne sont autre chose pour eux qu'un moyen de gouvernement, une force avec laquelle ils se croient obligés de compter et de transiger pour maîtriser les peuples. Dieu leur apparaît comme un instrument d'*ordre*, à peu près à la manière d'un gendarme : de là l'intérêt qu'ils portent à la religion, le respect qui les lie au Pape. Mais cet intérêt, ce respect n'ont point de chaleur ; ils ne sont, comme leur foi, que sur leurs lèvres. Habitués à passer des compromis entre Dieu et la conscience, qui s'étonnera qu'ils cherchent un compromis, un *mezzo termine* entre l'Eglise et l'Etat ? (1)

Un tel langage n'est point habituel à l'hypocrisie maçonnique. Et il est à croire que les maçons italiens en auraient été médiocrement satisfaits, s'ils avaient su que ce discours tombait dans une oreille profane. La franc-maçonnerie n'aime point qu'on parle avec cette liberté, même au fond de ses temples. Aussi Renan ne fut-il jamais admis aux hauts grades ; on le tint toujours en dehors de l'état-major politique. Quelles que fussent sa dissimulation et son habileté, on ne le trouvait point assez roué pour un grand rôle, un de ceux qui se jouent seulement dans les coulisses. On aimait mieux le produire au dehors, le déléguer à

---

(1) Lettre de Rome publiée dans l'*Univers* du 4 novembre 1872.

un rôle brillant : on flattait ainsi sa vanité, et on faisait de lui un instrument docile à l'œuvre d'antichristianisme que poursuit sans cesse la franc-maçonnerie. Pour donner à l'exégète l'illusion d'une haute puissance dans la secte, on allait même jusqu'à publier ses discours dans le *Monde maçonnique*, organe du Grand-Orient (1). Voilà comment les fils de la veuve conduisent leurs esclaves !

III

Jusqu'alors Renan avait eu les sourires et les hommages de la politique, de la science, du journalisme et de la critique : il ne lui manquait que ceux des lettres, dans la personne de leurs plus hauts représentants. Mais cela ne devait plus tarder et le 13 juin 1878 il était élu membre de l'Académie, en remplacement de Claude Bernard (2). Le scrutin lui attribua 19 voix, tandis que M. Wallon, le consciencieux auteur de l'histoire de Jeanne d'Arc, n'en recueillait que quinze. La presse radicale et démagogique triompha bruyamment.

(1) Cf. n° de mai 1882.
(2) Les prédécesseurs de Renan à l'Académie française, où il occupait le 24ᵉ fauteuil, ont été, en remontant : Claude Bernard, Flourens, Michaud, J.-F. Cailhava, Gaillard, J. Alary, Antoine de Mesmes, de Crécy, J.-C. Cassagne et Saint-Amand. Que de noms oubliés déjà ! La série n'est point brillante.

Le duc d'Aumale donna sa voix à Renan. On n'a pas oublié que ce joli prince du sang, le serviteur du « drapeau chéri », avait déjà, par son vote, consacré définitivement la république. C'est à lui seul que nous devons ces deux infamies : Renan académicien et la R. F. juive et maçonnique. Les d'Orléans ne pouvaient faire moins pour l'ex-ami du prince Napoléon ; et ils tenaient à montrer qu'eux et le prince saucissonnier étaient de la même famille morale et intellectuelle.

Chez les catholiques, ce fut de la tristesse, mais aussi de l'étonnement, de la stupeur. Le renom de l'Académie en descendit à néant. Auguste Roussel écrivait dans l'*Univers* (1) :

« Si décrié que fût le corps littéraire dont Richelieu fut le fondateur, on ne pouvait admettre qu'il fût tombé si bas ; on voulait croire que l'élection de M. Littré n'avait été qu'une surprise, une sorte de récompense donnée, pour prix de ses fatigues, à l'opiniâtre auteur d'un dictionnaire en plusieurs immenses volumes.... L'Académie est un cénacle non plus de littérature, mais d'impiété. C'est le refuge ouvert à tous les écumeurs de lettres qui se sont fait un renom en outrageant toutes nos croyances et toutes nos gloires. »

Si sévère qu'il paraisse, ce langage était justifié. Car en même temps que Renan, avait été élu Henri Martin, en remplacement de Thiers. Les deux nouveaux académiciens étaient des disciples de Voltaire et ils s'étaient distingués lors du centenaire célébré en l'hon-

(1) 15 juin 1878.

neur de celui qui, par des insultes ignobles, voulut souiller la mémoire de Jeanne d'Arc.

Renan d'ailleurs tint à l'Académie le parfait langage de l'impiété quand il y fut reçu le 4 avril 1879.

Il entra au milieu des applaudissements, raconte Léon Aubineau (1) souriant à tous et saluant de la main, son claque sur son cœur, son épée au côté, sa vaste et ronde poitrine couverte de broderies, gilet et cravate blanche. Il se traîna et se hissa devant son pupitre où il était à demi assis et comme perché... Sa voix qui manque de gravité manque aussi de sonorité... Le geste monotone, cette voix monocorde sont bientôt tout-puissants. L'ennui gagne l'auditoire...

Cet auditoire était très mêlé. Amis et ennemis du récipiendaire remplissaient la salle des séances académiques ; dans le nombre beaucoup de curieux, des indifférents, qui venaient assister à un tournoi littéraire. Beaucoup furent déçus dans leur attente. Le discours de Renan était pétillant de malice ; mais il fut très mal lu. L'auteur sortait d'une attaque de goutte qui avait retardé sa réception, et il fut souvent forcé de s'asseoir. « Il débita son discours comme un curé de village son prône, dit le critique de la *Revue bleue*, et M. Legouvé dut bien souffrir ».

Renan débuta en faisant un éloge outré de ses parrains, V. Hugo et J. Simon. Une longue digression l'entraîna ensuite à prouver une thèse fort contestable, à savoir que les grands écrivains n'ont aucune préoccupation de la forme. Le tout entremêlé de blasphèmes

(1) *Univers*, 5 avril 1879.

doucereux, flottants et même empreints de déférence. Renan n'aurait plus eu de talent s'il n'avait blasphémé.

Le sujet du discours devait être nécessairement l'éloge de Claude Bernard. Mais le pauvre grand savant fut rejeté au second plan. Renan parla surtout de lui-même. Quand il montra le savant uniquement préoccupé de vérité, égal au saint, aussi heureux que le saint, et même plus heureux, car il a la joie et l'orgueil de ses découvertes, il ne fit pas seulement le panégyrique de Cl. Bernard, il fit avant tout et surtout sa propre apologie. Les admirateurs eux-mêmes étaient scandalisés de cet égoïsme et de cet orgueil.

Parler de lui avec éloges, parler mal de Dieu et des autres hommes, c'était tout Renan; il ne savait pas faire autre chose. Aussi ne manquait-il pas de battre en brèche le spiritualisme et d'anéantir l'âme, en exposant les travaux physiologiques et physico-chimiques du défunt. Pour arriver au but souhaité, il eut le mauvais goût de donner à un auditoire composé en grande partie de dames, le détail des dissections de Cl. Bernard. Cela rappelait les délassements galants de Thomas Diafoirus; mais ces galanteries répugnaient à l'auditoire, et Renan qui était seul à s'y délecter, coupa court tout-à-coup, en fourrant à sa poche plusieurs feuillets de son discours. Il en revint à son commencement et la péroraison fut ce qu'avait été l'exorde : un éloge outré de l'Académie.

La réplique fut donnée par M. Mézières qui s'acquitta fort heureusement d'une besogne difficile. Obligé de faire l'éloge de Renan, il le tempéra de réserves ingénieusement présentées, mais formelles. Il réclama pour les humbles, pour ceux qui souffrent, le droit à des croyances consolantes. Reprenant la théorie de Renan sur le style, il loua Cl. Bernard d'avoir déployé beaucoup d'art en exposant le fruit de ses recherches. Avec une bonne pointe de malice, il représenta le physiologiste échappant à l'indifférence sceptique chère à Renan, et versant des larmes quand il entendait à l'Académie des plaintes éloquentes sur les malheurs qui intéressent le commun des mortels. Enfin il amena des sourires sur toutes les lèvres quand avec une ironie discrète il complimenta le récipiendaire d'avoir connu personnellement S. Paul et de s'être porté caution de l'impératrice Faustine. C'était la revanche du bon sens, et l'auditoire en manifesta toute sa reconnaissance à M. Mézières en l'applaudissant chaleureusement. Le succès de la journée fût pour lui.

Une fois entré dans la place, Renan était homme à grimper au premier rang. Il sut avoir de bonnes relations avec tous ses collègues : le parti des ducs ne le regarda pas trop dédaigneusement et Mgr Perraud allait même jusqu'à lui adresser « quelques paroles de charitables doléances », quand il le voyait souffrant, ou tenait compte de ses observations quand il lui soumettait son discours de réception. (1) Ce tableau n'est-il pas éminemment suggestif ? Cet évêque recevant, à propos de style, les conseils d'un renégat, ne

---

(1) Mgr Perraud. A *propos de la mort de M. Renan* ; souvenirs et impressions, p. 34.

révèle-t-il pas la cause immédiate de l'impuissance du catholicisme à l'heure présente ? Athanase n'aurait jamais vaincu Arius et son hérésie, s'il s'était amusé à jouter avec lui dans l'art de bien dire. Le libéralisme nous a appris de singulières abdications.

Pauvres prêtres ! qui, sous prétexte d'art, de science, de littérature, allez porter vos soutanes dans les milieux les plus réfractaires à l'action chrétienne, que faites-vous ? Non seulement vous fournissez aux fidèles des arguments d'indifférence, mais encore vous suggérez aux impies des raisons de leur impiété, en leur permettant de suspecter votre sincérité. Car eux-mêmes ne comprennent pas que votre foi et votre caractère ne vous interdisent pas leur fréquentation. *Arceantur*, disent les décrets des conciles.

Quel triomphe pour Renan quand il se voyait le collègue d'un pasteur de cette Eglise sur laquelle il déversait chaque jour la calomnie et le mépris. Devant une soutane épiscopale, ses railleries blasphématoires devaient avoir plus de sel ; cela inspirait ses discours d'académicien. Et il prit assez souvent la parole sous la coupole de l'Institut. Ce fut lui qui répondit au discours de réception de Pasteur, le 27 avril 1882 ; à celui de Cherbuliez, le 25 mai de la même année ; à celui de Lesseps le 23 avril 1885 ; à celui de Claretie, le 21 février 1889. Entre temps, il prononçait le discours funèbre sur la tombe de Cuvillier-Fleury, le 21 octobre 1887.

Le caractère et le talent de Renan s'adaptaient merveilleusement à faire l'éloge des nouveaux récipiendaires : les affirmations les plus hétérogènes et les plus étranges ne lui coûtaient nullement, et il trouvait moyen de dire à chacun qu'il était un héros ou un génie. Léon Aubineau nous a tracé un joli portrait de Renan directeur de l'Académie, le jour d'une réception (1).

M. Renan s'est hissé avec peine au bureau de l'Académie ; ses petites jambes et son gros ventre s'enchevêtraient, et ont eu besoin de quelque aide pour s'installer au fauteuil ; mais une fois casé entre M. Doucet et M. Mazade, M. Renan, quand vint son tour de parole, se mit à caqueter comme un Sganarelle en goguette, débitant maintes vérités et mille impertinences. On l'entendait peu : mais on le comprenait fort bien, grâce à une mimique impayable ; il mangeait en riant les mots qui devaient porter et les laissait à deviner : il frappait son papier de la main en s'adressant à l'auditoire, lui souriant ou lui faisant la grimace, se jetant tout à coup tantôt vers M. Mazade comme pour l'embrasser et tantôt vers M. Doucet qui, rouge jusqu'aux oreilles, se reculait en fuyant vers les saules : les saules, à l'Académie, sont les colonnes de porphyre rouge qui forment le fond du bureau. A travers cette parade du jovial académicien, le discours s'est déroulé comme d'habitude, mêlant toutes sortes de paradoxes et exposant avec de comiques tristesses les gloires du temps et es mérites du jour.

On aurait pu le peindre dans cette attitude, et l'artiste qui l'aurait tenté aurait réalisé une œuvre curieuse aurait esquissé un portrait plus vrai encore que celui de Bonnat. Dans ces séances de l'Académie, on percevait très vivement le caractère même de Renan, « ce

(1) Il s'agit ici de celle de M. Claretie.

gros monsieur heureux d'être. » Le portrait de Bonnat, fort remarquable d'ailleurs, donne surtout l'idée de Renan affaissé, vanné, fini. Tout semble *tomber* dans ce vieillard assis : les bras tombent sur les genoux, le ventre déborde sur les cuisses, les joues pendent, la tête s'incline sur la poitrine, les paupières descendent sur les yeux. Ce n'est point le vieillard, droit et fier, des races viriles ; ce n'est point le penseur, courbé sur ses livres mais se redressant par un effort de volonté ; c'est un être de décadence à la chair flasque et sans consistance, qui se *laisse aller* aux douceurs de vieillir sans trop de mélancolie. C'est le jouisseur devenu impotent ; mais Bonnat ne nous a pas assez donné le sphynx cachant ses pensées, et dévorant ceux que son babil étourdissait : celui-là, il fallait aller le chercher sur le fauteuil académique.

IV

Le rêve de Renan était bien réalisé : il avait fait son chemin, il *était arrivé*. La libre pensée n'a pas été ingrate pour le plus fervent de ses apôtres, et celui-ci n'a vraiment pas eu à se plaindre du sort. On l'a comblé de biens, on lui a prodigué des titres honorifiques comme à un homme supérieur, comme à un idéaliste de vertu, comme à un véritable maître en tout genre.

Professeur et administrateur du Collège de France, logé aux frais de l'Etat, membre de l'Académie Française, membre de l'Académie des Inscriptions et Belles

Lettres, il était devenu aussi grand officier de la légion d'honneur et depuis 1884, il était membre du conseil de l'ordre. Chaque année nous perdons un lambeau de notre fierté et de notre grandeur. Quand M. Bardoux, ministre de l'Instruction publique avait proposé Renan pour la croix d'officier de la légion d'honneur, le maréchal de Mac-Mahon s'était énergiquement refusé à signer un tel décret. Mais Judith Grévy n'eut point les mêmes scrupules : il savait ce que valent aujourd'hui ces titres honorifiques.

Or si nous avions encore un peu de sang dans les veines, nous ne laisserions pas passer de pareilles infamies. Comment ! voilà un ordre destiné à récompenser les hautes et nobles actions, les saints dévouements, et dans cet ordre, qui donne-t-on comme collègue à nos braves militaires qui sont l'honneur même? Un homme dont toute la vie n'a été que traîtrise et reniement. C'était déjà une injure, mais ç'a été un comble de confier à cet homme, à ce dégradé, le soin de juger les membres d'une si grande et si belle association. Et il fallait qu'il fût lui-même dépourvu du plus léger atome de conscience pour accepter de telles fonctions, et ne pas se rendre compte de l'abîme de bassesse et de dégradation dans lequel il avait roulé à la suite de ses dénégations et de ses blasphèmes.

Loin d'avoir conscience de son indignité, il ne craignait pas de se donner lui-même en exemple aux jeunes gens devant lesquels il était appelé à discourir. Car il était devenu une sorte de discoureur attitré, pour les distributions de prix aux lycéens et les funérailles du monde officiel. En 1883, il vantait aux élèves de Louis-le-Grand, la douceur de vivre; il ne variait guère le thème de ses déclamations; c'est à peine s'il en changeait la forme et toujours l'on retrouve le « gros monsieur heureux d'être », soit qu'il parle à la jeunesse, soit qu'il rhétorise creusement sur la tombe des morts illustres, soit qu'il couronne de laurier les bustes et les statues d'About, de Florian ou de Brizeux, soit qu'il hypnotise le congrès des sociétés savantes, soit qu'il prêche la propagation de la langue française sous les auspices de l'*Alliance israélite universelle*, soit qu'il se mette aux pieds de Rothschild, dans la *Société des Études juives*. Tous ces discours, toutes ces conférences ont été imprimés. Les thuriféraires qui l'entouraient ne souffraient pas qu'on dédaignât une des perles sorties de la bouche du grand homme, Et lui-même n'aurait eu garde de tomber en cette négligence, ces discours formant d'innombrables brochures qui rapportaient à l'auteur honneurs et profits.

On le voyait s'affilier à tous les cénacles, et y prendre une place prépondérante: au *Journal des Savants*, il était membre assistant du bureau; il était secrétaire de la *Société asiatique*; il présidait le *Dîner celtique*; c'était un des membres les plus en vue du cercle S. Simon, cette citadelle du judaïsme et du protestantisme, qui se couvrent là des dehors de l'art et de la littérature pour prendre dans leurs filets des catholiques et même des prêtres (1).

(1) Cf. l'article de M. Lionel Radiguet, dans la *Terre de France*, de décembre 1892.

Les salons enfin, les salons à la mode lui étaient ouverts. Sous l'empire, il fut un des familiers de la princesse Mathilde; sous la république, il fréquenta surtout chez Mme Aubernon. De temps à autre, on l'invitait pour le produire comme une curiosité entre une chanteuse de genre et un poète décadent. Il apparaissait toujours à l'heure précise où on l'attendait, se confondait en salutations infinies, en formules de politesse accablantes, dodelinant de la tête, dandinant du ventre, toujours prêt à sourire et à approuver.

Il brillait à table comme à l'Institut. « Comme il semble heureux de vivre, s'écrie un convive, son voisin, chez Mme Aubernon: la serviette maintenue au collet s'allonge sur la poitrine opulente, en pente adoucie; quelquefois seulement, à un mot spirituel, un petit rire secoue cette nappe tranquille, sous laquelle on devine des ballottements, des fluctuations de graisse, économie des digestions paisibles et des gourmandises austères, témoignages d'une pensée apaisée et d'un scepticisme auguste ».

La plupart du temps il parlait à peine; il se contentait de jouir. Au salon, il se croisait les mains sur la poitrine et digérait, sommeillant à demi, écoutant malicieusement les sottises d'autrui. Et puis, dans son éternel dandinement d'oie songeuse, il s'en allait, « distribuant des adieux comme des bénédictions, avec une politesse excessive qui laissait voir seulement la tonsure de l'âge et le nez émergeant en saillie menaçante sous la tête inclinée. »

La gloire est souvent faite de génuflexions !

CHAPITRE IX

Leur Maître

I

L'affaissement de notre siècle et de nos admirations a sacré Renan grand homme, oracle infaillible, maître incontestable. Les énergumènes du reportage arrivaient à chaque instant, essoufflés, à sa porte: elle s'ouvrait toujours toute grande et hospitalière devant ces solliciteurs qui font du bruit autour des gens et leur donnent ainsi l'illusion de la gloire. On venait consulter Renan sur tout et à propos de tout, sur la formation d'un parti catholique en France aussi bien que sur les encycliques papales ; et le fat se prêtait à ce manége avec une complaisance orgueilleuse. N'était-il pas un sage, capable de régir les destinées de l'Europe, ne tenait-il pas dans sa main l'avenir du monde ?

Il croyait peut-être avoir appris à l'humanité à se connaître, en lui enseignant le mépris de l'Evangile et c'est à ce titre sans doute qu'il se mêlait de régenter l'avenir, les passions et les idées. Rien n'était plus grotesquement comique que de voir cet homme — qui n'a jamais pu se rendre maître des tumultes de sa pensée — dicter aux autres des lois et des décisions

p. sement recueillies par les journalistes en quête des bévu   de l'humanité.

On ne saurait concevoir, si l'on n'en était témoin, quel aplatiss nent jetait ces plumitifs aux pieds de l'idole. Quand M. nan paraissait, ils lui auraient fait volontiers un tapis de l urs corps précieux, renouvelant à nos yeux les infâmies qui déshonorent le ciel de l'Inde et ensanglantent les ro es du char de Djagguernath. Chose inconcevable ! C'est devant un pareil pou de lettres, que nous nous clinons, nous qui revendiquons si fièrement notre li erté et notre indépendance. Il faut donc que le monde oit bien devenu la proie du mensonge pour s'abaisser ainsi devant un suppôt de l'imbécillité et du néant !

Et l'abaissement n'était pas mince. Les reporters qui, d'ordinaire ont l'esprit assez rebelle aux formules respectueuses, trouvaient en parlant de Renan, des phrases d'une bassesse incroyable. On lui prodiguait les plus joyeuses épithètes, les qualificatifs les plus glorieux : quand il s'agissait de lui, les paroles les plus inoffensives en apparence, prenaient des allures d'échines courbées, de dos inclinés, de têtes soumises. C'était une prosternation sans nuance et sans fin ! Le maître, il est vrai, était tellement incomparable !

C'était leur maître ! Tel est le titre qu'on lui donnait le plus volontiers et qu'on semblait prendre au sérieux dans une certaine mesure. En face de lui, nos écrivains quittaient leurs grands airs arrogants, se faisaient tout petits et l'écoutaient comme ils écouteraient Dieu sur un Sinaï !

L'un de ces dos courbés raconte ainsi sa première visite à Renan.

Je fus seulement admis à pénétrer dans ce cabinet de travail de bénédictin que connaissent presque tous mes confrères.

Je me souviens qu'avant de frapper à cette porte, je me trouvai fort embarrassé de mon personnage. J'envisageai alors, non sans crainte, la futilité du but de ma démarche. Quelle face prendrait le directeur du Collège de France, messieurs, en écoutant mes billevesées ? Mais une fois en présence de l'illustre académicien, je sentis mes esprits me revenir à flots, car je vis que je n'avais rien à redouter de M. Renan et que son visage ne se départirait point de ce sourire de paix — presque de béatitude — qui faisait de la physionomie de ce terrible exégète la physionomie la plus indulgente du monde... (1)

Il serait curieux de passer en revue la longue série d'interviews qu'on a prises à Renan et de compter les sujets les plus divers sur lesquels il s'est prononcé avec la même facilité, le même sans-gêne... et la même incompétence.

Un jour ce sont les sœurs que l'infatigable parleur appelle à sa barre. Il commence, selon sa louable habitude par déclarer qu'il ne connaît pas le premier mot de la question. C'était un parti-pris chez ce *grand homme*(!) : il n'a jamais, au grand jamais, refusé de parler quand un journaliste l'y invitait, mais à tous il répétait que l'interview lui était insupportable et qu'il n'admettait pas ce procédé d'information.

(1) Georges Docquois. Le *Journal*, 3 octobre 1892.

« Non, disait-il, je ne comprends pas qu'il se puisse trouver des gens assez prompts pour donner, sur tel ou tel fait qui vous met en marche, vous autres, messieurs, pour donner, dis-je, une opinion valable et dont on puisse faire quelque cas. »

Naturellement, rapporte un interviewer, on insistait, même cruellement, pour avoir son avis ; et, en fin de compte, par bonté d'âme, charitablement, (1) il finissait par laisser tomber de ses lèvres quelques mots merveilleusement adéquats que l'on recueillait comme une manne. Mais, en vous reconduisant, l'angoisse l'étreignant à l'idée que sa pensée peut-être serait donnée au public affreusement déformée, il vous suppliait de tenir ses paroles comme non-avenues, se récusait après coup, déclarait soudain son incompétence. Il va sans dire que, sur ce chapitre, on ne voulait point l'entendre, et, rapacement, on s'enfuyait, les mains pleines.

Un chroniqueur du *Siècle* a fait une jolie caricature de Renan interviévé. Elle mérite vraiment les honneurs de la reproduction. Le chroniqueur demande à l'exégète ce qu'il pense du mysticisme, du spiritualisme et de l'idéalisme ?

— Mon Dieu ! monsieur, répond celui-ci, votre question ne laisse pas que d'être singulièrement embarrassante. Je pense... je pense... que ce sont là de très bonnes choses... Pas trop n'en faut cependant, car, poussées loin, ces doctrines pourraient devenir dangereuses. Nous en avons des exemples dans l'histoire.

Et à ce propos Renan s'embarrasse dans un épisode

(1) Oh ! oui...

de l'histoire des Hébreux, et renvoie le curieux à ses travaux historiques, disant qu'il a raconté la chose « quelque part ». Va-t'en voir s'ils viennent, Jean, va-t'en voir s'ils viennent...

L'interviewer, peu satisfait de cette réponse, presse Renan de lui dire quelle importance il attache au mouvement actuel des esprits, lequel entraîne la jeune génération vers l'idéalisme, le mysticisme et le spiritualisme.

Et le professeur du Collège de France trouve que ce sont des « questions encore singulièrement embarrassantes ». Il s'emporte contre les journalistes importuns et s'écrie que « les Hébreux n'avaient pas de journaux. » Après avoir divagué quelques minutes sur ce chapitre et s'être ainsi donné le temps de réfléchir, il revient enfin à la question posée.

— Mais, au fait, dit-il à un interlocuteur, que me demandez-vous donc ? Je crois que je me suis encore éloigné de mon sujet.

Le journaliste. — Que pensez-vous, maître, du mysticisme au point de vue philosophique ?

M. Renan. — Ce que j'en pense ! Mais je n'en sais rien. Est-ce que l'on peut être sûr de quelque chose en ce monde. Un proverbe hébreu dit : « Il ne faut jamais se fier aux apparences. » Ce proverbe a raison, car la nature entière n'est qu'apparence. Quelle chose est bien ? Quelle chose est mal ? Je l'ignore. Tout le monde l'ignore. Le mieux est d'être sceptique. Douter me paraît être la seule formule de l'esprit humain : cela nous empêche souvent de penser : excellent résultat.

Qu'est-ce que le devoir ? Abraham le dit : « C'est le sa-

crifice ! » Mais à ceci, Gédéon répond : « C'est l'amour ! »
Vous voyez combien les doctrines hébraïques se contredisent.
Que voulez-vous que je vous dise de plus ?

Oui, je crois cependant qu'il faut du mysticisme, c'est un besoin surtout pour nous Français, qui avons un vieux fond d'imagination. Mais il faut du matérialisme aussi pour combattre le mysticisme qui, seul, pourrait devenir dangereux.

L'Éternel — je dis l'Éternel, et cependant je ne suis pas bien sûr qu'il existe ; je proclame son existence dans certains de mes ouvrages, mais je la nie dans d'autres, — l'Éternel, dis-je, a voulu que nous soyons en proie à des sentiments contraires. Nous sommes des jouets de l'illusion, cher monsieur, pas autre chose. Croyez-moi.

Et tenez, en ce moment, moi qui vous parle, je ne suis pas convaincu de votre présence, tout au plus si je crois à la mienne. Ne pourrions-nous pas être l'ombre de nous-mêmes ?

Cependant je ne me plains pas de l'existence ; elle m'a été facile ; et tout bien pesé, si j'avais à la recommencer, je crois que je ne changerais rien dans l'ordre de mes travaux. Je ferais de l'exégèse par goût. L'expérience du monde m'a été douce, et je remercie la Cause de tout bien de m'avoir fait vivre dans un siècle aussi amusant.

Le chroniqueur du *Siècle* termine là ses questions qui ne lui avaient pas appris grand'chose. Il ajoute à la fin de sa relation :

Je ne voulus pas prolonger l'entretien davantage et pris congé. Nos deux ombres échangèrent un profond salut.

Depuis cet entretien mémorable, j'ai une toute autre opinion sur la vie. Je doute de tout — ce qui est une force — excepté de moi-même — ce qui est une force bien plus grande encore.

Tout n'est qu'apparence, illusion, dis-je à qui veut l'entendre ; mais, en attendant, j'intrigue, je me fais de la réclame. Nul doute que, les circonstances aidant, je n'arrive un jour à une très haute situation. Quatre journaux ont déjà parlé de moi ; dans un an je pourrai à mon tour me faire interviewer. Ce sera le commencement de la célébrité.

Tous n'avaient point cet esprit de juger Renan comme il le méritait. D'aucuns croyaient à ses paroles savamment vides. Il est vrai que l'habile homme avait l'habileté de les prendre par leur faible et nuançait ordinairement ses déclarations d'après les opinions politiques de ses interlocuteurs. Quand il parlait à un ami de la Révolution, il oubliait tout ce qu'il avait écrit contre le texte et l'esprit de la Déclaration des droits de l'homme et débitait des sentences sur la liberté de conscience.

A un rédacteur du *Times* (1), l'interrogeant sur les troubles dans les églises, Renan répond par de longues considérations sur le Concordat qu'il veut voir maintenir et sur les prêtres qu'il regarde comme fonctionnaires du gouvernement. Il leur reproche en passant de coiffer le bonnet phrygien et porte sur Léon XIII — dont on ne lui parle pas — l'étonnant jugement que nous reproduisons :

« On s'illusionne sur son compte, dit-il. C'est un *lettré italien*, rien de plus ; mais pour le reste, c'est un homme surfait. Je dirai même que c'est une vraie mouche du coche en voulant tout changer sous prétexte de rajeunir l'Église ».

(1) 22 avril 1892.

Un point; c'est tout. En quatre lignes, Renan juge du haut de sa mauvaise foi et de son ignorance le grand Pape dont le règne marquera une ère nouvelle pour l'Église. Ce n'est qu'un lettré italien, un homme surfait, une mouche du coche. La postérité sera plus juste: Léon XIII sera Léon le Penseur, et Renan sera « l'homme surfait ». Il a donné à d'autres ses propres qualités.

C'était surtout auprès des journalistes d'Outre-Manche que le crédit de Renan était grand. Les Anglais ont toujours eu une prédilection marquée pour le paradoxe religieux, et ils n'ont point manqué de se laisser prendre aux appâts du rhéteur moderne. Comme ses confrères de l'antiquité, ce symphoniste de la pensée promenait de théâtre en théâtre sa verve ondoyante et y parlait *de omni re scibili et de quibusdam aliis* ; il aurait fait l'éloge de la mouche, si on le lui avait demandé.

En dehors des journalistes, il venait beaucoup d'Anglais au Collège de France. C'étaient sans doute les fils et les amis de ceux qui avaient applaudi l'exégète, en haine de la France, quand, quelque temps après la suspension de son cours, Renan avait paru à Londres, dans la salle des *Hibbert Lectures*, pour traiter des questions religieuses. Les fils d'Albion ne se gênaient pas avec Renan ; ils lui écrivaient ou venaient le consulter à propos des riens les plus invraisemblables. Ils ont souvent été la cause de singulières aventures. Sans parler de l'insulaire qui retint l'hébraïsant pendant deux heures afin de savoir si la Bible avait vraiment dit que le lièvre est un ruminant, reproduisons cette anecdote racontée par M. Adolphe Brisson (1) :

Ceci se passait en 1890. M. Renan reçoit un jour d'Angleterre certain billet dans lequel un inconnu lui pose quelques questions de philologie. M. Renan s'empresse de répondre, et il ajoute que si jamais son correspondant vient à Paris, il sera charmé de s'entretenir avec lui.

Au reçu de cette lettre flatteuse, notre insulaire boucle sa valise, franchit la Manche et se précipite au Collège de France. Il arrive, juste au moment où M. Renan se disposait à monter en fiacre pour se rendre à la gare Montparnasse :

— Je suis vraiment désolé, cher monsieur, je pars ce soir pour Rosmapamon et vous savez que le train n'attend pas. Mais, si jamais vous passez par la Bretagne, venez me demander l'hospitalité.

Trois jours après, l'Anglais sonnait à la porte de Rosmapamon. Il y demeura un mois, vous avez bien lu *un mois*, durant lequel M. Renan ne put jamais se résoudre à le congédier : l'étranger buvait, mangeait, prenait des notes, baragouinait un mauvais français et M. Renan continuait de lui montrer bon visage. Bien plus, lorsque ce singulier personnage consentit enfin à déguerpir, M. Renan eut l'imprudence de lui dire en subissant son *shake hand :*

— Au plaisir de vous revoir !...

Fatale parole ! L'année suivante, l'Anglais revint s'installer pendant huit jours à Rosmapamon...

Ce sont là petits inconvénients de la vanité ; mais Renan ne devait pas trop s'en plaindre, puisque c'était son immense réputation qui les lui valait.

(1) *Revue illustrée*, 15 octobre, 1892.

III

Renan ne se contentait pas de son rôle d'oracle : souvent aussi il joua au pontife. Il a présidé maint banquet, mainte fête joyeuse et toujours il y allait de son petit discours.

Ici, c'est l'*Association générale* des étudiants qui fait de lui son président d'honneur, et applaudit ses séniles *gaudeamus*. Il n'y a pas à le dissimuler : Renan a joui d'un certain renom au quartier latin. Beaucoup de jeunes âmes sont torturées par les souffrances du doute et Renan avait su, surtout dans ses *Souvenirs*, exprimer des choses attachantes et éblouir ceux qui jugent avec leurs sentiments plus qu'avec leur raison. Mais Renan se plaisait à les allécher pour les renvoyer déçus. Il se moquait d'eux, et ils continuaient à l'admirer. Il leur conseillait la vertu et leur prêchait la rigolade. Il leur a constamment jeté de la poussière aux yeux. Pauvres étudiants !

La jeunesse provençale s'était laissée éblouir comme la jeunesse parisienne et les félibres, eux aussi, voulurent avoir Renan à leurs fêtes. Quand au mois de juin 1891, ils inaugurèrent à Sceaux les bustes de Florian et d'Aubanel, Renan fut un des principaux invités, bien qu'il n'eût rien de commun avec les deux cœurs délicats dont on fêtait la mémoire. Le vieillard y répéta son éternel cantique de joie. « J'aime fort à me trouver, dit-il, avec des gens qui savent s'amuser encore. C'est si rare et si bon !..., Une bonté infinie pénètre la vie, et je suis persuadé que les moments que l'homme donne à la joie doivent compter parmi ceux où il répond le mieux aux vues de l'Eternel. » Après ces mielleuses impiétés, Renan s'écrie : « Vive notre chère patrie française ! » sans songer qu'en des jours de deuil il a misérablement insulté cette patrie vaincue. Et l'échappé de séminaire termine par des plaisanteries sur l'éternité, dans lesquelles les admirateurs virent une péroraison particulièrement « émouvante et touchante. »

Renan a souvent plaisanté sur l'éternité et sur l'autre vie. Les félibres de Bretagne ont, avec les félibres de Provence, partagé la honte d'entendre ces divagations. Les choses chrétiennes l'attiraient, mais il ne savait point en parler sans s'en moquer ou les outrager. Au dîner celtique (1), cela faisait le fond de ses nombreux discours : soit qu'il parlât de la « nouvelle église de Montmartre qui pourrait bien ne pas rester éternelle-

---

(1) Depuis treize ans les bretons de Paris ont accoutumé de se réunir chaque 2º samedi du mois aux abords de la gare Montparnasse pour festoyer et lire des vers. La porte était ouverte assez large et il entra des gens de tous pays, des gens qui n'étaient même point celtisants. Parmi les plus illustres convives de ce dîner dit celtique, citons : E. Renan, qui présidait, H. Martin, Luzel, H. de la Villemarqué. J. de Biez, J. Richepin, François Coppée, A. Theuriet, Ary Renan, A. Tanguy, P. Ogé, Gabriel Vicaire, E. Michelet, E. Le Mouel, Ch. Le Goffic.

Dans l'été de 1884, le dîner eut lieu à Tréguier. L'accueil des Trécorrois fut froid et décourageant : on regarda passer les celtisants, conduits par Renan, sans se mêler à eux. L'audace du rénégat stupéfiait.

ment sous le vocable du Sacré-Cœur », soit qu'il racontât gaiement l'histoire de la jeune fille venant lui apporter une médaille. Toujours il éprouve le besoin de railler — oh! en *dilettante* et avec art! — la foi naïve des simples ou les œuvres chrétiennes.

Il ne sait pas dire autre chose à l'association archéologique du pays de Galles qui, visitant la Bretagne, en août 1889, s'arrête à Rosmapamon, le lieu de plaisance où Renan passait les mois d'été. A propos de langue, de phonétique bretonne il trouve moyen de plaindre les vieux saints de Bretagne qui « vont chaque jour se perdant », et d'avouer « qu'il n'aime pas beaucoup les saints modernes ».

Quand, en ces réunions et en ces banquets, Renan ne raillait pas le christianisme, il ne savait parler que de lui-même et de sa famille. Ce thème a fait les frais du discours prononcé à l'île Bréhat, le 11 septembre 1891, lors du banquet qui fut offert à Renan par la municipalité de cette île.

De ce que l'auteur de la *Vie de Jésus* fut souvent appelé à présider des fêtes en Bretagne, il ne faut conclure à l'existence d'une grande popularité pour lui en ce pays. On le vit bien, quand quelques libres penseurs, renégats de la vieille foi bretonne, le firent venir à Quimper pour un *dîner celtique*. Sur la seule annonce de cette fête la catholique Bretagne tressaillit et des protestations nombreuses, éloquentes et indignées, se produisirent. L'une, qui a pour titre l'*Apostat*, est d'une poésie à la fois grandiose et délicieuse. C'est une sorte de complainte dans laquelle revient ce refrain :

— Pleure, terre de Gradlon et de Corentin ! Plaines et bruyères bretonnes, pleurez ; car le pied de l'apostat a foulé le sol de granit !

Le poète y raconte que les impies ont voulu détruire les souvenirs chrétiens, le respect des peuples pour les saints ; et, pour changer les mœurs simples inspirées par la foi, ces impies disent :

— Il est notre frère et notre maître, celui qui insulte au Christ. Qu'il vienne parmi nous et qu'il nous verse l'hydromel en même temps que le son de sa voix, et nous serons plus forts.

Le poète rappelle ensuite la lutte hypocrite entreprise par Renan contre le Christ, et il constate combien « le rusé lutteur de Scaër » a été vaincu. La pièce se termine par ces deux strophes :

O Christ ! permettras-tu le sacrilège qu'ils préparent, et se riront-ils impunément de toi ?

Non, leur fête sera honteuse. La bombarde n'est pas pour de pareilles orgies. Le souffle qui remplit le flanc du *biniou* n'est-il donc plus le soupir des bardes convertis par Corentin, Budoc et Guénolé !

Quand il sonne pour des joies permises, le biniou a des notes qui parlent au cœur d'un vrai Breton ; mais ici il gémit, et le son qu'il donne est une plainte.

Pleure, terre de Gradlon et de Corentin ! Prairies et bruyères bretonnes, pleurez ; car le pied de l'apostat a foulé le sol de granit !

Pas de danses, fiers Bretons ; mais blessés dans votre foi, affluez plus nombreux dans le sanctuaire de Corentin.

Cet outrage que de nouveaux Judas jettent à la face du Christ, il faut le réparer.

Bretons, à genoux, c'est un sanglot du cœur que doit entendre le ciel : *Parce Domine*! « Epargnez Seigneur, votre peuple, et que votre colère ne s'appesantisse pas sur nous ! »

Et maintenant, chante terre de Gradlon et de Corentin ! Prairies et bruyères bretonnes, frémissez de joie : l'apostat a bu sa honte, et le Christ a raffermi son trône sur la terre de granit !

Les rénégats ont eu beau faire : les vrais Bretons — et ceux-là sont nombreux — redisaient constamment avec Brizeux :

> Nous avons un cœur franc pour détester les traîtres ;
> Nous adorons Jésus, le Dieu de nos ancêtres.

Sans se souvenir de ces vers, des gens inqualifiables appellent Renan à Lorient en 1888 pour rendre hommage au délicat auteur de *Marie*. Et ce jour-là Renan parla de la vie « si désintéressée, si haute, si pure » du poète. Les vers que nous citons ci-dessus condamnent la présence d'un renégat dans une cérémonie de ce genre et si Renan avait eu le moindre sentiment des convenances, il n'aurait point paru à l'inauguration de la statue de Brizeux !

Mais Renan et ceux qui se prosternaient autour de lui, n'ayant ni cœur ni âme, ne pouvaient comprendre ces délicatesses. Et c'est aussi au manque de respect de soi-même qu'il faut attribuer l'excès d'adoration idolâtrique de ceux qui ont inscrit au programme des lycées et des écoles normales les *Pages choisies d'Er-*

nest Renan, publiées par la librairie Colin (1), où trop de prêtres ont le tort d'aller chercher des classiques. Ils sont bien à plaindre les jeunes gens à qui l'on offre ces pages de philosophie décevante, de mysticisme railleur, d'immoralité déguisée. Et bien misérables sont ceux qui insultent ainsi à l'âme des enfants et la piétinent dans la boue. En rendant un pareil hommage à celui qu'ils appellent leur maître, ils en ont fait eux-mêmes l'homme de toutes les mauvaises besognes et ils ont indiqué à la postérité quel jugement elle doit porter.

---

(1) On trouve aussi les *Pages choisies* à la librairie Lévy. Un juif ne pouvait manquer de se trouver dans cette combinaison — *combinazione !*

CHAPITRE X

Renan devant ses contemporains

Depuis le jour où il a écrit la *Vie de Jésus*, Renan a été jugé diversement par la critique. Il nous a paru intéressant de faire un choix dans tout ce qui a été publié sur lui et de rappeler ici, dans un chapitre spécial, ce qu'ont écrit quelques-uns des contemporains.

Louis Veuillot, dans une page de sa correspondance, indique très spirituellement le seul moyen qu'il y aurait à employer pour délivrer les chrétiens de tous les Renans du monde. Il remercie un abbé qui lui avait envoyé deux cannes des vignes de Servières, et il s'écrie :

« ... Qu'elles sont belles ! qu'elles sont souples, *liantes*, et bien à ma taille ! Il y en a une que je ne quitte pas. Je la fais siffler, elle trace des zigzags dans l'air, et je forme sans cesse le vœu *d'avoir un dos sous la main* pour lui faire sentir la force que ce muscle de Corrèze donnerait à mon argumentation. *Je ne voudrais pas d'autre rhétorique pour prouver à M. Renan et à d'autres qu'il y a vraiment un Dieu.* En dix minutes, avec votre vigne, je leur prouverais à tous le miracle de Cana et tous ceux de l'Évangile. Et c'est bien ainsi qu'à la fin les miracles leur seront prouvés. Notre évêque (1) dit que toute hérésie s'étant établie dans le monde par le fer et le feu, aucune ne déguerpira que par le fer et le feu. *Si Dieu permet qu'il suffise du bâton,* c'est le mieux qu'il puisse leur arriver.

L'*Univers* du 14 novembre dernier a reproduit un magnifique article de Louis Veuillot, concernant la « Vie des Saints » dont Renan disserta dans le *Journal des Débats*. Après avoir tout réfuté point par point, le grand publiciste conclut ainsi :

Si c'était la peine de s'arrêter davantage sur un triste spectacle, et qu'il fallût reprendre en détail toute cette frivole et inconvenante dissertation, on y trouverait le savoir aussi peu solide que la pensée et le goût, et le raisonnement au niveau de tout le reste. Il n'arrive guère à M. Renan d'écrire un mot qui tombe juste. Ce délicat, qui reproche aux saints modernes de manquer de style, trébuche à leur occasion dans tous les lieux communs que le philosophisme et l'ignorance ont coutume de débiter, et il a ramassé plusieurs de ses grâces dans les almanachs. C'est à peu près la portée de vue et l'envergure des aigles du *Siècle* ; il n'y manque que le chant et le pennage. Toutefois les aigles du *Siècle* sont plus excusables que lui. Ils ne savent rien, mais ils n'ont jamais rien su, et ils ne sont pas chargés d'enseigner la jeunesse.

Dans son livre, *les Œuvres et les hommes*, Barbey d'Aurevilly, l'écrivain de race, traite franchement Renan d'escamoteur :

(1) Mgr Berteaud.

M. Renan, dit-il, se contente, lui, de marier les extrêmes dans une équivoque. Il adopte ce qu'il réfute et réfute ce qu'il adopte. Sa logique est de l'escamotage. Seulement, pour accomplir ces prestidigitations, ce Robert-Houdin de la philologie se contente d'abaisser la lampe. Son *fiat lux* c'est l'éclipse systématique de la clarté.

Et si nous disons systématique, en pesant sur le mot, car le manque de clarté dans M. Renan n'est point l'impuissance d'être clair, c'est la conséquence d'une méthode insensée, mais c'est aussi et c'est surtout, ne nous y trompons pas, la diplomatie sans courage d'un incrédule prémédité. Avant d'être un philosophe, avant d'être un linguiste, M. Renan était un incrédule. La foi de ses premières années s'était éteinte sur les marches même de l'autel, et quand il les eut descendues, la question fut pour lui de les démolir. Le moyen, il allait le chercher; il le trouverait peut-être; ce serait ceci ou ce serait cela, mais la question était cet autel! C'était la guerre à Dieu qu'il fallait faire, armé de prudence, car cette guerre a son danger dans une Société où il existe un peu d'ordre encore. Alors, M. Renan devint hégélien. A l'ombre des formules logiques d'Hegel, de ce prince de la formule... et des ténèbres, il ne dit pas l'*infâme*, comme l'avait dit Voltaire, cette coquette ou plutôt cette coquine d'impiété. Mais ce qu'il dit impliquait toutes les négations du XVIII° siècle.

Sans cesser d'être un hégélien, M. Ernest Renan devint philologue, ce fut là son état, le dessus de porte de sa pensée et de sa vie, mais l'étude des langues par lesquelles il voulait faire son chemin, n'en fut pas moins sa manière spéciale de prouver cette non-existence de Dieu, qui est la grande affaire de la philosophie du temps...

Il est aisé de voir que la chimère philologique, le passage de la pensée au langage, ou du langage à la pensée, ne sont en définitive que des prétextes ou des manières particulières d'arriver à la question vraiment importante, la question du fond et du tout, qui est de biffer insolemment Moïse et de se passer désormais parfaitement de Dieu !

Plus loin, étudiant le livre les *Etudes religieuses*, Barbey dit encore :

Les *Etudes religieuses* de M. Ernest Renan ont déjà paru feuille par feuille, ici et là, dans des revues et dans des journaux. A proprement parler, ce n'est pas un livre. C'est une suite d'articles de critique sur des sujets consanguins, réunis, pour tout procédé de composition, par le fil du brocheur, et sous le couvert d'une préface, car faire un livre n'est pas maintenant plus difficile que cela !.. Eparpillé dans les journaux en vue desquels il a été écrit, le livre de M. Renan était ici à sa vraie place pour faire illusion. On se disait avec mystère : » Quel est donc ce M. Renan?... Voilà un critique redoutable ! » Il semblait que dans les jungles du journalisme on entendait miauler, — doucement encore, il est vrai, — un tigre de la plus belle espèce et dont la voix serait arrivée aux plus terribles diapasons ! Si M. Renan était resté dans la publicité des journaux, cette publicité d'éclairs suivis d'ombres, nous n'aurions pas eu la mesure de ses idées dans leurs strictes proportions. Nous aurions pu le croire formidable ; mais avec un livre, nous pouvons le juger. Aujourd'hui que le critique est sorti de ses jungles, nous apprenons qu'il a fait ses humanités en Allemagne et qu'il n'est qu'un chat assez moucheté, car il a du style par places, mais cachant sous sa robe fourrée et ses airs patelins la très grande peur et la petite traitresse de tous les chats.

Citons encore deux disciples de Barbey d'Aurevilly.

(1) *Les Œuvres et les Hommes.* T. I. *Les Philosophes.*

Léon Bloy a dit :

Ernest Renan, le *sage entripaillé, la fine tinette scientifique*, d'où s'exhale vers le ciel, en volutes redoutées des aigles, l'onctueuse odeur d'une âme exilée des commodités, qui l'ont vue naître, et regrettant sa patrie au sein des papiers qu'il en rapporta, comme des reliques à jamais précieuses, pour l'éducation des siècles futurs... (1)

Joséphin Péladan, qui a de magnifiques éclairs au milieu de ses nuages, a tracé de l'exégète le portrait suivant :

Le propre de Renan, c'est de n'avoir pas d'avis, faux bonhomme, faux savant, vrai *cabotin*, il a inventé *l'escarpolette de l'exégèse. Renan le Baigneur* se balance au-dessus des hypothèses. Son oscillation en arrière vers la foi, est égale à celle qu'il vient de faire en avant vers le rationalisme. Quand on ferme le livre, on s'aperçoit qu'on a été balancé, mais littéralement et pour ce, on oublie de se fâcher. *Blasphémer est plus noble que ce doute incertain. Renan est un prussien de lettres qui a trahi et livré le cerveau latin aux idées allemandes.* Un véritable Perrinet le Clercq du Verbe et qui eût forcé un gouvernement honnête à cet édit : « *Défense de faire des ordures contre l'Évangile*. . . . . » (2)

M. Charles Buet, qui est un admirateur de Barbey d'Aurevilly, a renchéri sur son maître et fait à sa suite une charge à fond de train sur Renan :

---

(1) Le *Désespéré*, p. 389-390.
(2) Le *Vice suprême*. Chap. XVII, p. 185.

M. Ernest Renan est traité avec le plus outrageant dédain et c'est justice. Le critique (1) le compare à un chat, déguisé en tigre, peureux et traître comme un chat; il ne voit en lui qu'un triste rationaliste, un hégélien manqué, plus poltron que Diderot et Voltaire ; médiocre, M. Renan est l'aristocrate de la science, c'est lui qui a osé écrire : « Il ne faut pas sacrifier à Dieu nos instincts scientifiques. » Il est, comme son maître Strauss, le prestidigitateur de l'érudition, l'escamoteur historique ; ses livres ne sont que des collections de blasphèmes, un long symbole d'insolences ; on y trouve pêle-mêle du scepticisme, un optimisme béat, une confiance bête dans l'humanité, les thèses les plus niaises et les plus compromises. En terminant, M. Barbey d'Aurevilly lance à l'auteur sifflé de la *Vie de Jésus* cette flèche de Parthe :

« M. Renan est ennuyeux, illisiblement ennuyeux. Même ceux qui tiennent pour certain que le catholicisme doit périr et qui glorifient ceux qui l'attaquent ou par devant avec le glaive bravement tiré des doctrines franches, ou par derrière avec le stylet des réserves et des faux-fuyants, ne feront pas à M. Renan une gloire bien grande. Ce *fuyard de séminaire* n'a pas le talent d'un Lammenais pour étoffer son apostasie. Dans le mal on a vu plus fort, soit comme action, soit comme intelligence ; nous avons eu Verger et Stendhal, et *il ne viendra qu'après eux* (2). »

Très finement Ernest Picard nous a montré Renan essayant de faire oublier le séminariste, chose difficile :

Renan que je voyais quelquefois, parlait très doucement et à voix basse. Il y avait de l'onction dans sa parole, et de

(1) Barbey d'Aurevilly.
(2) Extrait du Livre : *Barbey d'Aurevilly* par Ch. Buet. Chapitre : le Critique).

l'obséquiosité dans ses manières. On sentait chez lui l'effort pour faire oublier le séminariste, mais il n'y arrivait pas encore. Y est-il parvenu depuis, je ne le crois pas, car, après des années écoulées et la conquête d'un fauteuil à l'Académie, Alphonse Daudet disait de lui : « M. Renan ressemble toujours à une cathédrale désaffectée. »

On ne pouvait, en l'écoutant, se défendre de songer à Strauss, et de faire entre les deux auteurs une comparaison. Strauss, en composant sa *Vie de Jésus* avait au moins la prétention d'écrire pour les savants. Renan, traitant le même sujet, semblait n'avoir voulu que flatter les sceptiques, et charmer le demi-monde (1).

M. Camille Sainte-Croix a aussi rappelé un éreintement en règle de Renan par le critique si écouté de nos jours, Jules Lemaître, qui se moqua supérieurement du maître, avant de l'adorer, comme il a fait depuis.

Si M. Jules Lemaître a fait une pièce à succès banal avec le *Député Leveau*, il a fait aussi jadis un article éreintant Renan... et ce fut même, s'il m'en souvient, cet article qui le lança dans le public des revues.

Cet éreintement de Renan fut aussitôt suivit d'un éreintement d'Ohnet qui vint confirmer que M. Jules Lemaître avait le tempérament requis pour l'emploi auquel il se destinait : chroniqueur pour journaux à réclames et critique pour publications périodiques à intrigues.

Ereinter Renan ? Ereinter Ohnet ? Ce sont là deux choses qui ne se peuvent qu'entre gens de plume, qui veulent éreinter sans éreinter.

(1) *Mon Journal*, par Ernest Picard ; Paris, Dentu.

La philosophie de M. Renan, par le fait même de son nihilisme, est invulnérable.

La littérature de M. Georges Ohnet l'est également par sa nullité.

Un jour M. Alexandre Dumas fils a écrit de Renan qu'il « était le pape de la libre-pensée ».

M. Edouard Drumont a avoué qu'il n'avait jamais eu que de la répugnance pour Ernest Renan. Naturellement, il n'a eu garde d'oublier à ce propos la question sémitique et il nous a montré Renan piétinant d'abord les juifs et les adulant ensuite.

J'ai passé, a-t-il écrit, ma vie avec des libres-penseurs qui étaient des esprits charmants et de fort honnêtes gens. J'ai vécu avec des indifférents, des sceptiques, des athées, des Bouddhistes. J'ai eu souvent, avec des Juifs, des conversations très intéressantes et très cordiales. Le seul homme qui m'ait toujours inspiré une invincible répugnance, c'est Renan. Quand Victor Hugo me proposa de me faire dîner avec lui, je déclinai l'invitation poliment en disant mon sentiment au poète qui, au fond, était de mon avis.

Cet homme, en effet, m'a toujours paru l'incarnation complète d'un type pour lequel j'éprouve un insurmontable éloignement : le mauvais prêtre, celui qui a conservé toutes les allures extérieures du prêtre, et qui, poursuit d'une haine à la fois doucereuse et atroce la Religion qu'il a reniée ! « De tous les venins connus, disait Saint-Victor, le fiel de cuistre est le plus violent ». En écrivant ceci, Saint-Victor pensait sans doute à Renan.

Il n'y a rien chez Renan du grand révolté, du blasphémateur audacieux qui lève un poing menaçant vers le ciel, pour protester contre les iniquités de la terre, rien de Jean Huss ou de Luther. Avec ses affectations d'artiste, il resta toujours le monsieur prêtre en rupture de sacerdoce.

Major optimi corruptio. Les qualités du prêtre, la réserve et la prudence, deviennent, chez celui qui tourne mal, de l'hypocrisie et de la fourberie. Renan était ainsi. L'homme cauteleux et dissimulé n'avançait pas un mot sans des restrictions qui le détruisaient : il regardait son interlocuteur avant de se décider à parler dans un sens ou dans un autre.

Cet échappé de séminaire, qui n'avait pas consenti à obéir au Christ, avait devant les puissants du jour des platitudes de bedeau, comme il avait devant les spectacles de la vie, des étonnements de badaud. Un bedeau badaud c'était tout lui : « Jocrisse dans un bénitier » a dit le sculpteur Préault.

La vie de ce défroqué peut être citée comme le plus complet exemple de la bassesse intellectuelle triomphante. Renan fut certainement le suiveur de Fortune le plus cynique qu'on ait vu en ce siècle.

De tous les écrivains de ce temps ce prétendu libre-penseur fut incontestablement l'homme qui pensa le moins librement. Il n'eut pas une seule fois dans son existence le courage de défendre une cause vaincue. Il ne s'éleva jamais contre une injustice ; il ne flétrit jamais un abus ; il n'éveilla jamais dans les âmes, une généreuse passion. Il ne protesta pas une seule fois, je ne dis pas devant un succès injustifié, mais même devant une popularité malsaine, un engouement stupide. Quel que fût le favori acclamé la veille par la foule, il était un approbateur du lendemain. Le talent de l'écrivain a pu parfois exciter l'admiration par certains bonheurs d'expression, le caractère de l'homme n'a jamais éveillé que le mépris.

Il avait dû sa situation à l'Empereur qui, grâce à Mme Cornu, lui avait confié de coûteuses missions et donné une chaire au Collège de France. Une fois l'Empire tombé, il essaya de se rattacher à la République qui n'en fit, d'ailleurs, qu'un cas médiocre et ne voulut pas de lui dans son personnel politique.

Il avait commencé par parler durement des Sémites et l'on n'a pas oublié ce qu'il a dit d'eux dans son *Histoire générale des langues sémitiques* :

« La race sémitique, selon lui, se reconnaît presque uniquement à des caractères négatifs ; elle n'a ni mythologie, ni épopée, ni science, ni philosophie, ni fiction, ni arts plastiques, ni vie civile ; en tout, absence de complexité de nuances, sentiment exclusif de l'unité ».

La moralité elle-même, ajoute-t-il, fut toujours entendue par cette race d'une manière fort différente de la nôtre. Le Sémite ne connaît guère de devoirs qu'envers lui-même. Poursuivre sa vengeance, revendiquer ce qu'il croit être son droit, est à ses yeux une sorte d'obligation. Au contraire, lui demander de tenir sa parole, de rendre la justice d'une manière désintéressée, c'est lui demander une chose impossible. Rien ne tient donc dans ces âmes passionnées contre le sentiment indompté du *moi*. La religion, d'ailleurs, est pour le Sémite, une sorte de devoir spécial, qui n'a qu'un lien fort éloigné avec la morale de tous les jours.

Dès que les Juifs furent maîtres de la France, Renan s'épuisa en adulations serviles à leur égard. Toutes les fois que la question sémitique revenait sur le tapis, on allait trouver le complaisant d'Israël, et il déclarait que les Antisémites étaient des scélérats et que les Juifs qu'il avait traités si injurieusement étaient les modèles de toutes les vertus.

Pour M. Eugène Loudun, Renan n'a été qu'un assommant bavard, un phraseur, le pire des phraseurs.

14*

C'est l'homme qui fait des phrases, (1) a-t-il dit. Malheureux phraseur! connaît-il la portée des mots dont il use? Ce vide, c'est l'absence, la perte de toute espérance, de l'espérance du ciel, de la vie à venir, de la pleine connaissance de la lumière, de l'universelle et éternelle science, de Dieu! Quoi de plus terrible que cet effacement, dans une âme, de cette espérance qui seule donne un sens à la vie! Et le plus féroce tyran pourrait-il imaginer un plus parfait supplice que cet anéantissement de toute espérance, que cet effroyable tourment qui dépasse toutes les tortures.

Oui, dit-il, cela est cruel, mais, aussi cela est *délicieux!*

Vous vous étonnez de l'entendre parler ainsi, et le voyant au bord de cet abîme, sans qu'il comprenne, sans qu'il sente, sans qu'il partage les angoisses des autres hommes, ses frères, vous tremblez pour ce malheureux, pour cet homme aveugle évidemment, qui, dans un moment, va être précipité dans ce vide sans fond et sans retour!

Mais non! il n'est pas aveugle: il voit, il sait, il comprend et *il sourit.* Cet épouvantable effondrement, cette chûte irrémissible le fait sourire; quelle sensation délicieuse!

Regardez-le, il n'est pas aveugle! Et alors ce n'est pas de la pitié mais de l'indignation que vous éprouvez, l'indignation qu'inspire cet impudent *ricanement d'un esprit sans chaleur,* qui se complait en de sinistres et sacrilèges railleries, et c'est avec dédain que vous vous écartez de ce *vaniteux chrétien, de ce*

---

(1) Il est curieux d'opposer à ceci quelques mots d'Anatole France :

M. Ernest Renan a dit un jour : « J'ai été le moins littéraire des hommes. » Il n'y a pas que de la modestie dans cette parole, j'y trouve pour ma part, *la justice que se rend un philosophe qui ne veut pas être pris pour un joueur de flûte...*

Universel illustré, 8 oct. 92.

misérable sophiste, qui, sur les plus grands sujets, n'a de soucis que pour faire des phrases. (1)

On connaît de réputation M. Ledrain, qui ancien sulpicien est devenu renégat et dont nous reparlerons quelque jour. (2) Il était intéressant de savoir ce que ce traducteur des Livres Saints, professeur d'assyriologie et d'hébreu au Louvre, pensait de celui auquel on commence à le comparer fort.

M. Ledrain s'est toujours défendu d'être l'émule ou l'élève de Renan, et les points de similitude qui existent entre les deux anciens Sulpiciens n'ont fait qu'exaspérer chez M. Ledrain le désir de montrer qu'il est « lui-même ».

Aussi son admiration est-elle tempérée de quelques épigrammes.

Parlant de l'œuvre « historique » du défunt, de sa reconstitution des mondes anciens, il dit :

M. Renan était fait surtout pour comprendre et pour rendre les civilisations un tantinet faisandées, et comme nous sommes un peu en décomposition, rien ne pouvait autant nous plaire...

Ses plus belles pages sont celles qu'il consacre à la vie romaine de la décadence, bien plus belles en vérité que celles sur le monde juif, plus âpre, plus mouvementé, auquel sa nature cultivée, raffinée, le rendait peu assimilable.

Vous me demandez ce que je pense de l'homme ? Il était curieux en vérité ; il était resté l'homme de Saint-Sulpice,

(1) Eug. Loudun : *Les découvertes de la science sans Dieu.*
(2) *Les grands rénégats du siècle* (en préparation).

entier, complet, sans le costume... Il avait horreur de la nouveauté. Tout ce qu'il apercevait de nouveau lui semblait mauvais. Il goûtait par dessus tout ! tradition.

» Je l'ai connu très sévère vis-à-vis des ecclésiastiques qui venaient lui rendre visite. Il se comportait à leur égard en supérieur de grand séminaire, les morigénait, leur donnait des conseils.

Voici comment il accueillit l'abbé Joseph Roux, auteur de *Pensées,* qui furent très remarquées lors de leur publication d'après ce qu'il me raconta à moi-même :

« —Monsieur l'abbé, vous avez été envoyé par votre évê-
« que dans une cure de campagne, au milieu de paysans, de
« petites gens, de ruraux. Votre devoir eût été de les instruire,
« de les évangéliser. Au lieu de cela, vous avez écrit un livre
« sur eux, dans lequel vous les jugez de certaine façon très
« cruelle...

« Ceci n'est pas très charitable, monsieur l'abbé... »

C'est ainsi qu'il rappelait au sentiment de leur robe ecclésiastique, ceux qui venaient s'incliner devant le grand écrivain — mais non devant le dogmatisant, comme il avait tort de le croire.

On a dit qu'il était toujours de l'avis de celui qui lui parlait, facile à fléchir. Je crois, en ceci, qu'on s'est trompé. Pour moi, je n'ai jamais trouvé en lui qu'un homme nuançant parfaitement sa pensée, mais n'en abandonnant pas la moindre parcelle, n'en sortant pas. J'ai essayé de l'entraîner plusieurs fois au dehors, vainement : il était têtu comme un Breton...

On a écrit qu'il penchait vers le socialisme. Au fond, il faisait partie d'une génération qui admettait le plus la liberté pour les individus et le moins l'intervention de l'Etat. Je crois que parmi ses contemporains, il n'y avait personne aussi peu porté au socialisme que lui.

Comme philosophe ?... Sa doctrine philosophique consistait à ne pas en avoir. **Les vieux Juifs qu'il a étudiés et** commentés ont ce seul dogme : *Dieu est un*. Lui n'en a même pas un, il n'a pas de dogme.

Il professait en somme la doctrine de Saint-Sulpice. Et, d'après elle, il était d'avis que la nature est mauvaise à contempler. Soyez persuadé qu'il n'a jamais regardé, ni lu un paysage, pas même ceux de Galilée. Il n'en écrit qu'en s'appuyant sur les Anciens : c'est la religion de la citation…

Entre nous, c'est un des meilleurs joueurs de flûte de ces temps ci.

Il aurait joliment figuré parmi ces rhéteurs qui parcouraient les villes au temps de la décadence romaine, montant sur chaque théâtre pour y traiter au pied-levé un sujet donné, — tel l'Eloge de la Mouche, de Lucien, terminé ainsi :

« — Et je m'arrête, afin qu'on ne puisse pas m'accuser
« d'avoir voulu faire d'une mouche un éléphant… »

Combien n'en a-t-il pas reçu de mouches, à l'Académie !.. il y excellait (1)…

M. Victor Fournel a dit spirituellement de Renan qu'il ne voulait pas portraicturer à fond « ce virtuose du doute universel, ce subtil dilettante dont les jolis airs de flûte ont charmé de leurs variations les gens qui ne mettent rien au-dessus de la musique, intelligence souple, agile et déliée dans un corps gauche et lourd, qui accomplit en souriant son œuvre dissolvante et sema la ruine dans les âmes en dodelinant de la tête et en chantant le *Gaudeamus igitur* ; ce mélange d'Ariel et de Caliban, d'Hegel et de Béranger, ce Lamennais aux bajoues rabelaisiennes et aux façons onctueuses de curé de village, fondant en lui tous les

(1) Intérieur d'un écrivain, le *Journal*, 7 oct. 1892.

contrastes, donnant prise aux jugements les plus divers, brûlant ce qu'il avait adoré, mais avec une torche pareille à un cierge, et que la conviction de l'universelle illusion des choses, au lieu de jeter dans un pessimisme amer, sombre et désespéré, a conduit au contraire à l'optimisme joyeux d'un épicurien. »

Le philosophe Jules Simon a jugé le philosophe en Renan.

Si j'étais chargé de dire ce qu'il regrettait le plus dans le catholicisme, a-t-il écrit, je dirais que c'est le miracle. Avait-il cherché, au dehors de la foi, une règle pure de liberté ? je ne sais. Je le voudrais. Au fond je ne le crois pas. Il n'avait trouvé et accepté de règle que pour la pensée... Il avait dans la vie une autre morale que celle de ses livres ; ou plutôt, il avait évité d'aboutir, dans ses livres, à une conclusion morale... *Il a dit lui-même que sa vie était gouvernée par une foi qu'il n'avait plus* (1).

Très amusant est l'éreintement de Renan par Francisque Sarcey ; le critique le raille agréablement, il semble nous montrer l'écrivain dilettante qui joue avec les choses les plus sacrées par pure vanité d'écrivain, pour faire de belles phrases :

Le hasard fit que ces jours-ci je relisais un des volumes de M. Renan. Il y compare en un endroit de son œuvre, la grasse et commerçante Macédoine à la maigre et pauvre Grèce, qui n'a pour elle que sa gloire et sa beauté, et il ajoute :

(1) L'*Illustration*, 8 octobre 1892.

« Terre de miracles, comme la Judée et le Sinaï, la Grèce a fleuri une fois, mais elle n'est pas susceptible de refleurir ; elle a créé quelque chose d'unique qui ne saurait être renouvelé : il semble que quand Dieu s'est montré dans un pays, il le sèche pour jamais. »

Très bien faite, cette phrase ; mais c'est une comète qui traîne une queue étincelante et vide. Pourquoi la Grèce est-elle une terre de miracles ? L'auteur croit donc aux miracles ?... *Terre de miracles* n'est qu'une métaphore.

Et que dites-vous encore de la fin de la phrase ? « *Il semble que Dieu quand il s'est montré dans un pays le sèche pour jamais.* » Il est certain que ce grand nom de Dieu ainsi jeté dans la période étonne l'imagination. On le voit qui passe sur le pays, étend sa main et le sèche. L'image est magnifique. Est-elle juste ? C'est donc le même Dieu qui s'est montré en Grèce et en Judée. Comment s'y est-il révélé ? par les œuvres immortelles de Phidias et de Sophocle dans la première ; en personne, et sous une forme visible, en qualité de Jéhovah dans la seconde. Est-ce qu'il y a pour Dieu le moindre rapport entre ces deux façons de se produire ? Et puis d'où vient que sa présence sèche un pays à jamais ? M. Ernest Renan qui est philosophe, se pique de ne croire qu'à l'action des causes naturelles, pourquoi vient-il ensuite nous montrer son dieu, ce dieu ambigu composé de Jupiter et de Jéhovah, substituant le caprice de sa volonté personnelle à l'ordre immuable de la nature ? Ah ! Pourquoi ? Mais pourquoi M. Toutabas a-t-il dit : *et votre serviteur.* Il fallait bien terminer la phrase.

Ecoutez encore cet autre passage du même livre, la *Vie de Saint Paul.* M. Ernest Renan vient d'expliquer le caractère rude et orageux de son héros... Et comparant ce saint Paul à un sectaire du protestantisme, M. Ernest Renan ajoute :

« Paul n'est pas Jésus ! Que nous sommes loin de toi, cher Maître ! Où est ta douceur, ta poésie ? Toi qu'une fleur enchantait et jetait dans l'extase, reconnais-tu bien pour tes disciples ces disputeurs, ces hommes acharnés sur leurs prérogatives, qui veulent que tout relève d'eux seuls. Ils sont des hommes ; tu fu un dieu ! »

Tu fus un dieu !... et votre serviteur !... tout cela se vaut et se peut mettre dans le même sac. C'est uniquement pour terminer la phrase. M. Ernest Renan ne croit point à la divinité du Christ. Il a même écrit tout un volume pour démontrer que ce n'était qu'un homme, un homme exquis sans doute, un homme supérieur à tous les autres, un homme... un homme.,. mais, comme dit Orgon, un homme enfin.

Et ce même philosophe qui sacrifiait sa place et son traitement (qu'il a d'ailleurs retrouvés depuis) à sa conviction, sacrifie sa conviction à un effet de phrase. Ce mot qu'un ministre n'a pu lui arracher, il le laisse échapper sans faire attention, par simple goût d'antithèse. *Tu fus un dieu !* O les hommes de style ! Et Jean-Jacques, lui aussi, qui aurait fait battre César par Pompée pour arrondir sa phrase, a commis la célèbre antithèse : « Si la mort de Socrate fut d'un sage, la mort de Jésus-Christ est d'un Dieu !... » Comme s'il était concevable pour tout autre qu'un croyant que Dieu pût mourir. Faire profession de déisme et dire que la façon dont meurt un Dieu prouve qu'il était Dieu, c'est une de ces énormes contradictions qu'explique seul le vers de M. Toutabas :

« Professeur de trictrac, vicomte de la Case,
Et votre serviteur pour terminer ma phrase. » (1)

Un breton, presqu'un *pays* de Renan, M. Lionel Radiguet, a saisi un côté tout spécial dans la vie et l'œuvre de Renan. Il nous l'a montré travaillant pour

(1) Les *Annales politiques et littéraires*, 24 juillet 1892.

les protestants et nous croyons qu'il y a beaucoup de vrai dans cette conception :

Mais la destinée de Renan, dit-il, ne devait pas être de gagner les millieux bruyants de la néologie sectaire pour éperdre ses remords d'apostat dans le gouffre de l'athéisme intransigeant : le protestantisme l'a confisqué en chemin. Plongé, par son mariage avec Mlle Scheffer, dans le milieu protestant, consciemment ou inconsciemment, il a travaillé pour *la bande à Calvin*, avec l'approbation de *la bande à Calvin*. Le programme protestant étant de faire maison nette, en France, des croyances catholiques pour capter ensuite les instincts de religiosité sans emploi, on ne se montre pas scrupuleux sur le choix des moyens, des auxiliaires et des instruments. A ce fameux souper de chez Brébant, pendant le siège de Paris, Renan n'a-t-il pas confessé son véritable état d'âme : «... *Le catholicisme est une crétinisation de l'individu ; l'éducation par les jésuites ou les Frères de l'école chrétienne arrête et comprime toute vertu summative, tandis que le protestantisme la développe ?* »

Après avoir, tout en satisfaisant ses rancunes de défroqué, servi de son mieux les vues du rationalisme biblique, il est mort dans les bras du cléricalisme protestant, qui a appelé à la rescousse le cléricalisme juif et la maçonnerie sectaire pour transformer ses funérailles en manifestation anticatholique.

Comment Henri Rochefort a-t-il pu s'associer avec tous ces cléricaux judéo-protestants pour brûler de l'encens sur le cercueil de Renan ! Comment le porte-parole des revendications démagogiques, l'apôtre de l'idéale justice sociale et révolutionnaire, le contempteur de toutes les croyances religieuses s'est-il laissé emballer, par des sympathies d'ordre privé, jusqu'au point de glorifier l'académicien repu et satisfait, le courtisan de la force, le doucereux blasphémateur, obséquieux comme un laquais ! Les démocrates catholiques, hostiles à cette glorification officielle de l'auteur de la *Vie de Jésus*, ne tiendront jamais compte des divergences au point de vue des croyances spiritualistes quand il s'agira de protester contre le verdict de la Haute-Cour, de demander la rentrée en France du grand polémiste qui a poursuivi d'une haine sans défaillances la bande judéo-opportuniste. C'est le syndicat judéo-protestant-sectaire qui a exilé Rochefort, c'est lui qui refuse cette amnistie réclamée par tous les indépendants, qu'ils soient libres-penseurs ou catholiques (1).

Cette attitude du renégat a été précisément mise aussi en relief par M. Ledrain, qui parlant de son ami Renan, a écrit :

« M. Renan avait un ami du petit et du grand séminaire, mort, il y a quelques années, curé de Notre-Dame-des-Champs. Au moment de sa jeunesse où il changea de direction, il écrivit une phrase à peu près semblable à celle-ci : « *Que ne suis-je né en pays protestant!* » Porter la soutane violette, avoir plus tard sa châsse dans la cathédrale de Tréguier et son culte mêlé à celui de Saint-Yves, sans se soumettre à aucun dogme, tel fut le rêve quelque peu *hégélien* de M. Renan (1) ».

Il y a donc de nombreux critiques qui ont perçu l'inanité de l'œuvre de Renan ; si beaucoup l'ont loué, c'est parce que la mode était aux éloges. Et même parmi ceux qui l'admiraient, combien ont laissé échapper des réserves. M. Edouard Rod, en manifestant une profonde sympathie pour le charme dangereux de

---

(1) *Journal de Rennes*, 12 octobre 1892.
(1) *M. Renan*, article de M. Ledrain dans l'*Eclair*.

l'œuvre de Renan, la mettait au rang des doctrines *négatives* qui privent l'humanité de destinée et de morale, qui tuent dans les peuples tout ressort pour le bien. — Un jeune philosophe, M. Paulhan estime que tous les talents de Renan tendaient « à augmenter l'anarchie dans les croyances et dans la morale. » M. Paul Desjardins se demande si les pages nonchalantes de ce songeur doivent être prises au sérieux.

Sans doute au moment de sa mort comme de son vivant, Renan a eu autour de lui une tourbe de thuriféraires qui ont versé l'encens à pleines mains sur sa mémoire au risque de la rendre trop odorante. Dans beaucoup de journaux le mort a été loué sans mesure, mais la plupart de ceux qui ont exalté sa doctrine ne l'ont pas comprise, ou l'ont vantée pour servir leur parti. Et là encore le blâme s'est mêlé aux éloges. Le *Temps* trouve que « la philosophie de M. Renan fournit un viatique assez insuffisant pour le voyage de la vie ». L'*Echo de Paris* s'étonne qu'après avoir cherché la vérité toute sa vie, le philosophe meure « presque désespéré, malgré son apparente gaieté, de n'avoir pu être fixé sur la réalité de la vie, sur l'au-delà, sur le peut-être. » Et Barrès affirme, dans le *Figaro*, que nous avons cessé de trouver un contentement moral dans la philosophie renanienne.

Le négatif, le doute, la philosophie hybride, rêveuse et mensongère, peuvent séduire l'esprit pendant un temps, mais ils ne l'attachent pas et rapidement vient le jour où tout s'effrite et tout tombe. C'est ce qui arrive pour Renan et la génération nouvelle. On l'avait salué comme un astre destiné à éclairer le monde ; « mais il s'est trouvé, comme le dit fort bien Mgr Baunard, que l'astre prétendu n'était qu'une phosphorescence trompeuse : et voici que la génération qui a suivi cet homme se plaint douloureusement de marcher encore dans la nuit et dans les ombres de la mort. »

CHAPITRE XI

La fin d'un apostat

I

Le breuvage de la gloire et de la renommée, si doux soit-il, n'est point un élixir de longue vie, et les acclamations des hommes n'écartent point la mort de ceux que Dieu lui désigne : à l'heure qu'Il inscrit lui-même à l'horloge immuable de la destinée elle les touche de son aile sombre qui dévore, et aussitôt les plus brillantes existences s'effondrent dans l'oubli et le néant.

Depuis longtemps Renan avait commencé de mourir. De nombreuses infirmités, des rhumatismes, une affection cardiaque, une congestion pulmonaire, une maladie de vessie, sans compter le reste, tuaient par lambeaux le corps qui avait connu tant de jouissances. Mais Renan s'attachait à la vie. On le vit demander la santé tour à tour au doux climat d'Italie, aux boues chaudes d'Ischia, aux rivages ensoleillés de Sicile, aux plages françaises du Midi.

Mais c'était en Bretagne qu'il allait de préférence, non pas à Tréguier, où on l'aurait vu avec horreur, mais à quelques lieues de là, de manière à avoir et à donner l'illusion du pays natal. Il habitait une sorte de villa à Roz-map-Hamon (1), à mi-route entre Louannec et Perros-Guirec. Le paysage est là d'un charme enchanteur : la vue se promène avec jouissance sur les flots de la mer qui bleuissent autour de l'île Tavéac, et les vagues hurlantes viennent battre le pied des falaises de granit. Le rythme des vents et des eaux chante à Dieu un hymne incessant d'amour et d'adoration.

L'étrange région que ces hauts lieux noyés de verdure ou rongés de mousse ! Un arôme singulier s'exhale de cette terre où tout est demeuré antique, les monuments, les mœurs, la civilisation, les idées. Dès qu'on y pénètre on y respire comme un mélancolique parfum du passé. Et c'est la nature même qui contribue à cette impression. Ce ciel souvent gris, ces verdures sombres, ces vallées humides que la saison des pluies transforme en marais ; ces champs accidentés, pierreux, semés de roches, remplis de maigres ajoncs et de fougères ; ces falaises non point brûlées ou abruptes comme en Normandie mais s'abaissant en pente douce et boisée jusqu'à la mer ; ces croix de granit, ces vieux calvaires, arrosés du sang des chouans, qui étendent leurs bras sur les chemins comme pour protéger le chrétien qui passe ; tout cela donne au pays une physionomie recueillie, dévote et pensive. Et lorsqu'un rayon de lune illumine ces plaines sévères, jette un jour blafard dans le mystère du chemin creux, on est malgré soi tout saisi par la poésie de ces

(1) La colline du fils de Hamon.

lieux, et l'on sent le souffle de Dieu qui passe, inspirant les manifestations de foi des populations bretonnes. Chaque pierre évoque la silhouette des apôtres et des héros qui l'ont défendue de leur sang.

Mais Renan était insensible à ces évocations sublimes. Depuis longtemps l'âme du malheureux était morte, et son corps percevait seul le charme de ces plages. Dans la brise de mer il n'y avait pour lui que le souffle embaumé apportant un peu d'air à ses poumons malades. Ah ! s'il avait encore entendu cette grande voix plaintive de la mer, voix faite pour ainsi dire des cris d'angoisse de tous ses ancêtres dont l'océan avait été le linceul et le tombeau, il aurait oublié ses doutes, ses dédains, ses mépris, son orgueil et il serait tombé à genoux en disant : Mon Dieu ! pardonnez à moi et ma race ! pardonnez-nous !

Mais il restait fermé à ces grandes et belles émotions. En face de ces sublimités de l'océan et de la lande bretonne, il ne savait qu'inventer de froides déclamations philosophiques, et c'est là qu'il composait *Caliban*, l'*Eau de Jouvence* et le *Prêtre de Némi* !

Mais la nature se vengeait, en lui refusant l'intensité de vie qu'elle verse abondamment à ceux qui savent la comprendre et la pénétrer. Dans les derniers temps le séjour de Renan en Bretagne n'apportait pas le moindre soulagement à ses misères corporelles. Il en était réduit même à faire pitié à ses ennemis les plus acharnés.

Il ne pouvait plus tenter les courtes promenades qu'il faisait dans les dernières années ; pour le changer d'air, on le traînait en voiture par les chemins. Un témoin oculaire a tracé le tableau de ces tristes excursions :

« Malgré toutes les précautions que l'on prend, dit le témoin, en avançant au pas, Renan, tout affaissé sur lui-même, est obligé, pour se tenir assis, de s'appuyer des deux mains sur son bâton. Il cherche à poser sur ses mains son menton aux chairs pendantes ; mais inutilement : la tête ballotte en tous sens. Le sourire de convention, d'ordinaire stéréotypé sur ses lèvres, a fait place à une expression de morne découragement. Est-ce l'effet de la maladie ou d'une sombre préoccupation ? Ses yeux éteints, obstinément baissés, semblent contempler avec une fixité inconsciente le fond de la voiture, sans jamais se relever, ni pour admirer la nature au milieu de laquelle il passe, ni pour répondre à l'intarissable babillage de Mme Renan. Il n'a d'autre contenance que celle de *nature morte* (1).

Le R. P. Delaporte dans l'article dont nous avons extrait cette citation achève ainsi le portrait de Renan malade :

« Aux curieux qui jetaient un regard par delà son enclos de Louannec, il offrait un spectacle plus humiliant encore. Un voyageur qui parcourait les environs de Tréguier en même temps que nous, un peu avant l'Assomption, a raconté au public, dans l'*Etoile de la Vendée,* en quel état lamentable il avait vu Renan chez lui, à Roz-map-hamon. Ce témoin, qui signe Joseph Chouan, a bien voulu nous confirmer lui-même son récit. Renan, courbé, les yeux fixés au sol, affublé d'une

(1) L' « apothéose de Renan », par le P. Delaporte, *Etudes,* nov. 1892.

redingote assez semblable à une soutane et coiffé d'une sorte de chapeau ecclésiastique, essayait de faire quelques pas dans son jardin, en s'appuyant sur le bras d'une personne de son entourage. « Il se traînait, toussant, crachant, soufflant, gémissant, tremblant, pleurant comme une âme en peine. » Après quelques essais de marche haletante, il s'arrêta ; deux valets s'approchèrent avec un fauteuil en bois, auquel sa forme assignait un double usage, et sur lequel on assit le malheureux tout épuisé (1) ».

Aux environs, le mal de Renan inspirait peu de compassion, et c'était sans émotion, presque sans curiosité qu'on le voyait s'en aller à petit feu, mourir par lambeaux. Le bruit populaire prétendait que l'auteur de la *Vie de Jésus* était atteint d'un mal beaucoup plus affligeant que ceux qui furent désignés dans les bulletins médicaux ; on le disait victime du mal pédiculaire, auquel, dès 1882, Barbey d'Aurevilly faisait allusion dans un article du *Constitutionnel*. Renan dévoré par les poux ! On trouvait là un terrible châtiment des blasphèmes dont il était l'auteur.

II

Toute sa vie Renan redouta une mort ignominieuse. Il savait comment Dieu châtie dès ici-bas les ennemis de son nom et de sa gloire. Et cela le préoccupait étrangement. A la fin de ses *Souvenirs de jeunesse*, il disait :

(1) *Loc. cit.*

« Je ne demande plus au bon génie qui m'a tant de fois guidé, conseillé, consolé, qu'une mort douce et subite, pour l'heure qui m'est fixée, proche ou lointaine. Les stoïciens soutenaient qu'on a pu mener la vie bienheureuse dans le ventre du taureau de Phalaris. C'est trop dire. La douleur abaisse, humilie, porte à blasphémer. La seule mort acceptable est la mort noble, qui est non un accident pathologique, mais une fin voulue et précieuse devant l'Eternel.

Je serais désolé de traverser une de ces périodes d'affaiblissement où l'homme qui a eu de la force et de la vertu n'est plus que l'ombre et la ruine de lui-même; et souvent, à la grande joie des sots, s'occupe à détruire la vie qu'il avait laborieusement édifiée. Une telle vieillesse est le pire don que les dieux puissent faire à l'homme.

Les thuriféraires que Renan avait enchaînés au char de sa fortune, se sont efforcés de faire croire au public que son désir avait été exaucé et que le grand homme s'était éteint paisiblement, sans secousse et sans douleur. On a vu, dans le paragraphe précédent, que si la mort même fut douce et sereine comme la fin d'un beau jour, l'agonie du moins fut terriblement longue, troublée et douloureuse. Elle durait depuis dix mois, depuis que le zona s'était déclaré. Les *gaudeamus igitur*, les rires superbes, les gauloiseries impies, tout cela était fini ; une tristesse morne et silencieuse enténébrait l'âme de l'apostat. « La conscience de son état, dit un de ses familiers, le pressentiment d'une fin prochaine ont attristé profondément cette intelligence.... On avait peine à reconnaître dans le visage affaissé et comme détendu, cette physionomie forte, épanouie..... Les yeux avaient perdu leur flamme, leur gaieté..... Sa parole était devenue un peu lente, difficile et découragée.... (1) »

N'est-ce pas parce qu'il prévoyait combien sa mort serait triste, qu'au commencement de 1892 il écrivait ceci :

« J'aurai ma biographie et ma légende. Ma légende ?.... Ayant un peu la pratique des écrivains ecclésiastiques, je pourrais la tracer d'avance. Les légendes des ennemis de l'Église officielle sont toutes coulées dans le même moule. La fin que le livre des *Actes* attribue à Judas (*crepuit medius*) en est la base obligée. Pour une partie de la tradition, je finirai comme cela, d'une façon combinée d'Arius et de Voltaire. »

Mon Dieu ! que voilà une bien étrange et bien funèbre préoccupation de la part d'un homme si gai ! Mais il faut dire que l'état misérable dans lequel il se trouvait pouvait donner prise à la légende. Aussi a-t-on fait l'impossible pour cacher aux curieux les péripéties terribles des derniers moments. A diverses reprises Renan avait exprimé le désir de mourir et d'être enterré en terre bretonne. Mais là, au village, les langues sont déliées, les domestiques sont peu discrets, les moindres détails sont colportés de chaumière en chaumière, et la mort de l'apostat pouvant causer des scènes fâcheuses que sa maladie faisait présager, le peuple de Louannec l'aurait su facilement, et le grand vent de la publicité en aurait emporté le

(1) Gaston Deschamps. — Les *Débats*, 3 octobre 1892.

récit aux quatre coins du monde. Aussi, à la mi-septembre, dès qu'on vit le malade désespéré, on s'empressa de le transporter à Paris et de l'enfermer au Collège de France, dans le grand désert parisien. Il était là comme dans une forteresse où n'ont pénétré que les reporters amis.

Aussi n'a-t-on rien su de sa mort. Son secrétaire, Narcisse Quellien, a écrit : « Il a passé sans agonie, sans un mot, sans une plainte, dans un soupir, comme le pur esprit, heureux enfin de l'éternel allégement ! » D'autres, plus enthousiastes ou plus rusés, prêtent au renégat moribond des paroles de sage, dignes de Platon ou de Socrate.

Nous nous garderons donc bien d'imaginer sa fin d'une façon combinée d'Arius et de Voltaire. La réalité est assez triste pour qu'on ne la surcharge point d'ornements qui la noirciraient davantage, sans la rendre plus poignante. Non, il n'a point été frappé comme Arius dans l'accomplissement d'une fonction humiliante : il est mort dans son lit ; ses douleurs ont été soulagées par le Dr Richardière et son dernier soupir a été recueilli par sa famille et ses amis.

Et néanmoins, dans cette mort paisible en apparence, qu'il y a de la mort d'Arius et de celle de Voltaire !

Il avait dit :

Je proteste d'avance contre les faiblesses qu'un cerveau ramolli pourrait me faire dire ou signer. C'est Renan sain d'esprit et de cœur, comme je le suis aujourd'hui, ce n'est pas Renan à moitié détruit par la mort et n'étant plus lui-même, comme je le serai si je me décompose lentement, que je veux qu'on croie et qu'on écoute(1) ».

Plus tard, presque à la veille de sa mort, il avait ajouté : « Je suis en l'état où l'Eglise s'empare des mourants. Je prie les miens de me garder d'elle contre moi-même (2), s'il le fallait. »

Ses amis l'ont gardé comme il voulait. Ils n'ont point eu de mal d'ailleurs; les prêtres, ceux que Ranc appelle des « voleurs de consciences » ont laissé tranquillement passer la justice de Dieu, et l'âme de Renan s'est détachée de son corps dans les tressauts de l'impénitence finale. Il s'était, dans son orgueil et son ambition, dressé contre la vérité, et la vérité l'a délaissé. Oui, il a bien eu la mort d'Arius, la mort de Voltaire, la mort des hérésiarques, la mort des apostats, la mort triste et sombre des réprouvés, que ne vient point illuminer le moindre rayon d'espérance.

Renan a eu ce qu'il voulait. Selon ses vœux, l'Eglise ne s'est point emparée de ses dépouilles. Ni les chants qu'il avait entendus et appris au séminaire, ni les flambeaux — signe d'immortalité — qu'il avait portés jadis, ni la croix, gage de miséricordes et d'espérances qui ne trompent pas, rien de religieux n'a figuré au-

(1) *Souvenirs*, p. 377.
(2) Ce que le matérialiste Brown-Séquard disait à M. Nemours-Godré, rédacteur de l'*Univers*, serait donc vrai, et Renan, tout en regrettant la foi de son enfance, n'aurait osé rompre avec son passé, avec sa réputation. La lâcheté accompagne toujours dignement l'hypocrisie. — Cf. *Revue de France*, le 8 octobre 1892.

tour de son lit de mort. Les cloches mêmes de la ville d'Is, ensevelie dans l'Océan, n'ont pas sonné le glas funèbre; elles n'ont pas ramené aux oreilles du trépassé les bruits lointains de la jeunesse cléricale, ni apporté des profondeurs infinies les appels au repentir avec les assurances de la clémence céleste. L'Eglise ne s'est point ouverte pour donner avec ses larmes comme un nouveau baptême, ressuscitant peut-être les grâces du premier.

Le renégat s'est éteint dans sa négation même. Mais combien terrible a dû être cette mort ! Avec la lucidité particulière à ceux qui vont entrer dans l'Eternité, Renan a dû voir d'un seul coup d'œil tout son passé. Devant lui s'est dressée, horriblement menaçante, la vision de son œuvre tout entière édifiée contre la vérité. N'est-ce pas là le péché contre le Saint-Esprit, le péché irrémissible ? Ce n'était pas par conviction, en effet, mais par orgueil et par ambition, que l'apostat avait abandonné les voies de sa jeunesse. A cette heure suprême, les croyances qu'il avait lâchement foulées aux pieds, ont dû se dresser devant lui, pour lui reprocher son crime et son délaissement. Entre lui et la vie d'éternelle félicité s'ouvrait un abîme infranchissable, l'abîme du doute voulu, cherché, entretenu par tous les moyens. A cette vue, l'âme qui allait quitter la terre dut éprouver un saisissement profond, car cet abîme, c'était l'enfer et Satan était là qui guettait sa proie. Quel sombre désespoir assombrit alors cette heure terriblement définitive !

A la première aube du dimanche 2 octobre, eut lieu entre l'âme de Renan et le souverain Juge l'inévitable rencontre, l'enquête sur l'usage des dons de la vie, puis le jugement et la sentence. Quelle fut-elle? Il ne nous appartient pas de formuler ici le jugement déjà prononcé, mais l'âme du croyant se pénètre de douleur et d'épouvante en songeant à la redoutable procédure formulée dans l'Ecriture : *De ore tuo te judico...* (1)

Dieu lui-même semble avoir eu horreur de cette mort. Car à l'instant même où Il évoquait à son tribunal l'âme de Renan, l'ange de la mort frappait sur les rives du Gange un des anciens condisciples du congréganiste trécorois, qui avait été porter la bonne parole de l'Evangile aux idolâtres de l'Inde. Le dévouement de l'apôtre faisait à l'amour de Dieu une sorte de compensation et fermait dans le cœur de Jésus-Christ les blessures faites par les reniements et les outrages de l'apostat.

III

L'Eglise n'a eu aucune part dans la mort et les funérailles de Renan, mais la libre-pensée a pu s'en donner à cœur joie. Elle a tout réclamé et on lui a tout donné : l'homme, les livres, la fosse, l'immortalité. Voltaire avait eu des funérailles secrètes et honteuses, et sans la Révolution, son cadavre serait resté ignoré dans un coin obscur d'abbaye. C'est en triomphateur que Renan a été porté au cimetière,

S. Luc. XIX, 22.

Mais ce triomphe est triste et de profonds enseignements se dégagent de la cérémonie qui se passa au Collège de France et dont M. Bourgeois fut le grand pontife. La maçonnerie et la libre-pensée n'ont pas manqué de prendre le cadavre que les vers dévoraient déjà pour faire sur lui une manifestation qui servît leurs intérêts. On s'est bien gardé de l'avouer, parce qu'on sait quelle répugnance l'esprit français, fait de grandeur et de liberté, éprouve pour ces manifestations qui violent la majesté de la mort.

Mais pour s'en convaincre, il n'y avait qu'à jeter les yeux sur le cortège. Outre la couronne en triangle envoyée par le grand Orient, rien n'est plus suggestif que le monument funéraire offert par l'*Intransigeant* et porté par douze garçons de bureau de ce journal : en apercevant cette immense couronne de $2^m 50$ de diamètre, et d'un poids de 108 kilos, on avait de suite la sensation vive et profonde que l'homme dont le cadavre était orné de semblables suffrages, avait été de son vivant, un bien grand ennemi de l'Eglise. La libre-pensée faisait d'ailleurs triomphalement une garde de déshonneur autour du cercueil, et si quelques catholiques s'étaient fourvoyés là, ce n'étaient que des badauds du boulevard ou d'incorrigibles libérâtres, comme le directeur du *Soleil*. A cet enterrement tous les ennemis de la France chrétienne s'étaient donné rendez-vous. Toutes les coteries politiques ou anti-religieuses qui se déchirent à belles dents tout le reste de l'année, faisaient chorus ce jour-là, et Joseph Reinach y portait l'encens à côté du représentant de Rochefort qui portait le goupillon. Les Juifs étaient là en grand nombre : ils devaient bien cela à leur grand homme, à celui qui les avait bassement adulés après les avoir couverts d'immondices, à celui qui les avait déclarés de race slave à la suite d'un dîner chez Rothschild.

Mais le peuple, le peuple de France n'était point là. Il ne connaissait point l'homme dont le cadavre était couvert de fleurs. Pour lui, ce n'était qu'un académicien que ses amis enterraient à leur guise. Le nombre des délégations corporatives, la présence de l'armée insultée autrefois par Renan, le concours de grands personnages, rien n'y faisait, et le cœur du peuple n'était point ému par ce deuil qu'on voulait rendre public. A quel titre d'ailleurs aurait-il pu s'émouvoir?

Le mort qu'on menait en terre n'avait accompli aucune de ces actions qui tiennent en haleine toute une nation et le nom de Renan était moins connu de la foule que celui du modeste colonel français dont la bravoure a récemment planté notre drapeau, le drapeau de la civilisation, sur une ville barbare.

Sur le passage de ce cadavre enguirlandé de fleurs et de louanges, le peuple disait :

« Qu'on nous cite donc des traits de vertu, des services rendus, un tout petit acte d'héroïsme civique ou autre; dans une vie de soixante-dix ans, il a pu s'en produire; qu'on nous le dise. Michelet, dont on veut faire un acolyte de Renan au Panthéon, a du moins sauvé la vie d'un chien en train de se noyer. Mais Renan, le jouisseur, l'égoïste, quand donc s'est-il dévoué pour quelqu'un ou pour quelque chose? Quelles misères a-t-il consolées? En fait de souffrances, en a-t-il jamais connu et senti d'autres que les siennes ? Où sont les blessures reçues dans le combat de la vérité ?

On nomme Renan un *homme de bien* ; mais a-t-il même été ce qu'on appelle un homme ? A-t-il eu une volonté, un caractère, une conviction vigoureuse(1) » ?

Non, il n'y avait rien en Renan qui pût intéresser une nation. La foule ignorait ses écrits, et les simples ne lui devront jamais ni une inspiration ni une pensée. ' n'est connu que des lettrés et encore a-t-il enlevé aux âmes pensantes les ressorts de leur énergie et de leur moralité. Ce n'est point un mérite. Il ne s'est occupé du peuple que pour l'insulter, comme il a insulté tout ce qui était grand et beau.

Et voilà pourquoi les funérailles de Renan, bien que faites aux frais de l'État, n'ont nullement été *nationales.* Pour que ce fût un deuil public, il fallait non seulement l'argent, mais le cœur de la France ; et ce cœur n'y était pas. Les hommes du gouvernement peuvent gaspiller nos finances ; il ne sont point maîtres de nos sentiments et de nos idées.

Et maintenant qu'ils installent Renan au Panthéon : une église profanée est la seule demeure digne de ce prêtre manqué, de cet apostat. Il y retrouvera les cendres refroidies de Voltaire, et tous deux pourront s'intéresser mutuellement en se contant leur admiration pour l'Allemagne. Bientôt, la nécropole en discrédit sera le réceptable de tous les ennemis de la patrie française et l'on n'y portera plus que ceux qui mourront coupables de haute trahison.

---

(1) P. Delaporte, *loc. cit.*

CHAPITRE XII

Avortement d'une entreprise.

I

M. de Vogüé a dit : « M. Renan fut le philosophe des heureux. Hélas ! que cela réduit à peu de gens le cercle des disciples ! »

Renan n'a point eu, à proprement parler, de disciples, et l'influence qu'il a exercée sur son siècle a été médiocre en somme ; elle est destinée à s'amoindrir de plus en plus, à se réduire à néant. Nous n'irons pas jusqu'à dire, cependant, que les trente à quarante volumes, publiés par le rénégat, n'ont point été inoffensifs. Sans doute ils ont fait du mal, beaucoup de mal, et nombreuses sont les pauvres âmes qu'il a précipitées dans les douleurs de l'incroyance et du scepticisme.

Ces ravages se sont exercés surtout chez les demi-lettrés, chez les demi-savantes, que l'école obligatoire et laïque, que les lycées de filles vomissent à flots sur le pavé de nos grandes villes. Cette foule est considérable dans le siècle du journal, de la revue et des feuilles volantes. Nourrie de romans et de feuilletons, elle s'est plue aux romans bibliques de Renan. Et l'habile metteur en scène lui servait juste assez d'érudition pour se donner le prestige de la science. Cette foule enamourée de beau langage, de phrases sonores, aurait pu échapper au poison, en contrôlant l'exactitude des notes et des citations. Mais combien peu y songeaient! combien peu ont soupçonné que le styliste se jouait d'eux !

C'est sans enthousiasme, sans délire, avec une indifférence sereine, que cette foule, flottant entre la vérité et l'erreur, entre le mal et le bien, a absorbé le poison. Renan était le prophète naturel de cette masse incertaine, indécise, voguant au hasard des évènements et des livres sur la mer tourmentée du doute, emportée à tout vent de doctrine ; son balancement perpétuel entre l'affirmation et la négation convenait bien à ces intelligences qui n'ont point la force de la conviction, qui errent dans le vague et dans les brumes de la nuit. Renan semble avoir été fait tout exprès pour elles : la mollesse du doute, l'art de *nuancer* la vérité, de la rendre insaisissable, cet universel *peut-être* qui se donne pour la science elle-même, tout cela plaisait singulièrement aux âmes affadies, si nombreuses en notre siècle, parce que cela les dispensait de l'obligation de croire et de l'obligation d'agir.

D'autres, les ennemis de la religion et les ennemis du bon sens, se sont précipités sur les livres de Renan avec une avidité incomparable; parce que ces livres servaient leurs haines et leurs ambitions, ou flattaient leurs rêves et leurs manies. Ceux-là tendaient d'avance leurs lèvres à la coupe empoisonnée et c'était de parti pris qu'ils exaltaient les œuvres du pontife de la libre pensée ; celui-ci leur fournissait des armes contre Jésus Christ et c'est pour eux une habitude et une tactique d'applaudir tout ce qui attaque le Fils de Dieu, ce cauchemar incessant de leur conscience troublée. Cela explique pourquoi Rochefort a dit : Renan est plus qu'un écrivain exquis : c'est un grand homme » ; cela explique pourquoi, au jour du solennel enfouissement, la rédaction de l'*Intransigeant* a ouvert la marche du cortège, suivie d'une députation du Grand-Orient ; cela explique pourquoi « Renan est entré ainsi dans l'éternité, précédé des licteurs de la libre-pensée et du radicalisme. »

Il importe peu aux radicaux et aux révolutionnaires que Renan se soit moqué d'eux et de leurs principes, qu'il ait blasphémé contre leurs dieux, qu'il ait frappé dédaigneusement leurs idoles, qu'il ait vu « la médiocrité intellectuelle et le peu d'instruction de ceux qui firent la Révolution. » Ce qui leur importe, c'est que Renan ait été un ennemi du Christ et qu'il se soit acharné à détruire son œuvre. C'est l'unique raison pour laquelle ils l'ont loué, ils l'ont exalté. Ils ont bien vu cependant le vide de cette œuvre et ils ont gémi de la trouver si faible. Mais il leur donnait au moins un semblant de raison pour ne pas croire, et ils espéraient surtout que la masse serait éblouie par la poésie semée à travers tous les livres de celui qui se drapait dans le drapeau mensonger de l'histoire, de la philologie, de l'érudition, de la philosophie, et de l'exégèse.

Les femmes et les jeunes gens, ceux qui vivent avant tout d'impressions, ceux qui jugent avec l'imagination plus qu'avec la raison, ceux-là se sont laissés prendre à d'aussi grossiers appâts.

Les jeunes gens surtout, séduits par la perpétuelle et souriante gaieté de Renan, s'efforcent d'être à son exemple, désabusés, souriants, et discrètement dédaigneux. Un fier dédain glace leur sang et les prémunit contre les rêveries des hommes de leur âge, contre l'illusion et l'enthousiasme. Ils sont déjà vieux et desséchés sans avoir vécu, incrédules sans avoir combattu, blasés sans avoir souffert. Ils font profession de connaître d'instinct l'égoïsme et la lâcheté des hommes, l'hypocrisie, l'astuce et la corruption des femmes ; ils pénètrent l'inanité du dévouement et du sacrifice ; ils ont le mépris de toutes les obligations sociales. Ils se gardent des affirmations ou des négations, de la lutte et de l'action ; corrects, étriqués, pincés, avec des lèvres sans sourire et des yeux sans lueur, ils étonnent le monde, en montrant à nu leur âme desséchée et leur cœur glacé.

Ah ! la belle et charmante jeunesse, en vérité ! et le magnifique avenir qu'elle nous promet, quand elle aura fini de railler !

Voilà l'œuvre de Renan ; c'est lui qui a tué dans ces âmes toute énergie pour le bien et le beau, et qui a ravi aux cœurs de ses disciples les nobles enivrements de la frissonnante jeunesse. Amuser la postérité, délasser tous ceux qui ne prendront pas plus au sérieux que lui la grande fonction et le devoir austère de la vie, voilà toute l'œuvre de Renan, voilà ce qui restera de son labeur d'un demi-siècle. Ses livres n'ont rien fait et ne feront rien pour l'édification morale des autres hommes, rien pour la consolation des âmes, rien pour assurer le solide amour de la vertu.

Comme l'a si bien dit Boyer d'Agen, de toute cette œuvre sèche de rhéteur distingué et de plaisantin philosophe, il ne sort même pas un cri de désespoir qui fait prendre le doute en commisération par Dieu même; il ne coule pas même une larme dont l'infinie Pitié serait émue! Non, rien!

Renan n'a pas douté comme le triste Jouffroy, il n'a pas pleuré comme l'inconsolable Musset. Il a ri comme Voltaire, et il a dansé comme ce clown sur le pont effrayamment jeté vers l'inconnu, où aucun homme ne passe sans pâlir.

Toute l'œuvre de Renan est négative, il n'a cherché qu'à détruire, et à détruire l'œuvre du Christ. Au milieu de ses contradictions, de ses changements à vue, de ses mille incarnations, il n'a cessé de poursuivre un but unique, de faire la guerre au surnaturel.

C'est lui qui a donné aux maîtres de la France le conseil de substituer l'enseignement scientifique à l'enseignement littéraire, pour miner lentement les croyances surnaturelles. Nous retrouvons ici l'habileté de Renan dont nous avons déjà donné de singulières preuves. La maçonnerie n'a pas manqué de mettre en pratique un conseil d'aussi grande importance et toujours elle a poussé à l'extension de l'enseignement scientifique et à l'heure actuelle les programmes officiels tendent de plus en plus à matérialiser l'éducation des jeunes Français.

Renan a pu aussi exercer une certaine influence chez les sectateurs du « vieil humanisme complaisant qui se soucie peu qu'une phrase soit vraie ou fausse, pourvu qu'elle soit bien tournée. » Il y a de bons chrétiens qui ont cette faiblesse et qui sont entraînés à lire les œuvres de Renan par les charmes du style. La pente est dangereuse et l'on est facilement séduit par les accents de la sirène enchanteresse. Le rénégat a ainsi porté son influence néfaste dans quelques milieux bourgeois, où l'on a cru de bon ton de parler humainement de Jésus-Christ. Sans y prendre garde on a enlevé au Rédempteur l'auréole de sa divinité, on en a fait un grand homme, mais il a cessé d'être dieu. Et cette habitude désastreuse s'est glissée même dans le langage de certains prédicateurs, qui, sous prétexte d'originalité, affaiblissent la grande figure du Christ en la modernisant et en la peignant sous des traits trop humains.

II

Ce sera là toute l'influence réelle de Renan sur son siècle. Il n'a point fondé une œuvre durable. Seuls les affirmatifs et les sincères ont remué le monde et ont édifié des monuments qui durent autant que la vie de l'humanité. Le poète, le conteur, le peintre, le musicien n'ont révélé leur art que soutenus et escortés par une conviction ardente. C'est cette flamme qui a vivifié leur pensée et a donné à leurs œuvres l'intensité de vie qui fait l'immortalité.

Il n'y a rien de tel chez Renan, et l'absence de convictions, le manque de chaleur, rendent son œuvre absolument inerte et impuissante. On le sent déjà, et, au milieu d'éloges trop hyperboliques pour être sincères, se font entendre ici et là des cris discordants. Un rédacteur de l'*Echo de Paris* (1) s'écrie :

Concevez-vous le renanisme? C'est un composite de cuistrerie de séminaire et de savantasserie de bibliothèque, une nébulosité d'esprit germanique, une frottée d'atticisme, un mélange d'impuissance de croire et de la peur de nier, l'absence de courage moral et d'énergie physique, l'atrophie de la virilité fondue en arguties, en casuistique, en raisonnements oiseux, en dilettantisme imbécile. Pendant que Paris assiégé pleurait de froid, crevait de faim, sursautait de colère et manifestait au dehors son héroïsme sous les balles, le fondateur de la secte, autour du bifteck de chez Brébant, proclamait la supériorité de la race allemande et la grandeur de nation dont le canon faisait merveille autour du Panthéon.

Le renanisme, dont on a beaucoup parlé, n'est point un système, une doctrine, une affirmation. C'est un singulier mélange de scepticisme gouailleur et de foi troublante. L'auteur de cette secte qui se dit philosophique, ne peut avoir raisonnablement ni disciples, ni imitateurs. On ne bâtit pas sur le néant et son œuvre n'est que le néant, la négation la plus décourageante, la plus vide, la plus affreuse.

Comment Renan aurait-il pu fonder une école puisque la philosophie développée par lui au cours de ses

---

(1) 23 mars 1891 ; *Chapelles et pontifes littéraires*, par Henry Bauër.

nombreux ouvrages n'a jamais donné de solution précise aux grands problèmes qui tourmentent l'humanité ! Dans ses *Dialogues philosophiques* — qui sont en quelque sorte le manuel de sa doctrine, — il énumère, dans le premier dialogue, quelles sont nos *Certitudes*. Or, ces certitudes ne sont que des négations : non existence d'un Dieu conscient et personnel, inutilité de la prière, impossibilité du surnaturel. Dieu n'est pour Renan que l'idée pure, un produit de la conscience « le grand son que rendent toutes nos facultés vibrant simultanément. » Dieu n'existait pas au commencement du monde, il n'existe pas encore mais il pourra bien exister plus tard ; car le monde existe de lui-même, et les germes qu'il contient vont se développant sans la direction d'aucune intelligence consciente régulatrice ; mais cette intelligence qui manque totalement au début pourrait bien apparaître plus tard, en vertu du « secret ressort » qui existe dans l'univers et qui pousse le possible à exister. Or dans le possible, se trouvait une conscience de l'univers, laquelle, mue par le ressort, tend à se faire et croît avec le développement des choses ; de cette sorte il peut arriver que cette conscience, si obscure en commençant, se confonde, au terme de son progrès, avec l'idéal absolu et lui confère la réalité. Ainsi, « Dieu n'est pas encore, dit Renan, il sera peut-être un jour. »

Ces idées ont été mises sous une autre forme dans l'Examen de conscience philosophique (1) et on les

---

(1) Cet examen fut écrit pour la Revue des *Deux-Mondes*; il

retrouve çà et là dans toutes les productions de Renan. Ce sont elles qui ont tout inspiré. Et l'œuvre du prétendu philosophe se réduit ainsi à fort peu de chose : deux ou trois idées qu'il a accommodées à toutes les sauces et attribuées à mille personnages divers, au prêtre de Némi aussi bien qu'aux interlocuteurs des *Dialogues philosophiques*. En dehors des *certitudes*, il parle encore, dans ces *dialogues*, des *probabilités* et des *rêves*, de la responsabilité que Dieu, s'il était conscient, aurait à propos du mal qui est dans monde, et de la victoire totale et absolue du bien, qui amènerait l'existence absolue de Dieu. Mais, au dire même d'un de ses admirateurs (2), ces autres dialogues ne sont que « l'assemblage, parmi les préoccupations du mystique de toutes les subtilités du docteur, de tous les paradoxes du curieux, de toutes les fantaisies du poète, de tous les caprices de l'artiste ». Puisque c'est si peu sérieux et que l'auteur lui-même n'a pas voulu en prendre la responsabilité, contentons-nous de n'en pas parler.

Examinons seulement d'après un article de la *Revue des Deux-Mondes* (1), comment Renan a expliqué le développement normal de l'humanité. Il distingue :

1° Une période atomique, au moins virtuelle, règne de la mécanique pure, mais contenant déjà le germe de tout ce qui devait suivre ;

---

a été reproduit dans le *Temps* du 16 août 1889 et réimprimé dans les *Feuilles détachées*.

(2) M. Ch. Bigot, dans la *Revue bleue*.

(1) 15 octobre 1863, les sciences de la nature.

2° Une période moléculaire où la chimie commence, où la matière a déjà des groupements distincts ;

3° Une période solaire, où la matière est agglomérée dans l'espace en masses colossales, séparées par des des distances énormes ;

4° Une période planétaire... où la planète Terre en particulier commence d'exister ;

5° Période de développement individuel de chaque planète... C'est dans cette période que le caillou produit la plante; la plante enfante l'animal; et l'animal se transforme en homme. Mais il paraît que l'homme n'est pas encore un animal civilisé, car à cette période importante succède la suivante ;

6° Période de l'humanité inconsciente, qui nous est révélée par la philologie et la mythologie comparée, s'étendant depuis le jour où il y a eu sur la terre des êtres méritant le nom d'homme, jusqu'aux temps historiques ;

7° Période historique... comprenant environ 5.000 ans, et c'est celle où nous avons le bonheur de vivre.

... » Deux éléments, dit Renan, le temps et la tendance au progrès, expliquent l'univers,.. une sorte de ressort intime poussant tout à la vie, et à une vie de plus en plus développée, voilà l'hypothèse nécessaire.

» Certes, nous ne pouvons nier qu'il n'y ait dans d'autres corps célestes des consciences bien plus avancées que celles de l'humanité, mais nous n'en avons nulle connaissance.

» Mais qui sait si l'homme ou tout autre être intelligent n'arrivera pas à connaître le dernier mot de la matière, la loi de la vie, la loi de l'atome? qui sait si, étant maître du secret de la vie, un biologiste *omniscient* n'en modifiera pas les conditions?.. qui sait si la science infinie n'amènera pas le pouvoir infini?... L'être en possession d'une telle science et d'un tel pouvoir sera vraiment maître de l'univers. L'espace n'existant plus pour lui, il franchira les limites de sa planète. Un seul pouvoir gouvernera le monde, ce sera la science, ce sera l'esprit.

» Dieu, alors, sera complet.. Dieu sera plutôt qu'il n'est; il est *in fieri*, il est en voie de se faire.....

Voilà un tableau tout-à-fait réjouissant et il est bien impossible de garder son sérieux devant ce monde qui commence par l'*atôme* pour aboutir à un grand chimiste qui se fait Dieu, de par la grâce de l'oxygène et et de l'azote: devant ces animaux qui se débarrassent de leur poil ou de leurs plumes pour se revêtir de pantalons et de paletots; devant le personnage *omniscient* qui trouve le moyen de ne pas mourir et se promène de planète en planète, comme en son domaine.

Il n'est pas possible de prendre de pareils rêves au sérieux. Pour confondre Renan il suffirait de lui demander s'il connaît la valeur des mots: infini et éternel.

Admettons avec lui que la matière est éternelle et infinie, comment se fait-il que la *période atomique* pendant laquelle n'existaient point les lois qui, maintenant, régissent la matière, se soit trouvée, tout-à-coup, soumise à ces mêmes lois? Quel autre ancêtre a préexisté à son grand père l'*atôme*, et à sa grand'mère la *molécule*? Car, enfin, il y avait une autre période avant cette période-là, puisque tout ce système est éternel.

De deux choses l'une, ou il y avait quelque chose avant l'*atôme*, ou il n'y avait rien. S'il y avait quelque chose, la loi du progrès devrait avoir saisi ce quelque chose, et l'avoir amené à l'état de perfection, de toute éternité. Qui dit éternel dit sans commencement et sans fin. Les milliards de siècles, dont parle M. Renan, mis en contrepoids de ce qui est éternel, donnent, tout juste, zéro au total.

S'il n'y avait rien avant la période *atomique*, alors, comment ce qui est en est-il sorti? C'est malaisé à comprendre. Entre ce néant, doué de fécondité, et cette éternité, qui commence, progresse et aboutit, l'esprit demeure perplexe et l'âme ne perçoit que ténèbres et chaos. Cela n'est guère fait pour amener des disciples au philosophe.

Il est fort à croire que lui-même ne voyait pas beaucoup plus clair dans son propre système, si nous en jugeons par les innombrables contradictions dont il a émaillé l'exposé de ses théories. Il en vint même à déclarer qu'une chose pouvait être vraie et fausse à la fois et qu'il ne fallait jamais se préoccuper de ce qu'on avait dit ou écrit dans le passé. « L'homme, écrivait-il dès 1846, ne peut jamais être assez sûr de sa pensée pour jurer fidélité à tel ou tel système qu'il regarde maintenant comme le vrai ». Renan s'est toujours ménagé des portes de sortie, tout en prétendant ne suivre que la vérité; mais cette vérité était fuyante, ondoyante et diverse et elle changeait de forme toutes les fois que les intérêts du sycophante le demandaient.

III

Deux mots résument toutes les idées de Renan. « Je ne sais pas où je vais, semble-t-il avoir dit constamment, mais suivez-moi tout de même. » Cela peut séduire quelque temps un peuple accoutumé aux entreprises hasardeuses et c'est peut-être pourquoi une génération blasée s'est lancée à la suite du prétendu sage sur l'océan de l'incertain et de l'inconnu. Ces désœuvrés, ces âmes vides ont trouvé plaisant de courir les chances d'une expédition dangereuse en compagnie de celui que Saint-Victor appelait le « gandin de l'exégèse ». Si la doctrine d'ailleurs était insuffisante à satisfaire les curiosités de l'esprit, l'homme était séduisant.

La grande réputation de cet écrivain, qui demain sera incomprise et stupéfiera les hommes de la nouvelle génération a eu surtout son origine dans le charme même de l'indidu, dans sa facilité d'humeur, sa grâce, son indulgence, dans les emplois où il avait su se porter, dans les relations qu'il avait habilement nouées, dans les banquets mêmes où il apportait aux jeunes et aux médiocres le laisser-aller sceptique de sa présidence. Il y a eu une sorte de confusion dans les hommages qui ont été rendus à Renan et une bonne partie de l'encens qu'on a brûlé autour de son cadavre s'adressait moins au penseur et à l'écrivain, qu'à l'administrateur du Collège de France, au membre de plusieurs académies, et surtout à celui qui personnifiait la lutte contre le christianisme.

Mais sa doctrine qui n'est en somme qu'un manque de doctrines, ne pouvait retenir longtemps des âmes affamées d'idéal et de vérité. On se lassait vite du néant philosophique, comme on se lassait aussi de l'homme, promenant son regard inévitablement satisfait sur le monde auquel il avait tout demandé et qui ne lui avait rien refusé.

Ce n'est pas avec d'élégantes négations qu'on mène les foules, et quand Moïse tirait les Hébreux d'Egypte, c'était pour leur montrer dans un avenir, lointain encore mais certain, les riants coteaux de la terre promise. Comme le dit Ch. Normand dans la *Petite Revue*, Renan dépréciait les oignons du Nil, mais ne promettait pas les grappes de Chanaan : c'étaient de belles phrases et des doutes bien modulés et de tendres soupirs. Mais c'était là viande creuse pour le commun des mortels et le nom de Renan n'est pas sorti d'une petite élite intellectuelle qui se pâmait à ses phrases bien agencées. Cette élite elle-même a cessé de se complaire à ces pâmoisons.

Aussi, ajoute le même critique, « de toutes les habiletés et de tous les bonheurs de Renan en ce monde, le dernier et non le moins grand a été sans doute de mourir à propos ». L'édifice de gloire et de réputation bâti avec tant d'habileté, la maison d'or élevée à si grands frais — aux dépens de l'intégrité de la conscience et du caractère — menaçait de s'écrouler avec fracas. Les savants eux-mêmes, que Renan avait flattés dans leur vanité, se détachaient du maître, et envoyaient de ci de là le coup de pied d'âne au lion moribond. Bientôt il ne restera de cet état particulier des esprits, flottant dans le brouillard du doute et de la contradiction, qu'un souvenir désagréable et une amère rancune contre le mystificateur. Le renanisme s'éteint avec celui qui l'a créé.

Il n'en peut guère être autrement, puisque celui-ci n'a apporté aucun élément nouveau dans la grande lutte qui met aux prises l'Église de Dieu et l'esprit révolté de l'homme. En dehors des négations gratuites, il n'y a pas dans les ouvrages de Renan un argument vraiment scientifique et nouveau contre l'existence de Dieu, contre l'ordre surnaturel, contre l'authenticité des Écritures, contre l'inspiration de la Bible. Il a essayé de rajeunir des armes usées sans parvenir à leur rendre le mordant qu'elles avaient perdu. La saine philosophie et l'apologétique chrétienne ont depuis longtemps fourni une réponse péremptoire aux arguments qu'il a recueillis un peu partout, dans les arsenaux dévastés des vieux hérésiarques ou des impies démodés.

Aussi le catholicisme ne paraît-il plus guère s'inquiéter des publications de Renan. Les réfutations de la *Vie de Jésus* furent innombrables ; le dernier volume de l'*Histoire d'Israël* n'a pas donné lieu à un article de contradiction sérieuse. C'est le silence du mépris : un haussement d'épaules et un éclat de rire suffisent à faire justice des divagations du renégat. Et la renaissance chrétienne, qu'on constate partout à l'heure actuelle, est la plus éloquente protestation qu'on ait faite contre les attentats de Renan. Celui-ci a dit que « le genre humain arrive à prier de moins en moins, car il sait bien qu'aucune prière, n'a jamais été suivie d'effet. » Le plus solennel démenti est infligée à cette affirmation pleine de suffisance et d'orgueil par les magnifiques manifestations de prière publique, par les nombreux pélerinages qui tiennent en haleine toute la presse européenne.

Mais laissons parler sur ce sujet un auteur qu'on ne soupçonnera pas de partialité :

> Depuis ces dernières années, dit M. Albalat (1) nous assistons à une véritable rénovation religieuse, à une sorte de réaction mystique, qui n'est pas, si l'on veut, une revanche du dogme, mais une manifestation du sentiment. Les hommes mûrs reviennent sur leurs préjugés ; la jeunesse se reprend à aimer la poésie de la foi, son idéal esthétique, ses enseignements, ses mélancolies, ses enthousiasmes... L'influence de Renan sur la postérité nous apparaît bien différente de celle qu'exerça Voltaire. A la veille de la Révolution, l'incrédulité française renchérit sur l'incrédulité voltairienne ; aujourd'hui, au contraire, on semble oublier l'opposition dogmatique de Renan pour ne se souvenir que du charme et de la beauté qu'il a laissés au christianisme. Il manquait à ce siècle ce dernier éclectisme, l'éclectisme de la foi ; on peut dire que c'est lui qui nous l'a donné ; il a découronné la religion, mais ce respect nous en est resté ; il n'a rien détruit, et le goût de croire est plus fort que jamais...

Et Renan lui-même n'a-t-il pas anéanti par avance sa tentative d'explication rationaliste des évènements

---

(1) *La Nouvelle Revue*, 15 octobre 1892.

les plus hautement surnaturels? Il a voulu prouver que Jésus-Christ n'est pas Dieu et les mots « Dieu » et « divin » abondent sous sa plume, s'appliquant à l'être et à l'œuvre qu'il voulait découronner. Et quand il a fait le récit de la Passion de l'Homme-Dieu n'a-t-il pas été obligé d'abandonner malgré lui sa froide dissertation et de chanter :

Repose maintenant dans ta gloire, noble initiateur. Ta dignité est fondée.

Ton œuvre est achevée. Désormais hors des atteintes de la fragilité, tu assisteras, du haut de la paix divine, aux conséquences infinies de tes actes. Au prix de quelques heures de souffrance, qui n'ont pas même atteint ta grande âme, tu as acheté la plus complète immortalité. Pour des milliers d'années, le monde va relever de toi ! Drapeau de nos contradictions, tu seras le signe autour duquel se livrera la plus ardente bataille. Mille fois plus vivant, mille fois plus aimé depuis ta mort que durant les jours de ton passage ici-bas, tu deviendras à tel point la pierre angulaire de l'humanité, qu'arracher ton nom de ce monde serait l'ébranler jusqu'aux fondements. Entre toi et Dieu, on ne distinguera plus. Pleinement vainqueur de la mort, prends possession de ton royaume, où te suivront, par la voie royale que tu as tracée, des siècles d'adorateurs.

Comme l'a si bien dit Léonce de Larmandie (1) le livre maudit s'achève en psaume de David. C'est bien là le pouvoir incoercible de la conscience. C'est la révolte triomphante, contre la volonté pervertie, des organes prédestinés à l'hosanna du beau et du vrai. Les

Eôraka, p. 81.

derniers mots de l'athéisme de Renan sont : Dieu, divin, divinité, éternité. Sa langue se rébellionne contre le cynisme de son apostasie et tandis qu'il médite la négation et le blasphème, entendez-le, il chante le *Te Deum*.

Ce mélange de respect et de haine, qui a illusionné tant d'âmes sur l'œuvre de Renan, fait donc aussi la caducité de cette même œuvre. Elle n'a point de force pour entraîner les masses et les ruer contre le christianisme ; elle n'a point d'influence sur le peuple et n'a touché en rien à sa foi naïve.

Si vous en voulez une preuve, allez-vous-en un jour de marché sur la terre armoricaine, qui pleure de honte d'avoir donné le jour à un tel renégat, ou sur n'importe quelle autre terre française. Prenez deux planches de sapin et plantez-les en terre : tout le monde passera sans détourner la tête. Reprenez-les, croisez-les simplement à angle droit et élevez-les dans les airs : aussitôt vous verrez chaque passant se signer, s'incliner et ôter son chapeau.

Et sur vos lèvres se dessinera un sourire de mépris à l'adresse de l'auteur de la *Vie de Jésus* ; vous saluerez à votre tour ces morceaux de bois dont vous avez fait le symbole sur lequel le monde est écrit ; vous reconnaîtrez que Jésus-Christ est toujours Dieu et Roi, que sa croix est toujours le signe du salut et de la victoire, et vous vous en irez rassuré contre les entreprises des savants, des sots et des méchants.

FIN.

INDEX DES NOMS CITÉS

A

Adam (Paul) 141.
Adelung, 121.
Affre (Mgr) 36.
Alary, J. 210.
Albalat (Ant.), 55, 286.
Arbib, 208.
Arcy, (d'), 177.
Arius, 215, 263.
Aubineau (Léon), 212, 216.
Aucourt, 100.
Aumale, (duc d'), 211.
Aurevilly (Barbey d'), 130, 149.
Antistius, 171, 174.
Averrhoès, 64.

B.

Barbey d'Aurevilly, 261,
Barrès (Maurice) 95, 96, 162, 255.

Bauër (Henry), 277.
Baunard (Mgr), 256.
Benserade, 164.
Bernard (Claude), 213, 214.
Bersot, 65, 90.
Berthelot 186, 192, 194, 195, 196.
Bertin, 103.
Biez (Jacques de), Préface, 184.
Bigot, 279.
Biré (Edmond), 125.
Blanc (Charles), 133.
Blériot, 94.
Bloy (Léon), 108, 240.
Bonnat (Léon), 216.
Bossuet, ix, 40, 137.
Bourgeois, 268.
Bourget (Paul), 124.
Bourquenoud (Le Père) 74, 75, 76, 78, 120, 121.
Boyer d'Agen, 33, 275.
Brébant, 196, 197, 198, 199, 253, 277.
Brown-Séquard, 265.
Brunetière (F.), 160, 162.
Buffon, 126, 129.
Burnouf, 66, 87.

C

Cailhava (J. F.), 210.
Calvin, 253.
Camus (P.), 40.

Carbon, 29, 37.
Carmenta, 171.
Cassagne, 210.
Challamel, 94.
Champollion, 77.
Chantal (Françoise de), 142.
Chateaubriant, 130, 135.
Cherbuliez, 215.
Chevallier (Emile), 103.
Chouan (Joseph), 260.
Claire (Ste) 142.
Claretie (Jules), 215, 216, 217.
Clarke, 18.
Clément, 154.
Clémenceau, 80.
Cognat (abbé), 10, 13, 23, 24, 30, 33, 35, 36, 51, 54, 60, 61, 88.
Cohl (Emile), 99.
Coquerel (fils, Ath.), 85.
Cornély, IX.
Cornu (Mme), 71.
Cousin, 62, 90.
Crécy (de), 210.
Cuvillier-Fleury, 215.

D

Dalabelle, 171.
Daudet (Alphonse), 185.
Delaporte (R. P.), 7, 97, 98, 199, 289.
Derenbourg, 63.

Descartes, 40.
Deschamps (G.), 263.
Desjardins (Paul), 254.
Danet, 216.
Doré (Gustave), 108.
Donniol, 141.
Drumont, VII, 243.
Dugal-Stewart, 40.
Dumas, 203.
Dumont (A.), 203.
Dupanloup (Mgr), VI, 10, 11, 12, 17, 32, 52, 57, 58, 59.
Durand, 64.
Duruy, 101, 103.
Dutau (Le P.), 74.

E

Egger, 66.
Estienne (Henri), 121.
Euler, 40.
Ewald, 115.

F

Fallières (Mgr), 95.
Faustin, 214.
Féget (Mad. Jos.), 4.
Félix (le Père), 92, 141, 150, 151, 152.
Fléchier, 137.
Florian, 129.

Flourens, 210.
Fresvaux du Traval, 10.
Frémont (Abbé), 290, 291.

G.

Gaillard, 210.
Gaillardot, 79.
Garnier, 30.
Gavarni, 193.
Genésius, 110.
Gessner, 129.
Ghiringhello, 114.
Gilbert, 56.
Gill, 99.
Goncourt (de) 128, 129, 130, 133, 134, 135, 136, 193, 196, 197, 198, 199.
Gosselin, 22, 23, 29.
Gonzague (de) 8.
Gottofrey, 21, 22, 23, 28.
Grand-Carteret (John), 100.
Gratry, 58.
Grelier, 96.
Grégoire (abbé), 290.
Guizot, 5, 13.
Guyomar, 8.

H

Hachette, 64.
Helary, 8.

Hello, 86, 141, 142.
Henry IV, 17.
Henri V, 145.
Hugo (Victor), 16, 90, 132, 170, 212.
Hulst (Mgr d'), 53, 54, 55, 56, 116, 118, 179, 290.

I

Icard, 29, 32, 33, 43.

J

Jacques, 154.
Janicot (G.), 84, 103.
Jocourt, 203.
Jomard, 118, 119.
Jouffroy, 20, 185, 275.
Joung, 77.
Jouvencel (de), 203.

K

Kuenen A., 128.
Kotska, 8

L

La Bruyère, 134.
Lamartine, 16.
Lamennais, 185.
Larmandie (L. de), 287,

Larousse, 66.
Lasserre (Henri), 93.
Ledrain, 159, 254.
Le Gall, 24, 25, 26.
Legouvé, 212.
Le Hir, 30, 31, 32, 54, 58, 116.
Leibnitz, 40, 77,
Lemaître (Jules), 106, 184, 185, 186, 187.
Léon XIII, 207, 208, 291.
Lévy, C., IX, 164.
Lévy, 92, 110.
Liberalis, 171.
Liard, 8.
Littré, 211.
Locke, 40.
Loyseau, 88, 122.
Luther, 142.
Luynes (duc de), 110.

M

Malborough, 94.
Mallebranche, 40.
Marc-Aurèle, 129, 130, 131.
Marrot, 73.
Martin (Henri), 211.
Mascarron, 137, 138.
Massillon, 134.
Mathilde (Princesse), 80.
Mazade (de) 216.
Meignan, (Mgr) 114, 166.

Mesnil (du) 191, 195, 210.
Mérimée, 90.
Métius, 171, 173.
Mézières, 213, 214, 215.
Michaud, 210.
Michelet, 90, 91, 269.
Montalembert, 86.
Munck, 104.
Munie (de), 203.
Musset, 275.

N

Napoléon III, 91, 102.
Napoléon (Prince), 80, 211.
Nemrod, 190.
Néron, 151.
Neffizer, 86, 194, 195.
Nemours-Godré, 265.
Nemton, 77.
Normand (Ch.), 284.

O

Oclowitz (D^r), 152.
Ollivier (Emile), 104.
Orcet (G. d') 78, 79.
Origène, 54.
Osée, 62.

P

Papias, 121.
Pascal, 40, 41.
Pasteur, 15.
Paulhan, 255.
Peretie, 78.
Perraud (Mgr), 86, 207, 208, 209, 214, 291.
Peyrat (A.), 136.
Peutinger, 75.
Pie IX, 206, 207, 208.
Pierson (Alexis), 128.
Pinault, 18, 28, 190.
Potrel, (Eug.), 117, 118.
Préault, 142.
Prévost-Paradol, 86.

Q

Quatremère (E.), 31, 80.
Quellien, VI, 264.
Quinault, 90.

R

Ranc, 265.
Reid, 40.
Reinach (Jos.) 268.
Reinaud, 63.

Renan (Madame), 72.
Renan (Alain-Clair), 4.
Renan (François-Fulbert), 4.
Renan (Henriette), 4, 43, 44, 45, 46, 47, 59, 67, 69, 70, 72, 74.
Renaud, 210, 211.
Richardière (D^r), 264.
Richelieu, 211.
Richet (D^r), 152.
Rochefort, 80, 253, 254, 268, 273.
Rod (Edouard), 254.
Rouher, 204.
Rouland, 84, 86, 88.
Roussel (Auguste), 211.
Rothschild, 269.

S

Sacy (S. de), 63, 64, 89, 103.
Saint-Amand, 210.
Sainte-Beuve, 90, 183, 184, 185, 193.
Saint-Victor, 134, 135, 136, 194, 195, 196.
Sales (F. de), 40.
Saliger, 78.
Salomon, 10.
Sand (George), 90, 159, 198.
Sarcey (F.), 183, 184.
Saumaise, 78.
Scheffer (Cornélie), 69, 70, 253.
Schopenhauer, 164.
Scott, 78.

Sévigné (de), 129, 133, 134.
Simon (Jules), 55, 62, 154, 212.
Simon (Richard), 137.
Socrate, 264.
Spencer (Herbert), 115.
Spinoza, 160.
Stanislas (Julien), 85.
Strabon, 75, 76.
Strauss, 43.

T

Taillandier (Saint-René), 62.
Talleyrand, 11.
Tavernier (Eugène), 122.
Thierry (Augustin), 65, 66.
Thiers, 135, 211.
Titus, 171.
Tugdual, 1.

U

Ustazade, 63.

V

Valois (M. de), 17.
Vauban, 133.
Verger, 13.
Vernes (Maurice), 116.

Villemain, 135.
Virginia, 174.
Virginius, 174.
Vogüé (M. de), 78, 271.
Voltaire, 190, 211, 263, 267, 270, 275.
Voltinius, 171.
Vorms (L.), 156.

W

Waddington, 78, 110.
Wallon, 76, 167, 210.
Wogüé (Marquis de), 110.
Wogüés (grand rabbin), 117.

Z

Zachée, 76.
Zamoyski (comte de), 44.
Zola (Emile), 74.

TABLE DES MATIÈRES

CHAPITRE. I — Enfance et Jeunesse. . . . **1**

Naissance et éducation de Renan à Tréguier; ce qu'il était au petit séminaire. — A St-Nicolas; la vie parisienne le séduit. — A Issy; sans vocation; plus de foi; il est tonsuré.

CHAPITRE. II — La Crise. **27**

Il entre à St Sulpice; le séminariste soumis à l'extérieur, révolté dans son âme; refus du sous-diaconat; il se résigne à sortir. — Renan seul est la cause de sa chute : les exégètes allemands n'y sont pour rien. — Influence de la sœur sur le frère. — Vue d'ensemble sur l'évolution de Renan. — La prétendue faiblesse de l'apologétique; Mgr d'Hulst s'est trompé.

CHAPITRE. III — A la Conquête de la Renommée. **57**

Débuts dans le monde; son attitude envers ses anciens maîtres; ses grades universitaires. — Publiciste et chargé de missions scientifiques. — Vie intime avec sa sœur; son mariage.

CHAPITRE. IV. — Les Premières Batailles.   71

Voyage en Palestine; mort de Mlle Renan. — Ses découvertes et le P. Bourquenoud ; ses démêlés en Orient avec M. d'Orcet. — La chaire d'hébreu au collège de France ; manifestations; suspension du cours. — La *Vie de Jésus* ; son succès; les réfutations et les parodies. — La destitution du professeur : sa réintégration en 1870 ; Renan au Collège de France, jugé par J. Lemaître ; l'œuvre du savant.

CHAPITRE. V. — Une Outre gonflée de Vent.   113

La science de Renan jugée par divers savants ; une séance de l'Institut; traductions et citations fausses. — Renan écrivain : appréciations de Paul Bourget, d'Edmond Biré, de Barbey d'Aurevilly. — Renan littérateur : ses jugements errronés sur V. Hugo, sur Mme de Sévigné, sur Bossuet. — L'homme habile ; le talent de la pose; hypocrisie.

CHAPITRE. VI. — Les Matériaux d'une Œuvre
  de Destruction   149

Les *origines du christianisme* : négation du surnaturel ; manque de sérieux. — *Histoire d'Israël* : Renan s'érigeant en écrivain inspiré; souci de rabaisser les héros de la Bible. — Ses traductions bibliques : erreurs de traductions ; calomnies sur le caractère des livres et des auteurs.

CHAPITRE VII. — Bassesse de Cœur et d'Esprit   169

Renan moraliste : ses théories sur la vertu ; l'*Abbesse de Jouarre*; les mœurs d'un apostat.
La gaieté de Renan : Sarcey le traite de *fumiste* ; Lemaître le flagelle ; Renan et l'enfer. — Son égoïsme : il ne pleure pas sa sœur ; ses théories sur l'amitié ; les incidents du dîner Magny.

TABLE DES MATIÈRES

CHAPITRE VIII. — Au Pinacle de la Gloire. . . 200

Renan candidat. — Le pape de la libre-pensée : Voyage à Rome. — A l'Académie : discours de réception ; au fauteuil de directeur. — Le rêve accompli : Renan dans les cénacles et les salons.

CHAPITRE IX. — Leur Maitre 221

Renan interviewé : Soumission des reporters ; procédés de mystification ; un Anglais incommode. — Renan président de banquets : indignation des bretons.

CHAPITRE X. — Renan devant ses Contemporains. 236

Jugements de Louis Veuillot, Barbey d'Aurevilly, Léon Bloy, J. Lemaître, Sarcey, Loudun, Fournel, Ledrain, etc.

CHAPITRE XI. — La Fin d'un Apostat. . . 257

Séjour en Bretagne : sa dernière maladie. — La mort d'Arius. — Le triomphe de la libre-pensée et l'exploitation d'un cadavre.

CHAPITRE XII. — Avortement d'une entreprise. 274

Influence de Renan sur son siècle. — Sa doctrine et sa philosophie. — Il n'aura pas de disciples.

POST-SRIPTUM. — Les admirateurs de Renan ; l'abbé Frémont 289

INDEX ALPHABÉTIQUE. 293

TABLE DES MATIÈRES 305

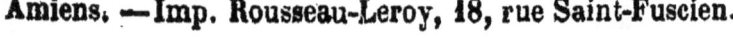

Amiens. — Imp. Rousseau-Leroy, 18, rue Saint-Fuscien.

www.ingramcontent.com/pod-product-compliance
Lightning Source LLC
Chambersburg PA
CBHW060651170426
43199CB00012B/1746